国家基本职业培训包（指南包 课程包）

农业经理人

人力资源社会保障部职业能力建设司编制

中国劳动社会保障出版社

图书在版编目（CIP）数据

农业经理人 / 人力资源社会保障部职业能力建设司编制. -- 北京：中国劳动社会保障出版社，2021

（国家基本职业培训包：指南包　课程包）

ISBN 978-7-5167-5023-0

Ⅰ. ①农…　Ⅱ. ①人…　Ⅲ. ①农业经济管理 - 职业培训 - 教学参考资料　Ⅳ. ①F302

中国版本图书馆 CIP 数据核字（2021）第 209237 号

中国劳动社会保障出版社出版发行

（北京市惠新东街 1 号　邮政编码：100029）

*

三河市华骏印务包装有限公司印刷装订　新华书店经销

880 毫米 ×1230 毫米　16 开本　22.25 印张　397 千字

2021 年 11 月第 1 版　2021 年 11 月第 1 次印刷

定价：66.00 元

读者服务部电话：（010）64929211/84209101/64921644

营销中心电话：（010）64962347

出版社网址：http://www.class.com.cn

编 制 说 明

为全面贯彻落实习近平总书记对技能人才工作的重要指示精神，进一步增强职业技能培训针对性和有效性，不断提高培训质量，培养壮大创新型、应用型、技能型人才队伍，按照《人力资源社会保障部办公厅关于推进职业培训包工作的通知》（人社厅发〔2016〕162号）的工作安排，我部持续组织开发培训需求量大的国家基本职业培训包，指导开发地方（行业）特色职业培训包，力争全面建立国家基本职业培训包制度，普遍应用职业培训包高质量开展各类职业培训。

职业培训包开发工作是新时期职业培训领域的一项重要基础性工作，旨在形成以综合职业能力培养为核心、以技能水平评价为导向，实现职业培训全过程管理的职业技能培训体系，这对于进一步提高培训质量，加强职业培训规范化、科学化管理，促进职业培训与就业需求的有效衔接，推行终身职业培训制度具有积极的作用。

国家基本职业培训包由指南包、课程包和资源包三个子包构成，是集培养目标、培训要求、培训内容、课程规范、考核大纲、教学资源等为一体的职业培训资源总和，是职业培训机构对劳动者开展政府补贴职业培训服务的工作规范和指南。

国家基本职业培训包遵循《职业培训包开发技术规程（试行）》的要求，依据国家职业技能标准和企业岗位技术规范，结合新经济、新产业、新职业发展编制，力求客观反映现阶段本职业（工种）的技术水平、对从业人员的要求和职业培训教学规律。

《国家基本职业培训包（指南包　课程包）——农业经理人》是在各有关专家的共同努力下完成的。参加编审的主要人员有刘跃忠、雷斌、王欢、李宝东、赵峰、丁浩、杨渝、肖洪涛、史杰松、王成英等（排名不分先后），在编制过程中得到了中国农产品流通经纪人协会、北京造合科技有限公司、新华天和公共关系咨询（北京）有限公司等有关单位的大力支持，在此一并致谢。

人力资源社会保障部职业能力建设司

国家基本职业培训包编审委员会

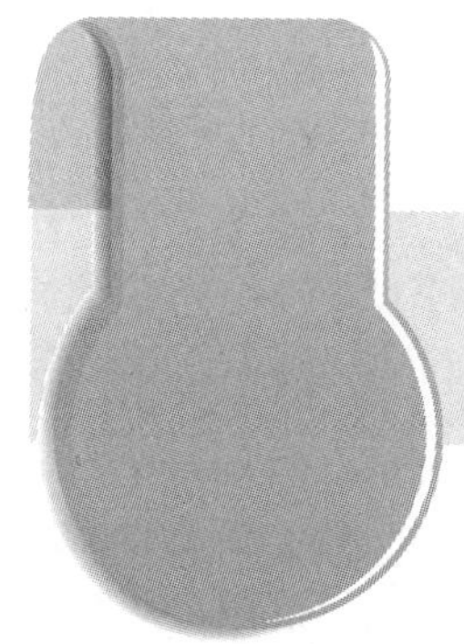

目 录

1 指 南 包

2 课 程 包

1

指南包

1.1 职业培训包使用指南

1.1.1 职业培训包结构与内容

农业经理人职业培训包由指南包、课程包、资源包三个子包构成，结构如图 1 所示。

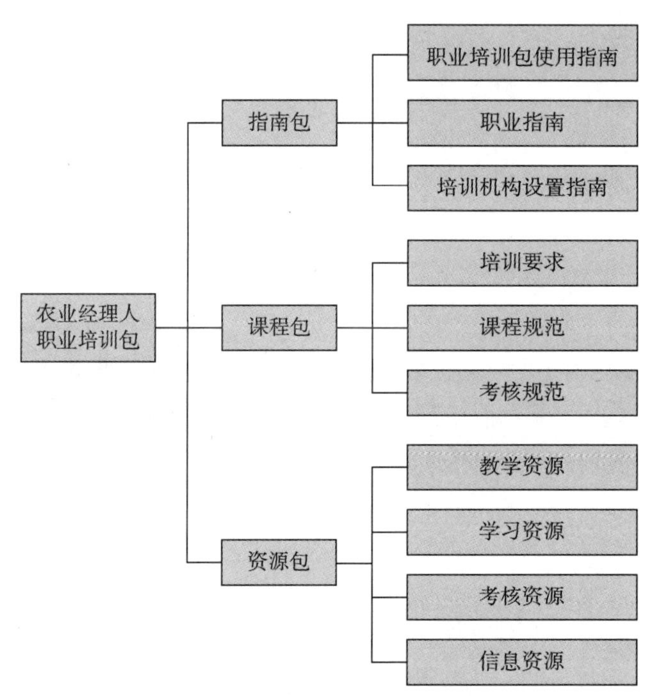

图 1 职业培训包结构图

指南包是指导培训机构、培训教师与学员开展职业培训的服务性内容总合，包括职业培训包使用指南、职业指南和培训机构设置指南。职业培训包使用指南是培训教师与学员了解职业培训包内容、选择培训课程、使用培训资源的说明性文本，职业指南是对职业信息的概述，培训机构设置指南是对培训机构开展职业培训提出的具体要求。

课程包是培训机构与教师实施职业培训、培训学员接受职业培训必须遵守的规范总合，包括培训要求、课程规范、考核规范。培训要求是参照国家职业技能标准、结合职业岗位工作实际需求制定的职业培训规范；课程规范是依据培训要求、结合职业培训教学规律，对课程设置、培训学时、课程内容与培训方法等所做的统一规定；考核规范是针对课程规范中所规定的课程内容开发的，能够科学评价培训学员过程性学习效果与终结性培训成果的规则，是客观衡量培训学员职业基本素质与职业技能水平的标准，也是实施职业培训过程性与终结性考核的依据。

资源包是依据课程包要求，基于培训学员特征，遵循职业培训教学规律，应用先进职业培训课程理念，开发的多媒介、多形式的职业培训与考核资源总合，包括教学资源、学习资源、考核资源和信息资源。教学资源是为培训教师组织实施职业培训教学活动提供的相关资源，学习资源是为培训学员学习职业培训课程提供的相关资源，考核资源是为培训机构和教师实施职业培训考核提供的相关资源，信息资源是为培训教师和学员拓宽视野提供的体现科技进步、职业发展的相关动态资源。

1.1.2 培训课程体系介绍

农业经理人职业培训课程体系依据职业技能等级分为职业基本素质培训课程、四级 / 中级职业技能培训课程、三级 / 高级职业技能培训课程、二级 / 技师职业技能培训课程和一级 / 高级技师职业技能培训课程，每一类课程包含模块、课程和学习单元三个层级。农业经理人职业培训课程体系均源自本职业培训包课程包中的课程规范，以学习单元为基础，形成职业层次清晰、内容丰富的“培训课程超市”。

农业经理人职业培训课程学时分配一览表

职业技能等级	课堂学时		其他学时	培训总学时
	职业基本素质培训课程	职业技能培训课程		
四级 / 中级	70	180	80	330
三级 / 高级	50	180	80	310
二级 / 技师	30	150	50	230
一级 / 高级技师	20	120	40	180

注：课堂学时是指培训机构开展理论课程教学及实操课程教学的建议最低学时数，其中职业基本素质培训课程为理论知识培训课程，职业技能培训课程包括理论知识培训课程和操作技能培训课程。除课堂学时外，培训总学时还应包括岗位实习、现场观摩、自学自练等其他学时。

（1）职业基本素质培训课程

模块	课程	学习单元	课堂学时
1．职业认知与职业道德	1–1　职业认知	职业认知	1
	1–2　职业道德基本知识	道德与职业道德	1
	1–3　职业守则	职业守则	1

续表

模块	课程	学习单元	课堂学时
2．职业愿景	2-1　行业发展趋势	行业发展趋势	1
	2-2　职业成长前景	职业成长前景	2
3．农业基础知识	3-1　现代农业新技术	（1）种植新技术	2
		（2）养殖新技术	2
		（3）种养结合新技术	2
		（4）农业管理新技术	2
		（5）涉农产品销售新技术	2
	3-2　农产品加工技术	（1）农产品初加工技术	2
		（2）农产品深加工技术	2
	3-3　农产品质量安全知识	（1）农产品质量知识	1
		（2）农产品检测知识	1
	3-4　农产品仓储物流知识	（1）种植类产品仓储物流知识	2
		（2）养殖类产品仓储物流知识	2
	3-5　农业信息技术	（1）农业信息采集知识	2
		（2）农业信息分析知识	2
		（3）农业信息数据应用知识	2
		（4）农业大数据基本知识	2
	3-6　农业生态与环境保护	（1）生态种植知识	1
		（2）生态养殖知识	1
		（3）种养结合循环发展知识	1
		（4）农业废弃物综合利用知识	1
4．涉农经济组织经营管理知识	4-1　管理基本知识	管理基本知识	2
	4-2　农产品质量管理标准	农产品质量管理标准	2
	4-3　农产品生产过程管理	农产品生产过程管理	2

续表

模块	课程	学习单元	课堂学时
4．涉农经济组织经营管理知识	4–4　农产品市场营销知识	（1）农产品市场营销基本知识	2
		（2）农产品品牌基本知识	1
	4–5　农业金融与保险知识	（1）征信知识	1
		（2）农业金融知识	2
		（3）信用合作知识	2
		（4）农业保险知识	1
5．创新思维方法的相关知识	5–1　创新思维与方法	创新思维与方法	2
	5–2　创新思维的培养	创新思维的培养	2
6．互联网＋农业	6–1　智慧农业的发展	（1）智慧农业的功能与价值	1
		（2）智慧农业的现状及发展趋势	2
	6–2　农业物联网的应用	（1）物联网在种植业的应用	2
		（2）物联网在养殖业的应用	2
7．农耕文化的传承与发展	7–1　农耕文化的内容	农耕文化的内容	1
	7–2　农耕文化的传承与发展	农耕文化的传承与发展	1
8．相关法律知识	8–1　相关法律知识	相关法律知识	4
课堂学时合计			70

注：本表所列为四级 / 中级职业基本素质培训课程，其他等级职业基本素质培训课程按“农业经理人职业培训课程学时分配一览表”中相应的课堂学时要求进行必要的调整。

（2）四级 / 中级职业技能培训课程

模块	课程	学习单元	课堂学时
1．计划制定	1–1　信息收集	（1）农业信息化管理概要	1
		（2）农业生产组织信息化需求和信息收集	1
		（3）农业生产组织信息收集的发展趋势与创新	1
		（4）农业设备作业信息化需求和信息收集	1
		（5）农业技术支持信息化需求和信息收集	1
		（6）农业产品加工信息化需求和信息收集	1

续表

模块	课程	学习单元	课堂学时
1．计划制定	1-1　信息收集	（7）农业产业化目标市场和农产品流通模式	2
		（8）涉农经济组织商业模式和市场形态	2
		（9）农业市场与销售信息化需求和信息收集	1
		（10）农业信息标准化作业的内容和流程	2
		（11）农业生产组织的标准化信息单元建设	1
		（12）农业设备作业的标准化信息单元建设	1
		（13）农业技术支持的标准化信息单元建设	1
		（14）农业产品加工的标准化信息单元建设	1
		（15）农业产品销售的标准化信息单元建设	1
		（16）农业信息化营销和销售创新	2
		（17）市场调查与农业信息化管理	2
		（18）农业生产组织端的市场调查问卷设计及信息处理	2
		（19）农业产品销售端的市场调查问卷设计及信息处理	2
	1-2　目标制定	（1）农业市场调查数据的分析评价	2
		（2）农业产业化项目可行性分析的基本理论和方法	1
		（3）农业生产型项目可行性分析	2
		（4）农业销售型项目可行性分析	2
		（5）农业产业化项目投资及发展趋势	1
		（6）农业生产型项目的投资预测及项目实施方案设计	2
		（7）农业销售型项目的投资预测及项目实施方案设计	2
		（8）农业项目经营计划编制	2
		（9）农业项目年度生产目标制定	2
		（10）农业项目年度销售目标制定	2
	1-3　目标分解	（1）农业项目生产计划编制及信息化管理应用初步	2
		（2）动态市场条件下农业项目生产计划的优化	1

续表

模块	课程	学习单元	课堂学时
1．计划制定	1–3　目标分解	（3）农业项目销售计划编制及信息化管理应用初步	2
		（4）动态市场条件下农业项目营销和销售计划的优化	1
		（5）农业项目经营管理目标分解和责任协调落实	2
		（6）农业项目信息化管理中的岗位目标制定和考核	2
2．组织管理	2–1　生产要素组织	（1）农业生产基地概述	1
		（2）中外农业生产基地的发展现状和特点分析	2
		（3）农业产业化发展对生产基地的影响及应对策略	2
		（4）种植类农业生产基地状况评估	2
		（5）养殖类农业生产基地状况评估	2
		（6）综合型农业生产基地及产业集群、产业带状况评估	2
		（7）农业生产要素的分类及功能分析	1
		（8）农业生产要素的组合原理及效益分析	2
		（9）农业生产资料的分类、功能及应用标准	2
		（10）种植类农业生产要素配置及生产资料定额制定	2
		（11）养殖类农业生产要素配置及生产资料定额制定	2
		（12）综合型农业生产要素配置及生产资料定额制定	2
		（13）农业信息化对生产要素优化配置的影响及应对	3
		（14）农业生产周期的特点和要素分析	2
		（15）种植类农业生产记录分析及总结报告编制	2
		（16）养殖类农业生产记录分析及总结报告编制	2
		（17）综合型农业生产记录分析及总结报告编制	2

续表

模块	课程	学习单元	课堂学时
2．组织管理	2–2　岗位设置	（1）涉农经济组织的组织形式及特点分析	2
		（2）涉农经济组织的职能部门及岗位设置	2
		（3）涉农经济组织的组织层级、管理幅度及优化	2
		（4）涉农经济组织的人员需求和选择标准	2
		（5）涉农经济组织人员招聘	2
		（6）涉农经济组织的用工特点与人才梯队建设	1
	2–3　会务组织	（1）涉农经济组织的会务需求、目标及特点分析	2
		（2）涉农经济组织会务策划设计	2
		（3）涉农类会议及会务组织的发展趋势和创新模式	1
		（4）涉农类会务组织和会议协调	2
		（5）涉农类会务组织降费增效技巧及相关工具使用	1
3．目标控制	3–1　计划控制	（1）农业生产管理的流程、内容和特点分析	1
		（2）农业生产计划和流程管理的协同要点及实施方法	2
		（3）农业生产组织的形式、要素及其实施和管理方法	2
		（4）农业生产控制的目标、方式及其管理和优化方法	2
		（5）农业生产管理流程的梳理方法及创新趋势	2
		（6）涉农经济组织工作计划管理的要点和常见问题	2
		（7）涉农经济组织工作计划管理信息化和相关工具应用	2
	3–2　质量控制	（1）涉农经济组织的生产组织技术规程管理与实施	2
		（2）涉农经济组织的设备作业技术规程管理与实施	1
		（3）涉农经济组织的产品加工技术规程管理与实施	1

续表

模块	课程	学习单元	课堂学时
3．目标控制	3-2　质量控制	（4）涉农经济组织的产品质量控制技术规程管理与实施	1
		（5）涉农经济组织生产流程规范化要求及实施方法	2
		（6）涉农经济组织生产组织管理办法的制定	1
		（7）涉农经济组织设备作业管理办法的制定	1
		（8）涉农经济组织技术支持管理办法的制定	1
		（9）涉农经济组织产品加工管理办法的制定	1
		（10）涉农经济组织产品质量控制管理办法的制定	1
		（11）农产品质量认证的内容、特点及相关政策法规	2
		（12）农产品质量认证体系的特点、作用及实施方法	2
	3-3　成本控制	（1）涉农经济组织产品成本的构成要素及特点分析	2
		（2）农业产业化、市场化创新对产品成本的影响及分析方法	2
		（3）涉农经济组织产品直接成本和间接成本的构成要素及特点分析	2
		（4）涉农经济组织产品成本的核算方法及常见问题	2
	3-4　市场控制	（1）农产品市场环境构成要素、作用及发展趋势	2
		（2）农业产业化、市场化发展对农产品销售的影响及应对	3
		（3）农产品市场信息的创新应用	2
		（4）涉农经济组织在信息化发展趋势下的营销与销售创新	3
		（5）涉农经济组织市场营销方案的制定、实施及优化	3

续表

模块	课程	学习单元	课堂学时
4．协调	4-1　内部协调	（1）组织内部人际关系分析	1
		（2）组织内部人际沟通管理	1
		（3）组织应对内部人际关系发展趋势的管理策略和方法	2
		（4）涉农经济组织员工培训制度的建立和执行	2
		（5）团队建设制度的建立和执行	2
		（6）提升团队执行力的策略和方法	2
	4-2　外部协调	（1）涉农经济组织外部环境的构成与分析评估方法	2
		（2）涉农经济组织外部环境动态监控与优化策略	2
		（3）涉农经济组织客户关系的类型与特点分析	2
		（4）涉农经济组织客户关系管理系统的部署与实施	3
		（5）涉农经济组织客户关系拓展与维护的能力建设	2
		（6）涉农经济组织客户关系拓展与维护的创新思路和方法	3
课堂学时合计			180

（3）三级 / 高级职业技能培训课程

模块	课程	学习单元	课堂学时
1．计划制定	1-1　信息收集	（1）农业项目信息的分类和选择	1
		（2）农业项目标准化信息的检索途径和方法	2
		（3）农业项目非标准化信息的检索途径和方法	2
		（4）农业项目信息数据的标准化、结构化呈现	1
		（5）农业项目信息数据的可视化呈现	2
		（6）农业项目信息数据整理	2
		（7）农业项目信息数据整理模式与应用创新	2

续表

模块	课程	学习单元	课堂学时
1．计划制定	1-1　信息收集	（8）农业项目市场调查的目标及信息数据需求	2
		（9）农业生产端市场调查方案设计	2
		（10）农业销售端市场调查方案设计	2
	1-2　目标制定	（1）农业项目市场调研和竞争市场分析	2
		（2）农业项目销售预测的策略和方法	2
		（3）农业项目实施的组织和计划	2
		（4）农业项目实施任务书的拟定	2
		（5）农业项目的生命周期和经营管理节点	2
		（6）农业项目经营管理节点的目标制定	2
		（7）农业项目经营管理流程的监控、考核和优化	2
		（8）农业项目目标制定和管理的创新模式与辅助工具	2
	1-3　目标分解	（1）涉农经济组织的工作分析和规划	2
		（2）涉农经济组织工作计划的资料收集和内容编制	2
		（3）涉农经济组织工作任务与企业资源的模块化管理	2
		（4）涉农经济组织任务分配和资源调度	2
		（5）涉农经济组织的 ERP[①]管理系统应用	2
		（6）涉农经济组织工作计划的效果评价及改进	2
		（7）涉农经济组织的经费类型与管理	2
		（8）涉农经济组织的经费使用计划编制	2
2．组织管理	2-1　生产要素组织	（1）农业产业化的土地流转模式、内容及特点分析	2
		（2）农村土地流转的政策法规沿革、办理程序及注意事项	2
		（3）农村土地流转对商业模式创新的影响及应对	2
		（4）农业生产基地建设中的生产经营用地类型和特点分析	2

① ERP：enterprise resource planning，企业资源计划。

续表

模块	课程	学习单元	课堂学时
2．组织管理	2–1　生产要素组织	（5）种植类农业生产基地的选择、规划和生产资料管理	2
		（6）养殖类农业生产基地的选择、规划和生产资料管理	2
		（7）综合型农业生产基地的选择、规划和生产资料管理	2
		（8）涉农经济组织原材料采购的内容、途径及特点	1
		（9）涉农经济组织库存管理模式、特点及信息化发展趋势	2
		（10）种植类生产资料和原材料采购与库管制度制定	2
		（11）养殖类生产资料和原材料采购与库管制度制定	2
		（12）综合型生产资料和原材料采购与库管制度制定	2
	2–2　岗位设置	（1）涉农经济组织的组织设计	2
		（2）涉农经济组织的组织结构图绘制	2
		（3）农业产业化、信息化对组织架构的影响及组织设计创新	2
		（4）涉农经济组织岗位分工及管理授权的标准和原则	2
		（5）种植类农业经济组织岗位需求分析、人员分工和管理授权	1
		（6）养殖类农业经济组织岗位需求分析、人员分工和管理授权	1
		（7）综合型农业经济组织岗位需求分析、人员分工和管理授权	1
	2–3　流程开发	（1）农业生产流程的基本要素和特点分析	2
		（2）种植类农业经济组织生产管理流程图绘制	2
		（3）养殖类农业经济组织生产管理流程图绘制	2
		（4）综合型农业经济组织生产管理流程图绘制	2

续表

模块	课程	学习单元	课堂学时
2．组织管理	2–3　流程开发	（5）农业生产经营绩效评估的标准、内容及特点分析	2
		（6）种植类农业经济组织生产经营绩效考核标准的编制	2
		（7）养殖类农业经济组织生产经营绩效考核标准的编制	2
		（8）综合型农业经济组织生产经营绩效考核标准的编制	2
3．目标控制	3–1　计划控制	（1）涉农经济组织工作追踪的策略和方法	2
		（2）农业信息化、智能化工作追踪	3
		（3）涉农经济组织工作偏差评估的原则和策略	2
		（4）生产组织类工作偏差的评估	2
		（5）设备作业类工作偏差的评估	2
		（6）技术支持类工作偏差的评估	2
		（7）产品加工类工作偏差的评估	2
		（8）产品销售类工作偏差的评估	2
		（9）品牌营销类工作偏差的评估	2
		（10）涉农经济组织工作计划执行的控制	2
		（11）工作计划执行偏差的信息化预防、控制和优化	3
	3–2　质量控制	（1）“三品一标”质量认证体系实施规范及关键要素分析	2
		（2）“三品一标”规范化质量管理的组织实施	2
		（3）涉农经济组织生产过程标准化管理	2
		（4）涉农经济组织生产过程质量安全监控	2
		（5）涉农经济组织产品质量安全检测的原则、方法和作用	2
		（6）涉农经济组织质量安全检测的发展趋势与应对	1
		（7）生态友好型生产模式和清洁生产模式	2
		（8）生态农业的发展路径、策略和方法	2

续表

模块	课程	学习单元	课堂学时
3．目标控制	3-3　成本控制	（1）涉农经济组织成本控制的原则、目标及实施方法	1
		（2）涉农经济组织关键环节的成本控制	2
		（3）成本控制目标和模式对生产经营的影响及应对	2
		（4）涉农经济组织成本控制和优化的潜在风险及应对	2
	3-4　市场控制	（1）农产品销售渠道的类型、特点及运作模式分析	1
		（2）传统农产品销售渠道的发展趋势及优劣势分析	3
		（3）新型农产品销售渠道的特点、运作方法与管理模式创新	3
		（4）涉农经济组织常见销售模式的选择、实施与优化	3
		（5）涉农经济组织销售模式创新	4
4．内外协调	4-1　内部协调	（1）涉农经济组织部门协作与人员协同的特点和难点	1
		（2）涉农经济组织的协调职能与协调能力建设	1
		（3）涉农经济组织内部冲突应对	2
		（4）涉农经济组织冲突预防与冲突管理机制的建立与实施	2
		（5）涉农经济组织团队创新力的来源及提升要素分析	1
		（6）涉农经济组织基于冲突化解的团队创新力提升	1
	4-2　外部协调	（1）涉农经济组织公共关系的构成要素及特点分析	2
		（2）涉农经济组织媒介关系的建立和维护	2
		（3）涉农经济组织应对媒体形式与环境创新的策略和方法	2
		（4）涉农经济组织媒介关系与品牌形象的联动与融合	2
		（5）涉农经济组织社区关系的建立和维护	2

续表

模块	课程	学习单元	课堂学时
4．内外协调	4–2　外部协调	（6）涉农经济组织企业社会责任的实施	1
		（7）基于社区关系的涉农业务流程再造和商业模式创新	2
课堂学时合计			180

（4）二级 / 技师职业技能培训课程

模块	课程	学习单元	课堂学时
1．计划制定	1–1　目标评价	（1）涉农经济组织发展的内外部要素分析及发展趋势	1
		（2）农业项目经营发展目标的分析、评价和选择	2
		（3）农业项目目标管理的理论和方法	1
		（4）农业项目经营目标的分解实施策略和方法	1
		（5）涉农经济组织目标制定分析报告的编制	2
		（6）农业项目目标方案的评估	2
		（7）农业项目目标方案的选择和优化	1
		（8）农业项目的内外部风险要素评估	1
		（9）涉农经济组织的项目论证和投资可行性分析	2
	1–2　计划制定	（1）农业项目和产品立项的关键要素及优化组合	1
		（2）涉农经济组织企业资源配置及信息化管理	1
		（3）涉农经济组织企业资源配置管理计划的编制	1
		（4）农业项目风险控制体系、策略和实施方法	2
		（5）涉农经济组织生产资料和生产要素的管理和风险控制	1
	1–3　计划指导	（1）农产品生命周期理论、要素、应对策略及发展趋势	2
		（2）农业目标市场发展趋势及其对产品生命周期的影响	1

续表

模块	课程	学习单元	课堂学时
1．计划制定	1-3　计划指导	（3）农业项目商业模式的策划、开发与市场导入	2
		（4）农产品市场拓展的创新模式及运营策略	3
		（5）涉农经济组织的财务管理策略和预算制度	2
		（6）涉农经济组织经营项目财务预算计划的组织制定	2
		（7）农产品品牌打造和品牌营销策略	2
		（8）农产品品牌运营的内外部要素及发展趋势	2
		（9）农产品品牌计划的制定、监控、评价和优化	2
		（10）农产品品牌推广与运营的创新	2
		（11）涉农经济组织构建学习型组织的策略和方法	2
		（12）涉农经济组织人才培训计划的制定	2
2．组织管理	2-1　组织建设	（1）涉农经济组织的组织战略类型和特点分析	1
		（2）组织职能定位与部门设置	1
		（3）涉农经济组织的组织结构选择、构建与优化	2
		（4）农业产业化对组织结构和部门划分的影响及应对	1
		（5）涉农经济组织领导团队组建与领导力建设	2
		（6）农业信息化、智能化对领导模式的影响及应对	1
		（7）涉农经济组织部门人员配置的原则、形式和管理方法	1
		（8）涉农经济组织部门工作标准和职权、职责制定	2
		（9）农业产业化、信息化对人员权责的影响及应对	1
		（10）涉农经济组织团队能力建设、发展及优化升级	2

续表

模块	课程	学习单元	课堂学时
2．组织管理	2-2　制度建设	（1）涉农经济组织内部规章、规程的编制	2
		（2）涉农经济组织内部供应链制度制定	2
		（3）农业信息化、智能化对内部供应链管理的影响及应对	3
		（4）涉农经济组织突发事件的类型及危害	2
		（5）突发事件处理流程、应急预案及解决方案制定	2
		（6）涉农经济组织绩效评估和考核制度制定	2
		（7）涉农经济组织绩效考核制度的优化创新	1
3．目标控制	3-1　执行控制	（1）涉农经济组织业务流程管理信息化需求和实现方法	2
		（2）涉农经济组织计划实施中常见问题和解决方法	2
		（3）涉农经济组织计划实施的目标控制模式、策略和方法	2
		（4）涉农经济组织生产类计划执行的目标控制和优化调整	1
		（5）涉农经济组织销售类计划执行的目标控制和优化调整	1
		（6）涉农经济组织工作流程数据化与可视化管理	2
		（7）涉农经济组织生产类工作流程的实施和改进	2
		（8）涉农经济组织销售类工作流程的实施和改进	2
		（9）农业项目生产过程控制的原则、方法及信息化发展趋势	1
		（10）涉农经济组织生产过程智能化控制的内容、方法及相关工具	3
	3-2　质量控制	（1）农产品“三品一标”的认证申请	1
		（2）申请“三品一标”认证的组织管理模式及常见问题	1
		（3）农产品冷链物流的标准、作用及发展趋势	2

续表

模块	课程	学习单元	课堂学时
3．目标控制	3-2　质量控制	（4）涉农经济组织实施冷链物流的条件、策略和方法	2
		（5）农产品冷链物流的信息化管理模式与创新趋势	2
		（6）农产品溯源的标准、作用及发展趋势	1
		（7）农产品质量安全可追溯平台的发展及应用	4
	3-3　成本控制	（1）农业产业化发展的综合成本分析策略和方法	3
		（2）涉农经济组织成本费用日常控制及信息化管理	3
		（3）涉农经济组织合理压缩、节省成本的常见模式和技巧	1
		（4）涉农经济组织成本控制和压缩方案编制的组织管理	2
	3-4　市场控制	（1）农产品新品开发和营销策划的一般性策略和方法	2
		（2）涉农经济组织新产品开发与营销策划方案的编制	3
		（3）涉农经济组织品牌模式和品牌战略分析	2
		（4）涉农经济组织选择和制定品牌模式的策略和方法	2
		（5）涉农经济组织实施品牌战略创新的思路和方法	3
4．内外协调	4-1　内部协调	（1）涉农经济组织内部激励机制的建立和实施	1
		（2））涉农经济组织内部约束机制的建立和实施	1
		（3）涉农经济组织内部激励与约束机制的管理联动	1
		（4）涉农经济组织的组织体系构建与跨部门协调机制	1
		（5）涉农经济组织的部门构建与维护发展机制	1

续表

模块	课程	学习单元	课堂学时
4．内外协调	4–2 外部协调	（1）涉农经济组织危机管理的外部环境因素分析	1
		（2）涉农经济组织法律环境的危机发现、预警和管理	1
		（3）涉农经济组织政策环境的危机发现、预警和管理	1
		（4）涉农经济组织文化环境的危机发现、预警和管理	1
		（5）涉农经济组织外部公关危机的发现、预警及应对	2
		（6）涉农经济组织全员危机公关意识和能力的建立与培养	2
		（7）涉农经济组织商务谈判的类型和特点分析	1
		（8）主要类型商务谈判的组织实施	2
		（9）涉农经济组织商务谈判的策略、方法和技巧	2
5．培训指导	5–1 培训	（1）中、高级工的培训目标和内容	1
		（2）中、高级工培训方案的编制	1
		（3）职业技能培训的能力和技巧	2
		（4）中、高级工培训的新趋势和新方法	1
	5–2 指导	（1）中、高级工编制组织发展目标的要点和注意事项	1
		（2）中、高级工业务发展目标编制工作的指导	1
		（3）中、高级工工作分析的指导	1
		（4）中、高级工管理流程梳理的指导	1
课堂学时合计			150

（5）一级 / 高级技师职业技能培训课程

模块	课程	学习单元	课堂学时
1．计划制定	1–1 战略制定	（1）涉农经济组织发展的行业、市场和政策环境分析	2
		（2）涉农经济组织制定企业战略规划的流程	2

续表

模块	课程	学习单元	课堂学时
1．计划制定	1-1　战略制定	（3）涉农经济组织的战略环境分析和战略规划制定体系	2
		（4）涉农经济组织的战略决策模型及应用	2
		（5）涉农经济组织战略规划实施方案的制定	2
	1-2　重点战略规划	（1）涉农经济组织的成本中心和利润中心及其规划管理	2
		（2）涉农经济组织的财务战略要素及实施方法	2
		（3）涉农经济组织经营项目的投资分析和风险控制	2
		（4）涉农资本市场及涉农项目的资本运作方式	2
		（5）涉农经济组织投、融资战略的制定和实施	2
		（6）涉农经济组织的目标市场和产品发展战略制定	2
		（7）涉农经济组织的商业模式设计	2
		（8）涉农经济组织的运营战略制定和实施	2
		（9）涉农经济组织的市场营销组合设计与实施	2
		（10）涉农经济组织的营销平台规划、建设和运营策略	2
		（11）涉农经济组织渠道发展战略的制定和实施	2
		（12）涉农经济组织用户增长战略的制定和实施	2
		（13）涉农经济组织人力资源发展战略的制定和实施	1
		（14）涉农经济组织的人才梯队建设策略和人力资本运营	1
		（15）涉农经济组织知识管理的内容、方法和手段	1
		（16）涉农经济组织知识管理战略的制定	2
		（17）涉农经济组织知识管理共享平台的规划、建设和运营	2

续表

模块	课程	学习单元	课堂学时
2．组织管理	2-1 组织结构设计	(1) 涉农经济组织的组织战略目标设计、调整和优化	2
		(2) 基于组织战略目标的组织结构选择、实施及优化	1
		(3) 涉农经济组织的组织结构方案特点	1
		(4) 涉农经济组织的组织结构方案优化	2
	2-2 制度评估	(1) 涉农经济组织管理制度的类型、内容和特征	1
		(2) 组织变革对涉农经济组织管理制度的影响及应对	2
		(3) 涉农经济组织的产业化、信息化管理制度创新	2
		(4) 涉农经济组织部门和员工的职权、职责设置	1
		(5) 涉农经济组织内部机构运行机制的构建与实施	2
		(6) 涉农经济组织的产业化、信息化内部运行机制创新	2
	2-3 运营组织	(1) 涉农经济组织的资产结构和资本结构分析	2
		(2) 涉农经济组织资产管理的目标、策略、方法及问题	2
		(3) 涉农经济组织成本、利润构成及主营业务运营指标分析	1
		(4) 涉农经济组织的股权结构设计与股权股利分配	2
		(5) 涉农经济组织基于资产管理策略的融资	2
		(6) 涉农经济组织基于资产管理策略的投资	2
		(7) 涉农经济组织信用风险的来源、特征及管控	2
		(8) 农业目标市场发展和商业模式创新对信用风险管理的挑战及应对	2

续表

模块	课程	学习单元	课堂学时
2．组织管理	2–3　运营组织	（9）涉农经济组织信用担保和信用融资的策略和方法	2
		（10）涉农经济组织信用交易的特点、优劣势及运作方法	2
3．目标控制	3–1　执行控制	（1）涉农经济组织战略实施过程管理的常用模型、方法和技巧	2
		（2）涉农经济组织战略实施结果评估	1
		（3）涉农经济组织战略绩效管理	1
		（4）涉农经济组织战略监控、反馈和纠偏的评估	1
		（5）涉农经济组织信息化战略绩效纠偏	2
		（6）涉农经济组织战略管理权变计划	1
		（7）涉农经济组织应对内外部变化的战略调整	1
	3–2　质量控制	（1）农业国际标准化的内容、作用和体系特点分析	2
		（2）涉农 ISO①标准体系的申请和实施	2
		（3）GAP②认证的内容、目的、意义和申请方法	1
		（4）GAP 认证的操作规范及实施要点	2
	3–3　市场控制	（1）涉农经济组织市场营销计划的审定	2
		（2）营销创新趋势对计划实施、监控与优化的影响及应对	2
		（3）涉农经济组织营销战略组合的审定	2
		（4）新型目标市场与商业模式对营销战略组合实施的影响及应对	2
		（5）农业信息化对营销战略组合实施的影响及应对	2
4．领导艺术	4–1　组织结构建设	（1）涉农经济组织的组织绩效提升	1
		（2）涉农经济组织的外部供应链管理	2
		（3）涉农经济组织的供应链领导力建设	2
		（4）涉农经济组织内部管理的领导艺术运用	1

① ISO，International Standard Organization，国际标准化组织。

② GAP，good agricultural practices，良好农业规范。

续表

模块	课程	学习单元	课堂学时
4．领导艺术	4-1 组织结构建设	（5）涉农经济组织内部管理的激励机制设计与人性化实施	2
	4-2 组织文化建设	（1）涉农经济组织的组织行为与组织文化特点分析	1
		（2）涉农经济组织的组织文化建设	1
		（3）涉农经济组织的组织文化模式选择与分析评估	1
		（4）涉农经济组织的组织文化优化升级	1
5．培训指导	5-1 培训	（1）农业经理人培训计划的编制	1
		（2）各等级人员的培训内容、策略和方法	1
	5-2 指导	（1）指导中、高级工分析企业发展现状	1
		（2）指导技师分析企业发展现状	1
		（3）指导中、高级工根据组织发展现状分析报告制定优化方案	1
		（4）指导技师根据组织发展现状分析报告制定优化方案	1
课堂学时合计			120

1.1.3 培训课程选择指导

职业基本素质培训课程为必修课程，相当于本职业的入门课程。各级别职业技能培训课程由培训机构教师根据培训学员实际情况，遵循高级别涵盖低级别的原则进行选择。

原则上，初入职的培训学员应学习职业基本素质培训课程和四级 / 中级职业技能培训课程的全部内容，有职业技能等级提升需求的培训学员，可按照国家职业技能标准“职业技能鉴定要求”，对照自身需求选择更高等级的培训课程。

具有一定从业经验、无职业技能等级晋升要求的培训学员，可根据自身实际情况自主选择本职业培训课程。具体方法为：（1）选择课程模块；（2）在模块中筛选课程；（3）在课程中筛选学习单元；（4）组合成本次培训的课程内容。

培训教师可以根据以上方法对培训学员进行单独指导。对于订单培训，培训教师可以按照如上方法，对照订单要求进行培训课程的选择。

1.2 职业指南

1.2.1 职业描述

农业经理人是在农民专业合作社等农业经济合作组织中，从事农业生产组织、设备作业、技术支持、产品加工与销售等管理服务的人员。

1.2.2 职业培训对象

农业经理人职业培训的对象主要包括：城乡未继续升学的应届初高中毕业生、农村转移就业劳动者、城镇登记失业人员、转岗转业人员、退役军人、企业在职职工和高校毕业生等各类有培训需求的人员。

1.2.3 就业前景

农业经理人的工作岗位包括：各类农业专业合作社经营管理人员，各类涉农经济组织的中、高层管理人员，各类涉农项目负责人及创业项目发起人，农业社会化服务体系中包含的各类涉农服务机构的经营管理人员等。

1.3 培训机构设置指南

1.3.1 师资配备要求

（1）培训教师任职基本条件

1）培训四级 / 中级、三级 / 高级农业经理人的教师应具备本职业二级 / 技师职业资格证书（技能等级证书），或本专业或相关专业中级及以上专业技术职务任职资格。

2）培训二级 / 技师、一级 / 高级技师的教师应具备本职业一级 / 高级技师职业资格证书（技能等级证书），或本专业或相关专业高级专业技术职务任职资格。

（2）培训教师数量要求（以 30 人培训班为基准）

1）理论课教师：1 人以上；培训规模超过 30 人的，按教师与学员之比不低于 1：30 配备教师。

2）实习指导教师：1 人以上；培训规模超过 30 人的，按教师与学员之比不低于 1：30 配备教师。

1.3.2 培训场所设备配置要求

培训场所设备配置要求如下（以 30 人培训班为基准）：

（1）理论知识培训场所设备配置要求：60～80 平方米标准教室，多媒体教学设备（计算机、投影仪、幕布或电子显示屏、网络接入设备、音响设备）、黑板、白板、30 套以上桌椅，符合照明、通风、安全等相关规定。

（2）操作技能培训场所设备配置要求：实习工位充足，设备设施配套齐全，符合环保、劳保、安全、卫生、消防、通风和照明等相关规定及安全规程。

实训用具、设备及其他物品、材料等配置要求如下。

实训用具、设备及其他物品、材料等配置要求

等级	用具	其他用品、材料
四级 / 中级	计算机、投影仪及幕布或电子显示屏、网络接入设备	手机及手机投影用数据连接设备、课程涉及的软件系统
三级 / 高级	计算机、投影仪及幕布或电子显示屏、网络接入设备	手机及手机投影用数据连接设备
二级 / 技师	计算机、投影仪及幕布或电子显示屏、网络接入设备	课程涉及的软件系统
一级 / 高级技师	计算机、投影仪及幕布或电子显示屏、网络接入设备	课程涉及的软件系统

1.3.3 教学资料配备要求

（1）培训规范：《农业经理人国家职业技能标准》《农业经理人职业基本素质培训要求》《农业经理人职业技能培训要求》《农业经理人职业基本素质培训课程规范》《农业经理人职业技能培训课程规范》《农业经理人职业基本素质培训考核规范》《农业经理人职业技能培训理论知识考核规范》《农业经理人职业技能培训操作技能考核规范》。

（2）教学资源：教材教辅、网络资源等内容必须符合“（1）培训规范”的要求。

1.3.4 管理人员配备要求

（1）专职校长：1 人，应具有大专及以上文化程度、中级及以上专业技术职务任职资格，从事职业技术教育及教学管理 5 年以上，熟悉职业培训的有关法律法规。

（2）教学管理人员：1 人以上，专职不少于 1 人；应具有大专及以上文化程度、中级及以上专业技术职务任职资格，从事职业技术教育及教学管理 5 年以上，具有丰富的教学管理经验。

（3）办公室人员：1 人以上，应具有大专及以上文化程度。

（4）财务管理人员：2 人，应具有大专及以上文化程度。

1.3.5 管理制度要求

应建立健全完备的管理制度，包括办学章程与发展规划、教学管理、教师管理、学员管理、财务管理、设备管理等制度。

2

课程包

2.1 培训要求

2.1.1 职业基本素质培训要求

职业基本素质模块	培训内容	培训细目
1．职业认知与职业道德	1–1 职业认知	（1）农业经理人职业认知 （2）农业经理人的工作内容
	1–2 职业道德基本知识	（1）“四德”建设 （2）社会主义核心价值观 （3）职业道德修养 （4）职业道德规范
	1–3 职业守则	农业经理人职业守则
2．职业愿景	2–1 行业发展趋势	（1）种植业发展趋势 （2）养殖业发展趋势
	2–2 职业成长前景	（1）职业发展前景 （2）职业发展通道
3．农业基础知识	3–1 现代农业新技术	（1）种植新技术 （2）养殖新技术 （3）农业管理新技术 （4）涉农产品销售新技术
	3–2 农产品加工技术	（1）农产品初加工技术 （2）农产品深加工技术
	3–3 农产品质量安全知识	（1）农产品质量知识 （2）农产品检测知识
	3–4 农产品仓储物流知识	（1）种植类产品仓储物流知识 （2）养殖类产品仓储物流知识
	3–5 农业信息技术	（1）农业信息采集与分析 （2）农业大数据基本知识
	3–6 农业生态与环境保护	（1）绿色生产方式 （2）农业废弃物综合利用知识
4．涉农经济组织经营管理知识	4–1 管理基本知识	（1）管理的概念和职能 （2）涉农经济组织的基本情况 （3）涉农经济组织的发展环境

续表

职业基本素质模块	培训内容	培训细目
4．涉农经济组织经营管理知识	4–2　农产品质量管理标准	（1）农产品质量管理国家标准 （2）农产品质量管理行业标准 （3）农产品质量管理地方标准 （4）农产品质量管理企业标准
	4–3　农产品生产过程管理	（1）农产品追溯体系建设 （2）农产品追溯体系智能化管理
	4–4　农产品市场营销知识	（1）农产品市场营销基本知识 （2）农产品品牌基本知识
	4–5　农业金融与保险知识	（1）征信知识 （2）农业金融知识 （3）信用合作知识 （4）农业保险知识
5．创新思维方法的相关知识	5–1　创新思维与方法	创新思维的方法
	5–2　创新思维的培养	创新思维的培养知识
6．互联网＋农业	6–1　智慧农业的发展	（1）智慧农业的功能与价值 （2）智慧农业发展的现状及趋势
	6–2　农业物联网的应用	（1）物联网在种植业的应用 （2）物联网在养殖业的应用
7．农耕文化的传承与发展	7–1　农耕文化的内容	（1）农耕文化的实践原则 （2）农耕文化的体现和作用
	7–2　农耕文化的传承与发展	（1）农耕文化的传承价值 （2）农耕文化的发展
8．相关法律知识	8–1　相关法律知识	（1）《中华人民共和国农业法》相关知识 （2）《中华人民共和国农产品质量安全法》相关知识 （3）《中华人民共和国农村土地承包法》相关知识 （4）《中华人民共和国劳动法》相关知识 （5）《中华人民共和国劳动合同法》相关知识 （6）《中华人民共和国公司法》相关知识 （7）《中华人民共和国民法典》相关知识 （8）《中华人民共和国农民专业合作社法》相关知识

2.1.2 四级 / 中级职业技能培训要求

职业功能模块	培训内容	技能目标	培训细目
1．计划制定	1-1 信息收集	1-1-1 能运用信息收集的途径和方法	（1）农业生产组织信息化需求和信息收集 （2）农业设备作业信息化需求和信息收集 （3）农业技术支持信息化需求和信息收集 （4）农业产品加工信息化需求和信息收集 （5）农业市场与销售信息化需求和信息收集
		1-1-2 能筛选有用的信息数据	（1）农业生产组织的标准化信息单元建设 （2）农业设备作业的标准化信息单元建设 （3）农业技术支持的标准化信息单元建设 （4）农业产品加工的标准化信息单元建设 （5）农业产品销售和营销的标准化信息单元建设
		1-1-3 能设计市场调查问卷	（1）不同细分行业和经营主体生产组织端的市场调查问卷设计及信息处理 （2）不同细分行业和经营主体产品销售端的市场调查问卷设计及信息处理
	1-2 目标制定	1-2-1 能根据市场调研进行经营项目可行性分析	（1）不同细分行业和经营主体生产型项目可行性分析 （2）不同细分行业和经营主体销售型项目可行性分析
		1-2-2 能制定经营项目实施方案	（1）农业生产型项目的投资预测 （2）农业销售型项目的投资预测 （3）农业生产型项目的实施方案设计 （4）农业销售型项目的实施方案设计
		1-2-3 能制定年度经营目标	（1）不同细分行业和经营主体年度生产目标的制定 （2）不同细分行业和经营主体年度销售目标的制定

续表

职业功能模块	培训内容	技能目标	培训细目
1．计划制定	1–3　目标分解	1–3–1　能制定年度生产计划	（1）编制农业项目生产计划 （2）动态市场条件下农业项目生产计划的优化
		1–3–2　能制定年度销售计划	（1）编制农业项目销售计划 （2）动态市场条件下农业项目营销和销售计划的优化
		1–3–3　能制定生产经营各岗位工作目标	（1）农业项目经营管理目标分解和责任协调落实 （2）制定农业项目经营各岗位的职责、工作目标及相关考核制度
2．组织管理	2–1　生产要素组织	2–1–1　能开展农业生产基地状况评估，编制评估报告	（1）农业生产基地的构成要素和特点分析 （2）中外农业生产基地的发展现状和特点分析 （3）农业产业化发展趋势对农业生产基地的影响及应对 （4）种植类农业生产基地状况评估 （5）养殖类农业生产基地状况评估 （6）综合型农业生产基地及产业带、产业集群状况评估
		2–1–2　能根据农业生产安排配置生产要素，制定生产资料定额标准	（1）农业生产要素的分类及功能分析 （2）农业生产要素的组合效益分析 （3）种植类农业生产要素配置及生产资料定额制定 （4）养殖类农业生产要素配置及生产资料定额制定 （5）综合型农业生产要素配置及生产资料定额制定 （6）农业信息化对生产要素优化配置的影响及应对
		2–1–3　能对一个生产周期的生产记录进行分析总结，编制总结报告	（1）农业生产周期的特点和要素分析 （2）种植类农业生产记录分析及总结报告的编制 （3）养殖类农业生产记录分析及总结报告的编制 （4）综合型农业生产记录分析及总结报告的编制

续表

职业功能模块	培训内容	技能目标	培训细目
2．组织管理	2-2 岗位设置	2-2-1 能根据涉农经济组织特点设置岗位，确定基本组织结构	（1）涉农经济组织的组织形式及特点分析 （2）涉农经济组织职能部门及岗位设置 （3）涉农经济组织的组织层级和管理幅度优化
		2-2-2 能根据岗位需求实施人员招聘	（1）涉农经济组织的人员需求和选择标准分析 （2）涉农经济组织人员招聘 （3）涉农经济组织人才梯队建设
	2-3 会务组织	2-3-1 能根据主题策划和设计会务	（1）涉农经济组织的会务需求、目标及特点分析 （2）涉农经济组织会务策划设计
		2-3-2 能进行会务	（1）涉农类会务组织 （2）涉农类会议协调
3．目标控制	3-1 计划控制	3-1-1 能梳理生产管理流程	（1）农业生产管理的流程、内容和特点分析 （2）农业生产管理流程的梳理
		3-1-2 能督促部门工作计划执行和落实	（1）涉农经济组织工作计划管理 （2）涉农经济组织工作计划管理信息化和相关工具应用
	3-2 质量控制	3-2-1 能按技术规程指导农业生产	（1）按技术规程指导生产组织 （2）按技术规程指导设备作业 （3）按技术规程指导产品加工 （4）按技术规程指导产品质量控制
		3-2-2 能按照规范化要求制定出生产过程的管理办法	（1）制定涉农经济组织生产组织管理办法 （2）制定涉农经济组织设备作业管理办法 （3）制定涉农经济组织技术支持管理办法 （4）制定涉农经济组织产品加工管理办法 （5）制定涉农经济组织产品质量控制管理办法
		3-2-3 能识别农产品质量认证的标识并规范使用	（1）识别农产品质量认证标识 （2）规范使用农产品质量认证标识

续表

职业功能模块	培训内容	技能目标	培训细目
3．目标控制	3-3　成本控制	3-3-1　能列出涉农经济组织产品成本构成	（1）涉农经济组织产品成本的构成要素及特点分析 （2）农业产业化、市场化创新对产品成本影响的分析
		3-3-2　能计算产品的直接成本和间接成本	（1）涉农经济组织产品直接成本和间接成本的构成要素及特点分析 （2）涉农经济组织产品成本的核算
	3-4　市场控制	3-4-1　能分析影响农产品营销的环境因素	（1）农产品市场环境构成要素、作用及发展趋势分析 （2）农业产业化、市场化发展对农产品销售的影响及应对
		3-4-2　能根据农产品市场信息制定营销方案	（1）农产品市场信息的创新应用 （2）涉农经济组织在信息化发展趋势下的营销与销售创新 （3）涉农经济组织市场营销方案的制定、实施及优化
4．协调	4-1　内部协调	4-1-1　能与同事进行良好沟通，有效协调内部人际关系	（1）涉农经济组织的内部人际关系分析 （2）涉农经济组织内部人际沟通管理
		4-1-2　能组织员工培训	（1）涉农经济组织员工培训制度的建立 （2）涉农经济组织员工培训制度的执行
		4-1-3　能够有效开展团队建设，提升团队执行力	（1）涉农经济组织团队建设制度的建立 （2）涉农经济组织团队建设制度的执行 （3）涉农经济组织团队执行力的提升
	4-2　外部协调	4-2-1　能对涉农经济组织的外部环境进行正确的评估	（1）涉农经济组织外部环境分析 （2）涉农经济组织外部环境动态监控
		4-2-2　能建立和维护好客户关系	（1）涉农经济组织客户关系分析 （2）涉农经济组织客户关系管理系统的部署与实施 （3）涉农经济组织客户关系拓展与维护的能力建设 （4）涉农经济组织客户关系拓展与维护的创新

2.1.3 三级 / 高级职业技能培训要求

职业功能模块	培训内容	技能目标	培训细目
1. 计划制定	1-1 信息收集	1-1-1 能检索和选择信息	(1) 农业生产组织信息的检索和选择 (2) 农业设备作业信息的检索和选择 (3) 农业技术支持信息的检索和选择 (4) 农业产品加工信息的检索和选择 (5) 农业产品销售信息的检索和选择
		1-1-2 能用不同格式呈现信息	(1) 农业项目信息数据的标准化、结构化呈现 (2) 农业项目信息数据的可视化呈现
		1-1-3 能进行数据整理	(1) 农业生产组织信息数据整理 (2) 农业设备作业信息数据整理 (3) 农业技术支持信息数据整理 (4) 农业产品加工信息数据整理 (5) 农业产品销售信息数据整理
		1-1-4 能设计市场调查方案	(1) 农业项目生产端市场调查方案设计 (2) 农业项目销售端市场调查方案设计
	1-2 目标制定	1-2-1 能进行市场调研和销售预测	(1) 各类农业项目目标市场的调研分析 (2) 各类农业项目目标市场的竞争性分析 (3) 各类农业项目销售模式的销售预测 (4) 不同农业细分行业和经营主体的销售预测
		1-2-2 能拟定项目实施任务书	农业项目实施任务书的拟定
		1-2-3 能制定年度工作目标和中期经营目标	(1) 农业项目中期工作目标的制定 (2) 农业项目年度工作目标的制定 (3) 在动态市场环境中监控、考核和优化农业项目经营目标
	1-3 目标分解	1-3-1 能根据涉农经济组织目标确定工作任务	(1) 涉农经济组织的工作分析与规划 (2) 涉农经济组织工作计划的资料收集和内容编制 (3) 涉农经济组织工作任务的确定及模块化管理

续表

职业功能模块	培训内容	技能目标	培训细目
1．计划制定	1–3 目标分解	1–3–2 能分配工作任务和相关资源	（1）涉农经济组织的任务分配和资源调度 （2）涉农经济组织应用 ERP 管理 （3）涉农经济组织工作计划评价
		1–3–3 能编制经费使用计划	（1）涉农经济组织的经费管理 （2）涉农经济组织的经费使用计划编制
2．组织管理	2–1 生产要素组织	2–1–1 能按照土地流转的程序，规范、有效地进行土地流转	（1）农业产业化发展中的土地流转模式、内容及特点分析 （2）农村土地流转对涉农经济组织商业模式创新的影响及应对
		2–1–2 能制定农业生产经营用地及其他生产资料管理方案	（1）农业生产基地建设中的生产经营用地类型和特点分析 （2）种植类农业生产基地的选择、规划和生产资料管理 （3）养殖类农业生产基地的选择、规划和生产资料管理 （4）综合型农业生产基地的选择、规划和生产资料管理
		2–1–3 能制定涉农经济组织原材料采购及库管制度	（1）涉农经济组织原材料采购的内容、途径及特点分析 （2）种植类农业生产资料和原材料采购与库管制度制定 （3）养殖类农业生产资料和原材料采购与库管制度制定 （4）综合型农业生产资料和原材料采购与库管制度制定
	2–2 岗位设置	2–2–1 能根据涉农经济组织特点进行组织设计，绘制组织结构图	（1）涉农经济组织的组织设计 （2）涉农经济组织的组织结构图绘制 （3）农业产业化、信息化对组织架构的影响及组织设计创新
		2–2–2 能根据岗位需求及人员的个人特征对人员进行必要的分工，对各层管理人员进行适当授权	（1）种植类农业经济组织岗位需求分析及人员分工和管理授权 （2）养殖类农业经济组织岗位需求分析及人员分工和管理授权 （3）综合型农业经济组织岗位需求分析及人员分工和管理授权

续表

职业功能模块	培训内容	技能目标	培训细目
2．组织管理	2-3　流程开发	2-3-1　能绘制生产管理流程图	（1）农业生产流程的基本要素和特点分析 （2）种植类农业经济组织生产管理流程图绘制 （3）养殖类农业经济组织生产管理流程图绘制 （4）综合型农业经济组织生产管理流程图绘制
		2-3-2　能拟定绩效考核标准	（1）农业生产经营绩效评估的标准、内容及特点分析 （2）种植类农业生产经营绩效考核标准编制 （3）养殖类农业生产经营绩效考核标准编制 （4）综合型农业生产经营绩效考核标准编制
3．目标控制	3-1　计划控制	3-1-1　能进行工作追踪，掌握各部门工作进展情况	（1）涉农经济组织有效工作追踪 （2）农业信息化、智能化发展过程中高效工作追踪的模式和相关工具应用
		3-1-2　能及时发现工作执行与计划偏差	（1）生产组织类工作偏差评估 （2）设备作业类工作偏差评估 （3）技术支持类工作偏差评估 （4）产品加工类工作偏差评估 （5）产品销售类工作偏差评估 （6）品牌营销类工作偏差评估
		3-1-3　能纠正工作计划执行中出现的偏差	（1）涉农经济组织工作计划执行控制 （2）工作计划执行偏差的信息化预防、控制和优化
	3-2　质量控制	3-2-1　能按照“三品一标”认证的规范要求进行质量管理	（1）“三品一标”质量认证体系实施规范及关键要素分析 （2）组织实施“三品一标”规范化质量管理
		3-2-2　能按照标准化生产要求对生产过程进行质量安全监控	（1）涉农经济组织生产过程标准化管理 （2）涉农经济组织生产过程质量安全监控
		3-2-3　能组织农产品质量安全检测	（1）涉农经济组织产品质量安全检测 （2）涉农经济组织质量安全检测的发展趋势与应对
		3-2-4　能引进生态农业的新模式	（1）组织实施生态友好型生产模式 （2）组织实施清洁生产模式

续表

职业功能模块	培训内容	技能目标	培训细目
3．目标控制	3-3　成本控制	3-3-1　能掌握成本控制的基本过程	（1）生产组织环节的成本控制 （2）设备作业环节的成本控制 （3）技术支持环节的成本控制 （4）产品加工环节的成本控制 （5）质检品控环节的成本控制 （6）产品销售环节的成本控制 （7）品牌营销环节的成本控制
		3-3-2　能分析产品成本控制中存在的风险	（1）涉农经济组织成本控制目标和模式对生产经营的影响及应对 （2）涉农经济组织实施成本控制和优化的潜在风险及应对
	3-4　市场控制	3-4-1　能进行农产品销售渠道评价及控制	（1）农产品销售渠道的类型、特点及运作模式分析 （2）传统农产品销售渠道的发展趋势及优劣势分析 （3）新型农产品销售渠道的特点、运作方法与管理模式创新
		3-4-2　能进行农产品销售模式选择及控制	（1）涉农经济组织常见销售模式的选择、实施与优化 （2）涉农经济组织销售模式创新
4．内外协调	4-1　内部协调	4-1-1　能协调各部门间的工作，能有效处理团队中的冲突	（1）涉农经济组织运营管理中的协调职能与协调能力建设 （2）涉农经济组织内部冲突应对 （3）涉农经济组织冲突预防与冲突管理机制的建立与实施
		4-1-2　能有效运用冲突提升团队创新能力	（1）涉农经济组织团队创新力的来源及提升要素分析 （2）涉农经济组织基于冲突化解的团队创新力提升
	4-2　外部协调	4-2-1　能建立和维护好媒介关系	（1）涉农经济组织公共关系的构成要素及特点分析 （2）涉农经济组织媒介关系的建立和维护 （3）涉农经济组织媒介关系管理与品牌建设的联动、融合
		4-2-2　能建立和维护好社区关系	（1）涉农经济组织社区关系的建立和维护 （2）涉农经济组织企业社会责任的实施 （3）基于社区关系的涉农业务流程再造和商业模式创新

2.1.4 二级 / 技师职业技能培训要求

职业功能模块	培训内容	技能目标	培训细目
1．计划制定	1-1 目标评价	1-1-1 能对涉农经济组织发展趋势进行分析、评估	（1）农业项目经营发展目标的分析和评价 （2）农业项目经营发展目标的选择
		1-1-2 能提供目标制定分析报告	（1）农业项目经营目标的分解 （2）涉农经济组织目标制定分析报告的编制
		1-1-3 能评价和选择目标方案	（1）农业项目目标方案的评估 （2）农业项目目标方案的选择和优化
		1-1-4 能分析论证投资项目的可行性	（1）农业项目的风险要素评估 （2）涉农经济组织的项目论证和投资可行性分析
	1-2 计划制定	1-2-1 能制定组织资源配置计划	（1）农业项目和产品立项的关键要素及优化组合 （2）涉农经济组织企业资源配置及信息化管理 （3）涉农经济组织企业资源配置管理计划的编制
		1-2-2 能监督土地、材料和设备使用，提出相关计划的风险控制方案	（1）涉农经济组织生产资料的管理和风险控制 （2）涉农经济组织生产要素的管理和风险控制
	1-3 计划指导	1-3-1 能提供农产品开发的市场导向信息和制定新产品策略	（1）农业项目商业模式的策划、开发与市场导入 （2）农产品市场拓展的创新模式及运营
		1-3-2 能组织制定财务预算计划	（1）涉农经济组织经营项目的财务制度设计 （2）涉农经济组织经营项目财务预算计划的组织制定
		1-3-3 能组织制定农产品品牌计划和经营策略	（1）农产品品牌计划的制定、监控、评价和优化 （2）农产品品牌推广与运营的创新
		1-3-4 能组织制定人才培训计划	（1）涉农经济组织人才培训计划的制定 （2）组织制定人才培训计划

续表

职业功能模块	培训内容	技能目标	培训细目
2．组织管理	2-1　组织建设	2-1-1　能根据组织战略进行部门设置和调整，组建领导团队	（1）涉农经济组织的组织战略类型和特点分析 （2）农业信息化、智能化发展对涉农经济组织领导模式的影响及应对 （3）涉农经济组织领导团队组建与领导力建设
		2-1-2　能制定涉农经济组织各部门的工作标准、职权职责	（1）涉农经济组织部门工作标准和人员职权职责制定 （2）农业产业化、信息化对涉农经济组织人员权责的影响及应对 （3）涉农经济组织团队能力建设、发展及优化升级
	2-2　制度建设	2-2-1　能制定涉农经济组织内部供应链制度	（1）涉农经济组织内部供应链构成要素、特点分析及制度制定 （2）农业信息化、智能化对涉农经济组织内部供应链的影响及应对
		2-2-2　能编制劳动纠纷等突发事件的解决方案	（1）产品质量、生产管理等安全类突发事件的处理流程及应急预案和解决方案制定 （2）劳动纠纷、违法违规等管理类突发事件的处理流程及应急预案和解决方案制定 （3）自然类及其他突发事件的处理流程及应急预案和解决方案制定
		2-2-3　能制定绩效考核制度	（1）涉农经济组织绩效评估和考核制度制定 （2）涉农经济组织绩效考核制度的优化创新
3．目标控制	3-1　执行控制	3-1-1　能处理计划实施中的问题	（1）涉农经济组织业务流程信息化管理 （2）涉农经济组织计划实施中常见问题的解决
		3-1-2　能调整计划并进行信息反馈	（1）涉农经济组织计划实施的控制和调整 （2）涉农经济组织生产类计划执行的目标控制和优化调整 （3）涉农经济组织销售类计划执行的目标控制和优化调整

续表

职业功能模块	培训内容	技能目标	培训细目
3．目标控制	3-1　执行控制	3-1-3　能实施与改进工作流程	（1）涉农经济组织工作流程数据化与可视化管理 （2）涉农经济组织生产类工作流程的实施和改进 （3）涉农经济组织销售类工作流程的实施和改进
		3-1-4　能进行生产过程控制	涉农经济组织生产过程信息化、智能化控制
	3-2　质量控制	3-2-1　能组织“三品一标”的认证申请工作	（1）农产品“三品一标”的认证申请 （2）涉农经济组织申请“三品一标”认证的常见问题处理
		3-2-2　能按照农产品冷链物流的标准组织运输	（1）现代企业实施冷链物流的关键要素分析 （2）涉农经济组织冷链物流的实施 （3）农产品冷链物流的信息化管理
		3-2-3　能使用农产品质量安全可追溯平台	农产品质量安全可追溯平台的发展及应用
	3-3　成本控制	3-3-1　能对农产品成本进行综合分析	农业产业化发展的综合成本分析
		3-3-2　能组织编制降低农产品成本的方案	（1）涉农经济组织产品成本的控制和压缩 （2）涉农经济组织成本控制和压缩方案编制的组织管理
	3-4　市场控制	3-4-1　能制定新产品开发策略及方案	（1）农产品新品开发和营销策划 （2）涉农经济组织新产品开发与营销策划方案的编制
		3-4-2　能选择品牌模式并实施品牌战略	（1）涉农经济组织品牌模式和品牌战略的构成要素与实施要点分析 （2）涉农经济组织品牌模式的选择和制定 （3）涉农经济组织品牌战略创新
4．内外协调	4-1　内部协调	4-1-1　能建立内部激励和约束机制	（1）涉农经济组织内部激励机制的建立和实施 （2）涉农经济组织内部约束机制的建立和实施 （3）涉农经济组织内部激励与约束机制的管理联动
		4-1-2　能对涉农经济组织内部部门进行协调与维护	（1）涉农经济组织的组织体系构建与跨部门协调 （2）涉农经济组织的部门构建与维护发展机制的建立和实施

续表

职业功能模块	培训内容	技能目标	培训细目
4．内外协调	4–2　外部协调	4–2–1　能适应法律环境、政策环境、文化环境	（1）涉农经济组织危机管理的外部环境因素分析 （2）涉农经济组织法律环境的危机发现、预警和管理 （3）涉农经济组织政策环境的危机发现、预警和管理 （4）涉农经济组织文化环境的危机发现、预警和管理
		4–2–2　能处理外部公关危机	（1）涉农经济组织外部公关危机的发现、预警及应对 （2）涉农经济组织全员危机公关意识和能力的建立与培养
		4–2–3　能进行商务谈判	（1）获取经济利益或等效资源类谈判 （2）获取价值认同类谈判 （3）完善流程或规避相关风险类谈判
5．培训指导	5–1　培训	5–1–1　能编制中、高级工的培训方案	（1）中级工培训方案的编制 （2）高级工培训方案的编制
		5–1–2　能培训中、高级工	（1）中级工培训 （2）高级工培训
	5–2　指导	5–2–1　能指导中、高级工编制组织发展的中期目标	（1）指导中级工编制中期发展目标 （2）指导高级工编制中期发展目标
		5–2–2　能指导中、高级工梳理工作内容及要求，并进行分析和评估	（1）指导中、高级工进行工作分析 （2）指导中、高级工进行管理流程梳理

2.1.5　一级／高级技师职业技能培训要求

职业功能模块	培训内容	技能目标	培训细目
1．计划制定	1–1　战略制定	1–1–1　能进行涉农经济组织战略环境分析	（1）涉农经济组织的战略环境分析 （2）涉农经济组织的企业战略体系
		1–1–2　能制定涉农经济组织战略规划	（1）涉农经济组织的战略决策模型及应用 （2）涉农经济组织战略规划实施方案的制定

续表

职业功能模块	培训内容	技能目标	培训细目
1．计划制定	1–2　重点战略规划	1–2–1　能制定涉农经济组织投资、融资战略	（1）涉农经济组织投资战略的制定和实施 （2）涉农经济组织融资战略的制定和实施
		1–2–2　能制定涉农经济组织市场发展战略	（1）涉农经济组织的目标市场和产品发展战略制定 （2）涉农经济组织的商业模式设计 （3）涉农经济组织的运营战略制定和实施 （4）涉农经济组织的市场营销组合设计与实施 （5）涉农经济组织渠道发展战略的制定和实施 （6）涉农经济组织用户增长策略的制定和实施
		1–2–3　能制定涉农经济组织人力资源发展战略	（1）涉农经济组织人力资源发展战略的制定和实施 （2）涉农经济组织的人才梯队建设策略和人力资本运营
		1–2–4　能制定涉农经济组织知识管理战略	（1）涉农经济组织知识管理战略的制定 （2）涉农经济组织知识管理共享平台的规划、建设和运营
2．组织管理	2–1　组织结构设计	2–1–1　能根据组织战略目标分析组织结构的需求	（1）涉农经济组织的组织战略目标设计、调整和优化 （2）涉农经济组织基于组织战略的组织结构选择、分析、实施及优化
		2–1–2　能设计组织结构方案	涉农经济组织的组织结构方案设计与优化
	2–2　制度评估	2–2–1　能按战略目标和组织结构制定相应的管理制度	（1）组织变革对涉农经济组织管理制度的影响及应对 （2）涉农经济组织的产业化、信息化管理制度创新
		2–2–2　能按照战略目标和组织结构建立相应的运行机制	（1）涉农经济组织内部机构运行机制的构建与实施 （2）涉农经济组织的产业化、信息化内部运行机制创新

续表

职业功能模块	培训内容	技能目标	培训细目
2. 组织管理	2-3 运营组织	2-3-1 能管理涉农经济组织资产，合理进行投资、融资	（1）涉农经济组织的资产结构和资本结构分析 （2）涉农经济组织资产管理 （3）涉农经济组织成本、利润构成及主营业务运营指标分析 （4）涉农经济组织的股权结构设计与股权分配 （5）涉农经济组织信用担保和信用融资 （6）涉农经济组织基于资产管理策略的投资
		2-3-2 能进行涉农经济组织信用风险管理	（1）涉农经济组织信用风险的管控 （2）农业目标市场发展和商业模式创新对信用风险管理的挑战及应对
		2-3-3 能进行信用融资和开展信用交易	（1）涉农经济组织信用担保和信用融资 （2）涉农经济组织信用交易
3. 目标控制	3-1 执行控制	3-1-1 能设定战略实施结果的评价标准	（1）涉农经济组织战略实施过程管理 （2）涉农经济组织战略实施结果评估
		3-1-2 能进行战略绩效监控和纠偏评估	（1）涉农经济组织战略绩效管理 （2）涉农经济组织战略监控、反馈和纠偏的评估
		3-1-3 能采取纠偏措施和实施权变计划	（1）涉农经济组织基于信息化管理实施战略绩效纠偏 （2）涉农经济组织战略管理权变计划的制定和实施 （3）涉农经济组织应对内外部变化的战略调整
	3-2 质量控制	3-2-1 能审定ISO相关标准认证申请并依据ISO相关标准对产品进行质量管理	（1）农业国际标准化的内容、作用和体系特点分析 （2）涉农ISO标准体系的认证申请与实施
		3-2-2 能审定GAP认证申请并按GAP认证的要求规范农业操作	（1）GAP认证的申请要点分析 （2）GAP认证的实施

续表

职业功能模块	培训内容	技能目标	培训细目
3．目标控制	3–3 市场控制	3–3–1 能审定市场营销计划并监控实施	（1）涉农经济组织市场营销计划的审定 （2）涉农经济组织在营销创新过程中的执行与效果监控
		3–3–2 能审定营销战略组合的基本结构并监控实施	（1）审定涉农经济组织营销战略组合 （2）新型目标市场与商业模式对营销战略组合实施的影响及应对 （3）农业信息化对营销战略组合实施的影响及应对
4．领导艺术	4–1 组织结构建设	4–1–1 能设计出合适的组织结构，提升组织绩效	涉农经济组织的组织绩效提升
		4–1–2 能完善外部供应链管理，优化作业流程	（1）涉农经济组织的外部供应链管理 （2）涉农经济组织的供应链领导力建设
		4–1–3 能科学有效地运用领导艺术，调动各部门积极性	（1）涉农经济组织内部管理的领导艺术运用 （2）涉农经济组织内部管理的激励机制设计与人性化实施
	4–2 组织文化建设	4–2–1 能提炼与建设涉农经济组织的组织文化	（1）涉农经济组织的组织行为特点分析 （2）涉农经济组织的组织文化建设
		4–2–2 能选择涉农经济组织需要的文化模式	（1）涉农经济组织的组织文化模式选择与分析评估 （2）涉农经济组织的组织文化优化与升级
5．培训指导	5–1 培训	5–1–1 能编制培训计划	农业经理人培训计划的编制
		5–1–2 能培训技师及以下技能人员	（1）中级工培训 （2）高级工培训 （3）技师培训
	5–2 指导	5–2–1 能指导技师及以下技能人员分析他们所在涉农经济组织的发展现状	（1）指导中、高级工分析企业发展现状 （2）指导技师分析企业发展现状
		5–2–2 能指导技师及以下技能人员根据涉农经济组织的发展现状分析报告制定优化方案	（1）指导中、高级工根据组织的发展现状分析报告制定优化方案 （2）指导技师根据组织的发展现状分析报告制定优化方案

2.2 课程规范

2.2.1 职业基本素质培训课程规范

模块	课程	学习单元	课程内容	培训建议	课堂学时
1．职业认知与职业道德	1–1 职业认知	职业认知	1）农业认知 2）农业经理人职业认知	（1）方法：讲授法 （2）重点与难点：农业经理人职业认知	1
	1–2 职业道德基本知识	道德与职业道德	1）道德与职业道德的内涵 2）社会主义核心价值观 3）职业道德与个人的发展 4）职业道德与企业的发展 5）职业道德规范	（1）方法：讲授法、案例教学法 （2）重点与难点：职业道德与个人、企业的发展的深刻内涵	1
	1–3 职业守则	职业守则	1）遵纪守法，忠诚守信 2）崇尚农业，精技善管 3）恪尽职守，团结协作 4）保护生态，保障安全	（1）方法：讲授法、案例教学法 （2）重点与难点：农业经理人职业守则	1
2．职业愿景	2–1 行业发展趋势	行业发展趋势	1）种植业发展现状及趋势 2）养殖业发展现状及趋势	（1）方法：讲授法、案例教学法 （2）重点与难点：种植业、养殖业发展现状及趋势	1
	2–2 职业成长前景	职业成长前景	1）职业发展前景 2）职业发展通道 ①职业成长路径 ②职业学习路径	（1）方法：讲授法、案例教学法 （2）重点：职业发展前景 （3）难点：职业学习重点与上升通道	2

续表

模块	课程	学习单元	课程内容	培训建议	课堂学时
3．农业基础知识	3-1　现代农业新技术	（1）种植新技术	1）粮食作物种植新技术	（1）方法：讲授法、演示法 （2）重点与难点：粮食作物、经济作物种植新技术	2
			2）经济作物种植新技术		
			3）饲料及绿肥作物种植新技术		
		（2）养殖新技术	1）畜类养殖新技术	（1）方法：讲授法、演示法 （2）重点与难点：畜禽养殖新技术、水产养殖新技术	2
			2）禽类养殖新技术		
			3）水产养殖新技术		
		（3）种养结合新技术	1）种植与养畜结合新技术	（1）方法：讲授法、演示法 （2）重点与难点：种养结合新技术	2
			2）种植与养禽结合新技术		
			3）种植与水产养殖结合新技术		
		（4）农业管理新技术	1）生产组织管理新技术	（1）方法：讲授法、演示法 （2）重点与难点：农业管理新技术的实施方法和作用	2
			2）设备作业管理新技术		
			3）技术支持管理新技术		
			4）产品加工管理新技术		
			5）产品销售管理新技术		
		（5）涉农产品销售新技术	1）涉农产品营销新技术	（1）方法：讲授法、演示法 （2）重点与难点：涉农产品销售新技术的实施方法和作用	2
			2）涉农产品销售新技术		
	3-2　农产品加工技术	（1）农产品初加工技术	1）种植类产品初加工技术	（1）方法：讲授法、案例教学法、讨论法 （2）重点与难点：农产品初加工技术	2
			2）养殖类产品初加工技术		
		（2）农产品深加工技术	1）种植类产品深加工技术	（1）方法：讲授法、案例教学法、讨论法 （2）重点与难点：农产品深加工技术	2
			2）养殖类产品深加工技术		

续表

模块	课程	学习单元	课程内容	培训建议	课堂学时
3．农业基础知识	3-3　农产品质量安全知识	（1）农产品质量知识	1）种植类产品质量 2）养殖类产品质量	（1）方法：讲授法 （2）重点与难点：农产品质量知识	1
		（2）农产品检测知识	1）种植类产品检测 2）养殖类产品检测	（1）方法：讲授法 （2）重点与难点：农产品检测知识	1
	3-4　农产品仓储物流知识	（1）种植类产品仓储物流知识	1）粮食作物类产品仓储物流 2）经济作物类产品仓储物流 3）饲料及绿肥作物类产品仓储物流	（1）方法：讲授法、案例教学法 （2）重点与难点：种植类产品仓储物流知识	2
		（2）养殖类产品仓储物流知识	1）畜产品仓储物流 2）禽产品仓储物流 3）水产品仓储物流	（1）方法：讲授法、案例教学法 （2）重点与难点：养殖类产品仓储物流知识	2
	3-5　农业信息技术	（1）农业信息采集知识	1）种植信息采集 2）养殖信息采集	（1）方法：讲授法、案例教学法 （2）重点与难点：农业信息采集知识	2
		（2）农业信息分析知识	1）种植信息分析 2）养殖信息分析	（1）方法：讲授法、案例教学法 （2）重点与难点：农业信息分析知识	2
		（3）农业信息数据应用知识	1）农业信息数据在生产端的应用 2）农业信息数据在销售端的应用	（1）方法：讲授法、案例教学法 （2）重点与难点：信息数据应用方法和作用	2
		（4）农业大数据基本知识	1）大数据知识 2）种植业大数据基本知识 3）养殖业大数据基本知识	（1）方法：讲授法、案例教学法 （2）重点与难点：农业大数据基本知识	2

续表

模块	课程	学习单元	课程内容	培训建议	课堂学时
3．农业基础知识	3-6　农业生态与环境保护	（1）生态种植知识	1）科学施肥 2）绿色防控	（1）方法：讲授法、案例教学法、讨论法 （2）重点与难点：科学施肥知识、绿色防控知识	1
		（2）生态养殖知识	1）畜禽生态养殖技术 2）水产生态养殖技术	（1）方法：讲授法、案例教学法、讨论法 （2）重点与难点：畜禽生态养殖技术、水产生态养殖技术	1
		（3）种养结合循环发展知识	1）种植与养畜结合 2）种植与养禽结合 3）种植与水产养殖结合	（1）方法：讲授法、案例教学法、讨论法 （2）重点与难点：种养结合循环发展知识	1
		（4）农业废弃物综合利用知识	1）秸秆综合利用 2）畜禽粪便资源化利用 3）农膜回收利用	（1）方法：讲授法、案例教学法、讨论法 （2）重点：秸秆综合利用知识、农膜回收利用知识 （3）难点：畜禽粪便资源化利用知识	1
4．涉农经济组织经营管理知识	4-1　管理基本知识	管理基本知识	1）管理的概念和职能 2）涉农经济组织的特点及分类 3）涉农经济组织内、外部发展环境	（1）方法：讲授法、案例教学法、讨论法 （2）重点：管理的职能、涉农经济组织特点及分类 （3）难点：涉农经济组织内、外部发展环境	2

续表

模块	课程	学习单元	课程内容	培训建议	课堂学时
4．涉农经济组织经营管理知识	4-2 农产品质量管理标准	农产品质量管理标准	1）农产品质量管理国家标准 2）农产品质量管理行业标准 3）农产品质量管理地方标准 4）农产品质量管理企业标准	（1）方法：讲授法、案例教学法 （2）重点与难点：农产品质量管理国家标准、行业标准、地方标准、企业标准	2
	4-3 农产品生产过程管理	农产品生产过程管理	1）农产品全程可追溯 2）农产品生产过程智能化管理	（1）方法：讲授法、案例教学法 （2）重点与难点：农产品全程可追溯知识、农产品生产过程智能化管理知识	2
	4-4 农产品市场营销知识	（1）农产品市场营销基本知识	1）农产品产品策略 2）农产品定价策略 3）农产品分销策略 4）农产品促销策略	（1）方法：讲授法、案例教学法 （2）重点与难点：农产品市场营销基本知识	2
		（2）农产品品牌基本知识	1）商标设计 2）商标注册 3）品牌宣传与推广	（1）方法：讲授法、案例教学法 （2）重点与难点：品牌宣传与推广	1
	4-5 农业金融与保险知识	（1）征信知识	1）个人征信 2）涉农经济组织征信	（1）方法：讲授法、案例教学法 （2）重点与难点：涉农经济组织征信	1
		（2）农业金融知识	1）农村金融机构 2）政策性贷款 3）商业性贷款	（1）方法：讲授法、案例教学法 （2）重点：农村金融 （3）难点：政策性贷款	2
		（3）信用合作知识	1）资金互助 2）信用贷款	（1）方法：讲授法、案例教学法 （2）重点与难点：信用合作	2

续表

模块	课程	学习单元	课程内容	培训建议	课堂学时
4．涉农经济组织经营管理知识	4–5 农业金融与保险知识	（4）农业保险知识	1）涉农保险机构 2）商业性农业保险 3）政策性农业保险	（1）方法：讲授法、案例教学法 （2）重点与难点：农业保险	1
5．创新思维方法的相关知识	5–1 创新思维与方法	创新思维与方法	1）创新思维的概念和内涵 2）创新方法的思维模式和应用模式	（1）方法：讲授法 （2）重点与难点：创新思维及相关创新方法和模式	2
	5–2 创新思维的培养	创新思维的培养	1）创新力的来源 2）创新思维的构成要素及特点 3）创新思维的养成和实现	（1）方法：讲授法、案例教学法 （2）重点与难点：创新思维的养成和实现	2
6．互联网＋农业	6–1 智慧农业的发展	（1）智慧农业的功能与价值	1）智慧农业概述 2）智慧农业在农业现代化中的应用	（1）方法：讲授法、演示法、案例教学法 （2）重点与难点：智慧农业在农业现代化中的应用	1
		（2）智慧农业的现状及发展趋势	1）智慧农业的现状 2）智慧农业的发展趋势	（1）方法：讲授法、演示法、案例教学法 （2）重点与难点：智慧农业的发展趋势	2
	6–2 农业物联网的应用	（1）物联网在种植业的应用	1）大田种植物联网应用技术 2）设施农业种植物联网应用技术	（1）方法：讲授法、演示法、案例教学法 （2）重点与难点：物联网在种植业的应用	2
		（2）物联网在养殖业的应用	1）畜禽散养物联网应用技术 2）畜禽圈养物联网应用技术 3）水产养殖物联网应用技术	（1）方法：讲授法、演示法、案例教学法 （2）重点与难点：物联网在养殖业的应用	2

续表

模块	课程	学习单元	课程内容	培训建议	课堂学时
7．农耕文化的传承与发展	7-1　农耕文化的内容	农耕文化的内容	1）农耕文化的实践原则 2）农耕文化的体现和作用	（1）方法：讲授法、案例教学法 （2）重点与难点：农耕文化的内容	1
	7-2　农耕文化的传承与发展	农耕文化的传承与发展	1）农耕文化的传承价值 2）信息时代农耕文化的发展	（1）方法：讲授法、案例教学法 （2）重点与难点：农耕文化的发展趋势	1
8．相关法律知识	8-1　相关法律知识	相关法律知识	1）《中华人民共和国农业法》相关知识 ①农业生产经营体制 ②农业生产 ③农产品流通与加工 ④粮食安全 ⑤农业投入与支持保护 ⑥农业科技与农业教育 ⑦农业资源与农业环境保护 ⑧农民权益保护 ⑨农村经济发展 ⑩法律责任 2）《中华人民共和国农产品质量安全法》相关知识 ①农产品质量安全标准 ②农产品产地 ③农产品生产 ④农产品包装和标识 ⑤监督检查 ⑥法律责任 3）《中华人民共和国农村土地承包法》相关知识 ①家庭承包 ②其他方式承包 ③争议的解决和法律责任	（1）方法：讲授法、案例教学法	4

续表

模块	课程	学习单元	课程内容	培训建议	课堂学时
8．相关法律知识	8-1　相关法律知识	相关法律知识	4）《中华人民共和国劳动法》相关知识 ①劳动合同和集体合同 ②工作时间和休息休假 ③工资 ④劳动安全卫生 ⑤女职工和未成年工特殊保护 ⑥职业培训 ⑦社会保险和福利 ⑧劳动争议 ⑨法律责任	（2）重点：《中华人民共和国农业法》《中华人民共和国农产品质量安全法》《中华人民共和国农民专业合作社法》相关知识	4
			5）《中华人民共和国劳动合同法》相关知识 ①劳动合同的订立 ②劳动合同的履行和变更 ③劳动合同的解除和终止 ④集体合同 ⑤劳务派遣 ⑥非全日制用工 ⑦法律责任		
			6）《中华人民共和国公司法》相关知识 ①有限责任公司的设立 ②有限责任公司的股权转让 ③股份有限公司的设立 ④股份有限公司的股份发行和转让 ⑤公司财务、会计 ⑥公司合并、分立、增资、减资 ⑦公司解散和清算		
			7）《中华人民共和国民法典》相关知识 ①物权 ②合同 ③人格权 ④侵权责任		

续表

模块	课程	学习单元	课程内容	培训建议	课堂学时
8．相关法律知识	8-1 相关法律知识	相关法律知识	8）《中华人民共和国农民专业合作社法》相关知识 ①设立和登记 ②成员 ③组织机构 ④财务管理 ⑤合并、分立、解散和清算 ⑥农民专业合作社联合社 ⑦扶持措施 ⑧法律责任	（3）难点：《中华人民共和国农村土地承包法》《中华人民共和国民法典》相关知识	4
课堂学时合计					70

2.2.2 四级／中级职业技能培训课程规范

模块	课程	学习单元	课程内容	培训建议	课堂学时
1．计划制定	1-1 信息收集	（1）农业信息化管理概要	1）信息化基础知识	（1）方法：讲授法、案例教学法 （2）重点：信息化管理的概念与思维模式 （3）难点：理解农业信息化的特点和主要内容，初步建立信息化的经营管理思维	1
			2）农业信息化的概念、特征、内涵及案例分析		
			3）农业信息化的信息分类、区分标准及作用 ①标准化和非标准化信息 ②直接信息和间接信息 ③静态信息和动态信息		
		（2）农业生产组织信息化需求和信息收集	1）不同细分行业和经营主体的生产组织信息化需求	（1）方法：讲授法、实训法 （2）重点：不同细分行业和经营主体的生产信息收集 （3）难点：生产组织的信息化需求标准、格式及信息采集表的编制方法	1
			2）不同细分行业和经营主体的生产组织信息的收集渠道		
			3）农业生产组织信息收集的一般性程序和方法		
			4）信息采集表的编制		

续表

模块	课程	学习单元	课程内容	培训建议	课堂学时
1. 计划制定	1-1 信息收集	(3) 农业生产组织信息收集的发展趋势与创新	1) 智慧农业的概念、现状与发展 2) 农业信息收集模式的创新趋势及案例分析 ①基于信息技术的高速化趋势 ②基于传感器技术的精准化趋势 ③基于物联网、大数据等的智能化趋势 3) 农业生产组织信息收集的新工具和新模式 ①硬件设备 ②软件系统	(1) 方法：讲授法、案例教学法 (2) 重点：生产组织信息收集的重要性及其发展方向 (3) 难点：采用自动化、智能化手段收集生产组织信息	1
		(4) 农业设备作业信息化需求和信息收集	1) 不同细分行业和经营主体的设备作业信息化需求 2) 农业设备类信息的收集渠道和方法	(1) 方法：讲授法、实训法 (2) 重点：设备类信息的分类标准、作用及其对应的收集渠道和方法 (3) 难点：不同细分行业和经营主体设备作业信息的需求重点及其在信息采集表中的呈现方法	1
		(5) 农业技术支持信息化需求和信息收集	1) 不同细分行业和经营主体的技术类信息需求及作用 2) 农业技术类信息的传统收集渠道和创新方法 ①政府、院校、助农机构、专业书籍及行业会议等传统途径 ②搜索引擎、社交网络和垂直内容平台等高效新途径	(1) 方法：讲授法、实训法 (2) 重点与难点：农业技术类信息收集的新技术和新方法	1

续表

模块	课程	学习单元	课程内容	培训建议	课堂学时
1．计划制定	1–1 信息收集	（6）农业产品加工信息化需求和信息收集	1）不同细分行业和经营主体产品加工过程产生的主要信息及其用途 2）农产品加工类信息的传统收集方法和创新发展	（1）方法：讲授法、实训法 （2）重点：产品加工类信息在不同细分行业和经营主体的分类及关键内容 （3）难点：现代农业产业化发展对产品加工信息化的要求和发展方向	1
		（7）农业产业化目标市场和农产品流通模式	1）农业产业化目标市场的概念、分类与特点 2）农产品商贸流通模式的分类、特点与发展趋势 ①种植类农产品 ②养殖类农产品 ③其他农业及涉农产品或服务	（1）方法：讲授法 （2）重点与难点：主要农业目标市场和农产品商贸流通模式的特点及其信息化需求	2
		（8）涉农经济组织商业模式和市场形态	1）不同类型涉农经济组织的商业模式和销售机制 2）农产品市场销售端的变化发展趋势 ① B 端市场 ② C 端市场 ③创新市场	（1）方法：讲授法 （2）重点：不同细分行业和经营主体的销售机制 （3）难点：B 端和 C 端市场的变化趋势及创新模式	2
		（9）农业市场与销售信息化需求和信息收集	1）农业市场与销售信息的分类和用途 ①直接信息和间接信息（如市场调查分析结果等） ②静态信息和动态信息 2）农产品市场与销售类信息的传统收集渠道、创新收集方法及呈现形式 ①传统及线下商贸流通体系 ②电商、社交平台、互联网直播等新型营销体系 3）农业市场与销售大数据的获取及农业电商	（1）方法：讲授法、实训法 （2）重点：各类市场和销售信息的特点、用途及其收集和呈现方法 （3）难点：目标市场多样化、碎片化等发展趋势对市场和销售类信息收集的影响	1

续表

模块	课程	学习单元	课程内容	培训建议	课堂学时
1．计划制定	1-1　信息收集	(10) 农业信息标准化作业的内容和流程	1）标准化信息单元在农业信息化管理中的作用和意义	(1) 方法：讲授法、实训法 (2) 重点：标准化信息单元在农业信息化管理中的作用和意义 (3) 难点：建立标准化信息单元及处理非标准化信息的思路和方法	2
			2）农业信息化管理对标准化信息的需求 ①标准化信息单元的筛选维度及数据格式 ②生产、设备、技术、加工、销售等主要职能部门的标准化信息单元建设需求		
			3）信息筛选和数据处理的一般性流程和方法 ①通过生产信息采集表 ②通过软件工具及算法 ③类比、时序、差重等数据处理方法		
			4）信息数据可视化方法		
		(11) 农业生产组织的标准化信息单元建设	1）生产组织类标准化信息单元的种类、特点与用途	(1) 方法：讲授法、实训法 (2) 重点与难点：用于生产组织的各类标准化信息单元及其用途	1
			2）不同细分行业和经营主体生产组织信息筛选和处理		
		(12) 农业设备作业的标准化信息单元建设	1）设备类标准化信息单元的种类、特点与用途	(1) 方法：讲授法、实训法 (2) 重点与难点：用于设备作业的各类标准化信息单元及其用途	1
			2）不同细分行业和经营主体设备类信息筛选和处理		
		(13) 农业技术支持的标准化信息单元建设	1）技术类标准化信息单元的种类、特点与用途	(1) 方法：讲授法、实训法 (2) 重点与难点：用于技术支持的各类标准化信息单元及其用途	1
			2）不同细分行业和经营主体技术类信息筛选和处理		

续表

模块	课程	学习单元	课程内容	培训建议	课堂学时
1．计划制定	1–1　信息收集	(14) 农业产品加工的标准化信息单元建设	1）产品加工类标准化信息单元的种类、特点与用途	(1) 方法：讲授法、实训法 (2) 重点与难点：用于产品加工的各类标准化信息单元及其用途	1
			2）不同细分行业和经营主体的产品加工类信息筛选和数据处理		
		(15) 农业产品销售的标准化信息单元建设	1）产品销售类标准化信息单元的种类、特点与用途	(1) 方法：讲授法、实训法 (2) 重点：不同细分行业和经营主体对销售类信息的筛选处理需求 (3) 难点：产品销售类信息数据和市场导向思维在现代农业产业化发展中的作用	1
			2）不同细分行业和经营主体的产品销售类信息筛选和数据处理		
		(16) 农业信息化营销和销售创新	1）农业产品销售和营销类信息的维度及内在联系	(1) 方法：讲授法、实训法 (2) 重点：农业产品销售和营销类信息数据间的内在关系及其在信息化工具中的体现 (3) 难点：产品销售和营销类信息从收集到筛选处理的整体逻辑关系	2
			2）基于信息技术的农业信息化营销和销售模式及相关工具 ①自动化信息和数据处理基本知识 ②网络爬虫、数据库、算法模型及相关的自动化数据处理工具 ③搭建简单的信息数据收集筛选处理平台		
		(17) 市场调查与农业信息化管理	1）市场调查的概念、形式及其在农业信息化中的作用和意义	(1) 方法：讲授法、案例教学法 (2) 重点与难点：市场调查的一般性方法及其所需条件和主要应用场景	2
			2）农业信息化管理对市场调查的需求、应用及案例 ①生产组织端市场调查 ②市场销售端市场调查		
			3）市场调查的一般性方法、应用及创新模式 ①常规的市场调查方法 ②互联网／移动互联网在市场调查中的创新应用		

续表

模块	课程	学习单元	课程内容	培训建议	课堂学时
1．计划制定	1-1 信息收集	(18) 农业生产组织端的市场调查问卷设计及信息处理	1) 生产组织端市场调查问卷的整体规划与调研目标设计	(1) 方法：讲授法、实训法 (2) 重点与难点：生产组织端市场调查问卷的各项设计操作实务	2
			2) 生产组织端市场调查问卷的问题设计、样本与方式选择、市场调查人员话术设计与培训		
			3) 生产组织端市场调查问卷的信息数据筛选与标准化处理方法		
		(19) 农业产品销售端的市场调查问卷设计及信息处理	1) 产品销售端市场调查问卷的整体规划与调研目标设计	(1) 方法：讲授法、实训法 (2) 重点与难点：产品销售端市场调查问卷的各项设计操作实务	2
			2) 产品销售端市场调查问卷的问题设计、样本与方式选择、市场调查人员话术设计与培训		
			3) 产品销售端市场调查问卷的信息数据筛选与标准化处理方法		
	1-2 目标制定	(1) 农业市场调查数据的分析评价	1) 农业供求关系体系的划分维度和要素分析 ①生产端三要素（生产力、生产资料、生产关系） ②市场端三要素（商品、买方、卖方） ③销售端三要素（人、货、场）	(1) 方法：讲授法、实训法 (2) 重点：农业项目的目标市场供求关系变化趋势 (3) 难点：基于市场调查数据的分析评价，建立农业项目产—供—销链条的整体逻辑	2
			2) 生产端市场调查的定性和定量评价办法		
			3) 销售端市场调查的定性和定量评价办法		
			4) 农业产—供—销链条内在联系的数据化分析评估		

续表

模块	课程	学习单元	课程内容	培训建议	课堂学时
1．计划制定	1-2 目标制定	（2）农业产业化项目可行性分析的基本理论和方法	1）项目可行性分析的一般性方法	（1）方法：讲授法、案例教学法 （2）重点：农业产业化项目可行性分析的主要方法 （3）难点：结合行业与市场发展趋势，判断并选择适当的项目可行性分析方法	1
			2）农业产业化项目的类型、特点及案例分析		
			3）基于供求关系变化的项目可行性分析		
			4）基于产业链协同的项目可行性分析		
		（3）农业生产型项目可行性分析	1）生产型项目可行性分析的要点	（1）方法：讲授法、实训法 （2）重点与难点：生产型项目可行性分析的方法	2
			2）不同细分行业和经营主体生产型项目可行性分析方法		
		（4）农业销售型项目可行性分析	1）销售型项目可行性分析的要点	（1）方法：讲授法、实训法 （2）重点与难点：基于细分行业、经营主体、目标市场及商业模式等外部要素的销售型项目可行性分析方法	2
			2）不同细分行业和经营主体销售型项目可行性分析方法		
			3）基于新兴目标市场与创新商业模式的项目可行性分析		
		（5）农业产业化项目投资及发展趋势	1）项目投资预测的基本知识	（1）方法：讲授法 （2）重点：农业经营项目投资预测的一般性方法 （3）难点：市场变化和行业发展对农业项目投资预测模型与方法的影响	1
			2）农业产业化项目投资的类型及一般性投资预测方法		
			3）农业产业化发展对农业项目投资预测的影响 ①供求关系发展变化的影响要素 ②产业链协同关系发展变化的影响要素 ③财务预测模型发展变化的影响要素		

续表

模块	课程	学习单元	课程内容	培训建议	课堂学时
1．计划制定	1-2　目标制定	(6) 农业生产型项目的投资预测及项目实施方案设计	1）不同细分行业和经营主体生产型项目的投资预测 2）不同细分行业和经营主体生产型项目实施方案的设计	(1) 方法：讲授法、实训法 (2) 重点与难点：针对不同细分行业和经营主体的实际需求，进行生产型项目的投资预测与实施方案设计	2
		(7) 农业销售型项目的投资预测及项目实施方案设计	1）不同细分行业和经营主体销售型项目的投资预测 2）不同细分行业和经营主体销售型项目实施方案的设计	(1) 方法：讲授法、实训法 (2) 重点与难点：针对不同细分行业和经营主体的实际需求，进行销售型项目的投资预测与实施方案设计	2
		(8) 农业项目经营计划编制	1）项目经营计划的基本结构、要素和编制重点 2）农业项目年度经营目标的构成要素及内在关系	(1) 方法：讲授法 (2) 重点：农业项目经营计划的一般性编制方法 (3) 难点：农业项目经营目标各构成要素在信息化和产业化发展过程中的相互关系	2
		(9) 农业项目年度生产目标制定	1）农业项目生产目标制定的参考指标及其内在关系 2）不同细分行业和经营主体年度生产目标的制定方法	(1) 方法：讲授法、实训法 (2) 重点与难点：针对不同细分行业和经营主体的实际需求制定年度生产目标	2
		(10) 农业项目年度销售目标制定	1）农业项目销售目标制定的参考指标及其内在关系 2）不同细分行业和经营主体年度销售目标的制定方法	(1) 方法：讲授法、实训法 (2) 重点与难点：针对不同细分行业和经营主体的实际需求制定年度销售目标	2

续表

模块	课程	学习单元	课程内容	培训建议	课堂学时
1．计划制定	1-3　目标分解	（1）农业项目生产计划编制及信息化管理应用初步	1）生产计划的基本结构、要素和编制重点 2）不同细分行业和经营主体的生产计划编制方法 3）农业项目生产计划在信息化管理中的应用与创新	（1）方法：讲授法、实训法 （2）重点：农业项目生产计划的一般性编制方法 （3）难点：农业项目生产计划表中的各项信息化单元在信息化管理体系中的相互关系	2
		（2）动态市场条件下农业项目生产计划的优化	1）动态市场条件下生产计划的可变条件及案例分析 2）生产计划的优化思路和方法	（1）方法：讲授法、案例教学法 （2）重点与难点：农业项目生产计划动态调整优化的思路和方法	1
		（3）农业项目销售计划编制及信息化管理应用初步	1）销售计划的基本结构、要素和编制重点 2）不同细分行业和经营主体的销售计划编制方法 3）农业项目销售计划在信息化管理中的应用与创新	（1）方法：讲授法、实训法 （2）重点：农业项目销售计划的一般性编制方法 （3）难点：农业项目销售计划表中的各项信息化单元在信息化管理体系中的相互关系和作用	2
		（4）动态市场条件下农业项目营销和销售计划的优化	1）动态市场条件下营销与销售计划的可变条件分析 2）产销联动、以销定产和订单农业模式对营销与销售计划的影响及案例分析 3）营销与销售计划的优化思路和方法	（1）方法：讲授法、案例教学法 （2）重点与难点：农业项目营销与销售计划动态调整优化的思路和方法	1

续表

模块	课程	学习单元	课程内容	培训建议	课堂学时
1．计划制定	1–3 目标分解	（5）农业项目经营管理目标分解和责任协调落实	1）农业项目生产经营目标分解的原则、标准及信息化准备工作 ①整分合原则、一致性原则的概念和应用 ②限制性条件和因素的分析和应用 ③协调平衡原则及工作分解结构（WBS）等方法的应用	（1）方法：讲授法、案例教学法 （2）重点：基于信息化管理的经营项目管理目标分解和责任协调落实 （3）难点：在各主要职能部门或职能环节应用信息化管理手段进行目标分解和协调落实的原则和方法	2
			2）信息化管理在主要职能部门协调落实中的应用案例分析		
		（6）农业项目信息化管理中的岗位目标制定和考核	1）农业项目生产经营岗位目标制定的原则、标准及一般性方法 ①基于职能特点和职能目标分解的以岗定责 ②基于经营性目标分解和加权分配的业绩主导型目标制定和岗位定责 ③基于管理体系效率性目标分解的过程主导型目标制定和岗位定责	（1）方法：讲授法、案例教学法 （2）重点与难点：应用信息化管理手段优化农业项目经营岗位考核的意义和方法	2
			2）信息化管理在经营岗位目标优化和考核中的应用案例分析		
2．组织管理	2–1 生产要素组织	（1）农业生产基地概述	1）农业生产基地、产业集群及产业带的概念、构成要素、政策环境及发展历程	（1）方法：讲授法 （2）重点与难点：我国农业生产基地的发展历史及面对农业产业化发展方向存在的典型问题	1
			2）我国农业生产基地的特点、困境及破解路径		
			3）农业生产基地在农业产业化、信息化发展中的角色和作用		

续表

模块	课程	学习单元	课程内容	培训建议	课堂学时
2．组织管理	2–1 生产要素组织	（2）中外农业生产基地的发展现状和特点分析	1）国内农业生产基地、产业集群及产业带的现状、问题、发展趋势及案例分析	（1）方法：讲授法、案例教学法 （2）重点与难点：中外建设大中型农业生产基地的模式、方法和差异	2
			2）农业发达国家农业生产基地、产业集群及产业带的发展现状、趋势及案例分析		
		（3）农业产业化发展对生产基地的影响及应对策略	1）传统农业生产基地在产业化发展趋势中的挑战 ①市场化导向的挑战 ②经济效益和社会效益并重的挑战 ③打造重点产业、核心产品的挑战 ④产业链融合的挑战 ⑤信息化、智能化、无人化运营管理模式的挑战	（1）方法：讲授法 （2）重点：农业生产基地应对农业产业化发展趋势的模式、策略和方法 （3）难点：农业生产基地针对快速变化的国内外市场环境，在“大循环”“双循环”发展模式下的发展思路	2
			2）农业生产基地的发展路径及意义 ①规模农业发展路径 ②精致农业发展路径 ③智慧农业、设施农业发展路径 ④休闲农业、创意农业等混合业态发展路径		
			3）“大循环”“双循环”模式对农业生产基地的影响及应对策略		
		（4）种植类农业生产基地状况评估	1）种植类农业生产基地的特点、运营模式及关键运营指标 ①粮食类作物种植生产基地 ②蔬果类作物种植生产基地 ③其他经济作物种植生产基地	（1）方法：讲授法、实训法 （2）重点与难点：各类种植类农业生产基地的评估要素和评估报告编制方法	2
			2）种植类生产基地评估报告的编制方法		

续表

模块	课程	学习单元	课程内容	培训建议	课堂学时
2．组织管理	2-1　生产要素组织	（5）养殖类农业生产基地状况评估	1）养殖类农业生产基地的特点、运营模式及关键运营指标 ①畜禽类养殖生产基地 ②水产类养殖生产基地 ③其他特种养殖类生产基地	（1）方法：讲授法、实训法 （2）重点与难点：各类养殖类农业生产基地的评估要素和评估报告编制方法	2
			2）养殖类生产基地评估报告的编制方法		
		（6）综合型农业生产基地及产业集群、产业带状况评估	1）农业产业集群、产业带的类型和特点	（1）方法：讲授法、实训法 （2）重点与难点：各类综合型农业生产基地、产业集群及产业带的评估要素和评估报告编制方法	2
			2）综合型农业生产基地的运营模式和关键运营指标 ①以核心产业产品为主、其他业态配套的运营模式 ②综合型多业态并行发展的运营模式 ③以农企结合为核心的产地扶贫和乡村振兴发展模式		
			3）综合类农业生产基地评估报告的编制方法		
		（7）农业生产要素的分类及功能分析	1）自然资源要素分析	（1）方法：讲授法 （2）重点与难点：农业生产要素的构成和特点及其在未来农业产业化发展中功能比重的变化趋势	1
			2）生产资料要素分析		
			3）劳动力要素分析		
			4）资本要素分析		
			5）科技要素分析		

续表

模块	课程	学习单元	课程内容	培训建议	课堂学时
2．组织管理	2-1 生产要素组织	（8）农业生产要素的组合原理及效益分析	1）农业生产要素的组合模式、原理和规律 ①制度层面的农业生产要素组合 ②技术层面的农业生产要素组合	（1）方法：讲授法 （2）重点：基于制度和技术等多层面的农业生产要素组合配置方法及其优劣势 （3）难点：农业生产要素组合综合效益的定性和定量评估思路和方法	2
			2）农业生产要素组合的经济效益和社会效益分析 ①规模报酬、边际报酬变化等财务效益指标 ②边际技术替代率、劳动和资本边际替代率等运营效率指标 ③就业率、环境友好度等社会效益评估指标		
		（9）农业生产资料的分类、功能及应用标准	1）农业生产资料的分类、功能及应用标准 ①设备、设施等用于农业生产的劳动资料 ②土地、种子、养殖类种苗等农业生产的劳动对象	（1）方法：讲授法 （2）重点与难点：农业生产资料的功能、应用标准及各种新形态的发展趋势	2
			2）新型农业及其生产经营模式的生产资料扩展和特点分析 ①观光／休闲农业等新型业态的跨界类生产资料 ②大数据、算法等信息化技术类新型生产资料 ③智能软、硬件产品等新型工具类生产资料 ④细分市场及长尾需求的新型劳动对象类生产资料		
		（10）种植类农业生产要素配置及生产资料定额制定	1）种植类不同细分行业的生产要素配置和生产资料定额制定	（1）方法：讲授法、实训法 （2）重点与难点：种植类不同细分行业和经营主体的生产要素配置、生产资料定额制定方法	2
			2）种植类不同经营主体的生产要素配置和生产资料定额制定		

续表

<table>
<tr><th>模块</th><th>课程</th><th>学习单元</th><th>课程内容</th><th>培训建议</th><th>课堂学时</th></tr>
<tr><td rowspan="10">2．组织管理</td><td rowspan="10">2-1　生产要素组织</td><td rowspan="2">(11) 养殖类农业生产要素配置及生产资料定额制定</td><td>1）养殖类不同细分行业的生产要素配置和生产资料定额制定</td><td rowspan="2">(1) 方法：讲授法、实训法
(2) 重点与难点：养殖类不同细分行业和经营主体的生产要素配置、生产资料定额制定方法</td><td rowspan="2">2</td></tr>
<tr><td>2）养殖类不同经营主体的生产要素配置和生产资料定额制定</td></tr>
<tr><td rowspan="2">(12) 综合型农业生产要素配置及生产资料定额制定</td><td>1）不同综合型农业生产经营模式的生产要素配置和生产资料定额制定</td><td rowspan="2">(1) 方法：讲授法、实训法
(2) 重点与难点：不同综合型农业生产经营模式和经营主体的生产要素配置、生产资料定额制定方法</td><td rowspan="2">2</td></tr>
<tr><td>2）不同类型的综合型农业经营主体的生产要素配置和生产资料定额制定</td></tr>
<tr><td rowspan="2">(13) 农业信息化对生产要素优化配置的影响及应对</td><td>1）农业产业互联网的发展模式、趋势及案例分析</td><td rowspan="2">(1) 方法：讲授法、案例教学法
(2) 重点与难点：农业生产要素配置及优化的发展方向及其应对策略和方法</td><td rowspan="2">3</td></tr>
<tr><td>2）农业信息化、智能化对生产要素配置模式的影响及应对
①云技术的应用和影响
②区块链技术的应用和影响
③基于大数据的柔性供应链应用、影响及局限性</td></tr>
<tr><td rowspan="4">(14) 农业生产周期的特点和要素分析</td><td>1）农业生产周期的概念和特点
①季节性和周期性特点
②连续性特点
③地域性特点</td><td rowspan="4">(1) 方法：讲授法
(2) 重点：农业生产周期的特点、要素及一个生产周期的关键生产运营指标分析
(3) 难点：不同农业生产对象与产出物的生产周期特点</td><td rowspan="4">2</td></tr>
<tr><td>2）农业生产周期的要素分析
①主要种植作物的生产周期要素分析
②主要养殖产品的生产周期要素分析</td></tr>
<tr><td>3）新型生产对象及生产模式的生产周期要素分析</td></tr>
</table>

续表

模块	课程	学习单元	课程内容	培训建议	课堂学时
2．组织管理	2-1 生产要素组织	(15) 种植类农业生产记录分析及总结报告编制	1）种植类生产记录的内容、格式、要点及分析整理 ①粮食类作物的生产记录 ②蔬果类作物的生产记录 ③其他经济作物的生产记录	(1) 方法：讲授法、实训法 (2) 重点与难点：采用适当方法和工具进行作物电子生产记录的分析、整理和总结报告编制	2
			2）农业信息化对种植类电子生产记录的要求和总结报告编制规范		
		(16) 养殖类农业生产记录分析及总结报告编制	1）养殖类生产记录的内容、格式、要点及分析整理 ①畜禽类产品的生产记录 ②水产类产品的生产记录 ③其他特种养殖产品的生产记录	(1) 方法：讲授法、实训法 (2) 重点与难点：采用适当方法和工具进行养殖类产品电子生产记录的分析、整理和总结报告编制	2
			2）农业信息化对养殖类电子生产记录的要求和总结报告编制规范		
		(17) 综合型农业生产记录分析及总结报告编制	1）综合型农业生产记录的内容、格式、要点及分析整理	(1) 方法：讲授法、实训法 (2) 重点与难点：采用适当方法和工具进行综合型农业生产电子生产记录的分析、整理和总结报告编制	2
			2）农业信息化对综合型农业生产电子生产记录的要求和总结报告编制规范		
	2-2 岗位设置	(1) 涉农经济组织的组织形式及特点分析	1）涉农经济组织的概念、分类维度、经营模式及职能特点	(1) 方法：讲授法 (2) 重点与难点：涉农经济组织的组织形式和发展方向	2
			2）现代企业的组织发展方向及其对涉农经济组织发展的影响 ①生产立体化 ②业态综合化 ③市场多元化与外向化		

续表

模块	课程	学习单元	课程内容	培训建议	课堂学时
2．组织管理	2-2 岗位设置	（2）涉农经济组织的职能部门及岗位设置	1）传统职能部门划分、产业化信息化新型职能部门及案例分析 ①生产组织类职能部门 ②设备作业类职能部门 ③技术支持类职能部门 ④产品加工类职能部门 ⑤产品销售类职能部门 ⑥市场品牌类职能部门 ⑦财务、人力、行政等支持类职能部门	（1）方法：讲授法、案例教学法 （2）重点：涉农经济组织部门划分及岗位设置的原则和方法 （3）难点：针对农业信息化、智能化发展趋势的部门划分与岗位设置策略和方法	2
			2）涉农经济组织岗位设置的原则和方法 ①最低数量、有效配合、业务平衡、整体协同等传统设置原则和方法 ②信息化、智能化趋势下的岗位优化配置策略和方法		
		（3）涉农经济组织的组织层级、管理幅度及优化	1）现代企业组织层级和管理幅度设置的一般性原则、方法及其相互关系	（1）方法：讲授法 （2）重点与难点：涉农经济组织层级设计和管理幅度优化	2
			2）涉农经济组织的组织层级和管理幅度设置策略 ①应对核心产业和产品需求 ②应对经营主体特性及局限 ③应对产业化发展与产业链整合 ④应对信息化、智能化发展		
		（4）涉农经济组织的人员需求和选择标准	1）现代农业企业发展对人员的要求及选择标准 ①品德要求 ②素质要求 ③技能要求	（1）方法：讲授法 （2）重点与难点：农业现代化发展过程中涉农经济组织的人员需求判断及选择标准制定	2
			2）不同细分行业和经营主体的人员需求和选择标准		
			3）农业信息化管理主要职能部门的人员需求和选择标准		

续表

<table>
<tr><th>模块</th><th>课程</th><th>学习单元</th><th>课程内容</th><th>培训建议</th><th>课堂学时</th></tr>
<tr><td rowspan="7">2．组织管理</td><td rowspan="4">2–2 岗位设置</td><td rowspan="2">（5）涉农经济组织人员招聘</td><td>1）现代企业实施人员招聘的一般性方法、模式、途径和工具</td><td rowspan="2">（1）方法：讲授法、实训法
（2）重点与难点：涉农经济组织实施有效的人员招聘的方法、技巧及工具</td><td rowspan="2">2</td></tr>
<tr><td>2）涉农经济组织人员招聘的策略和方法
①生产组织类人员招聘
②设备作业类人员招聘
③技术支持类人员招聘
④产品加工类人员招聘
⑤产品销售类人员招聘
⑥市场品牌类人员招聘
⑦财务、人力、行政等支持类人员招聘</td></tr>
<tr><td rowspan="2">（6）涉农经济组织的用工特点与人才梯队建设</td><td>1）涉农经济组织的用工特点及应对策略
①专业人才、复合人才、职业经理人短缺问题
②本地化用工、人才来源多元化需求及人才流动性差问题
③城乡差距及人才工作、生活相关制度配套问题
④收入增长慢、人才结构老龄化问题</td><td rowspan="2">（1）方法：讲授法
（2）重点与难点：针对涉农经济组织的用工特点及发展趋势，实施有效、可持续的人员招聘和人才梯队建设策略</td><td rowspan="2">1</td></tr>
<tr><td>2）涉农经济组织的人才梯队建设策略
①制度和组织体系保障
②现代职业经理人制度
③冗余招聘策略和人员汰换机制</td></tr>
<tr><td rowspan="2">2–3 会务组织</td><td rowspan="2">（1）涉农经济组织的会务需求、目标及特点分析</td><td>1）现代企业会务组织的流程、要素分析及注意事项</td><td rowspan="2">（1）方法：讲授法
（2）重点与难点：涉农经济组织根据目标主题及实际需求所要策划实施的各类主要会务的形式、内容和特点</td><td rowspan="2">2</td></tr>
<tr><td>2）涉农经济组织常见的会务形式、会务目的及形式
①生产相关类会务
②销售、市场、品牌相关类会务
③产业链协同整合及异业合作相关类会务</td></tr>
</table>

续表

模块	课程	学习单元	课程内容	培训建议	课堂学时
2．组织管理	2–3　会务组织	（2）涉农经济组织会务策划设计	1）会务策划设计的要素和注意事项 ①会务目标分析确定 ②会务规模、受众及相关资源确定 ③会务筹备及前期各项资源、人员、物料协调准备 ④会务流程设计及各项应急预案备选方案制定 ⑤会务人员安排、责权划分及考核 ⑥会务前期、中期、后期的传播需求确定及传播计划执行	（1）方法：讲授法、实训法 （2）重点：涉农经济组织策划、设计和执行会务工作的流程、要素、常见问题和解决方法 （3）难点：涉农经济组织策划、设计会务工作中应对特殊及突发状况的应急预案	2
			2）涉农经济组织会务执行的要素和注意事项 ①会前执行 ②会中执行 ③会后执行		
			3）涉农经济组织会务策划、设计案例		
		（3）涉农类会议及会务组织的发展趋势和创新模式	1）现代企业会议及会务组织的创新发展趋势 ①数据化管理趋势和相关工具应用 ②线上、非接触会议及AR[①]、VR[②]等多媒体技术的应用趋势和相关工具应用	（1）方法：讲授法 （2）重点与难点：涉农经济组织面对现代会议会务形式创新发展趋势的应对策略、方法和工具	1
			2）涉农类会议及会务组织的创新发展、应对策略、工具及相关案例分析		

① AR：augmented reality，增强现实技术。

② VR：virtual reality，虚拟现实技术。

续表

模块	课程	学习单元	课程内容	培训建议	课堂学时
2．组织管理	2-3　会务组织	（4）涉农类会务组织和会议协调	1）现代会议常见问题及解决方法 ①“人”的问题 ②“物”的问题 ③“场”的问题	（1）方法：讲授法、实训法 （2）重点与难点：会务中常见的协调问题及其解决策略和方法	2
			2）会议协调技巧、应用场景及作用 ①人员协调 ②内容协调 ③场地、设备、流程等协调		
		（5）涉农类会务组织降费增效技巧及相关工具使用	1）现代会议会务的成本预算构成及关键指标分析	（1）方法：讲授法、案例教学法 （2）重点与难点：采用信息化手段和工具对会务组织实施降费增效的方法	1
			2）经济高效会务组织执行的技巧、工具及案例分析 ①节约人员成本 ②节约时间成本 ③总体投入产出比预估分析和提升		
3．目标控制	3-1　计划控制	（1）农业生产管理的流程、内容和特点分析	1）流程和生产管理流程的概念、类型、组成部分及内容要素	（1）方法：讲授法 （2）重点与难点：农业生产管理的主要组成部分及其在不同细分行业的流程、内容和特点	1
			2）种植业生产管理的流程、内容和特点分析		
			3）养殖业生产管理的流程、内容和特点分析		
			4）其他涉农行业生产管理的流程、内容和特点分析		
		（2）农业生产计划和流程管理的协同要点及实施方法	1）种植业生产计划和流程管理的协同要点及方法	（1）方法：讲授法 （2）重点与难点：不同细分行业生产计划和流程管理的协同要点及实施方法	2
			2）养殖业生产计划和流程管理的协同要点及方法		
			3）其他涉农行业生产计划和流程管理的协同要点及实施方法		

续表

模块	课程	学习单元	课程内容	培训建议	课堂学时
3．目标控制	3–1　计划控制	（3）农业生产组织的形式、要素及其实施和管理方法	1）种植业生产组织的形式、要素及实施和管理方法	（1）方法：讲授法 （2）重点与难点：不同细分行业生产组织的形式、要素及其在实施过程中的常见问题和解决方法	2
			2）养殖业生产组织的形式、要素及实施和管理方法		
			3）其他涉农行业生产组织的形式、要素及实施和管理方法		
		（4）农业生产控制的目标、方式及其管理和优化方法	1）种植业生产控制的目标、方法及其管理和优化方法	（1）方法：讲授法 （2）重点与难点：不同细分行业生产控制的目标、方法及其在管理过程中的常见问题和优化解决方法	2
			2）养殖业生产控制的目标、方法及其管理和优化方法		
			3）其他涉农行业生产控制的目标、方法及其管理和优化方法		
		（5）农业生产管理流程的梳理方法及创新趋势	1）流程梳理的概念、步骤和常用方法	（1）方法：讲授法、案例教学法 （2）重点：农业生产管理流程的信息化发展及其在梳理过程中的注意事项 （3）难点：农业生产管理流程信息化在前、中、后端的发展、应用模式及相关系统工具的使用	2
			2）基于三层信息化管理架构的生产流程管理模式创新实施方法及案例分析 ①基于传感器、智能终端等硬件的管理前端创新 ②基于ERP、MES[①]、PCS[②]等应用系统的管理中端创新 ③基于大数据、AI[③]等信息数据技术的管理后端创新		

① MES：manufacturing execution system，制造企业生产过程执行管理系统。

② PCS：process control systems，过程控制系统。

③ AI：artificial intelligence，人工智能。

续表

<table>
<tr><th>模块</th><th>课程</th><th>学习单元</th><th>课程内容</th><th>培训建议</th><th>课堂学时</th></tr>
<tr><td rowspan="9">3．目标控制</td><td rowspan="5">3-1　计划控制</td><td rowspan="3">（6）涉农经济组织工作计划管理的要点和常见问题</td><td>1）不同细分行业和经营主体工作计划管理的原则、内容和方法</td><td rowspan="3">（1）方法：讲授法、案例教学法
（2）重点：涉农经济组织根据流程管理的原则和特点进行企业及部门工作计划管理的方法
（3）难点：不同细分行业和经营主体在实施工作计划管理过程中的常见问题和解决方法</td><td rowspan="3">2</td></tr>
<tr><td>2）农业信息管理中主要职能部门的工作计划管理</td></tr>
<tr><td>3）涉农经济组织工作计划管理的常见问题、解决方法及案例分析</td></tr>
<tr><td rowspan="2">（7）涉农经济组织工作计划管理信息化和相关工具应用</td><td>1）工作计划跟进和管理中的信息化思维、手段和工具应用</td><td rowspan="2">（1）方法：讲授法、案例教学法
（2）重点与难点：涉农经济组织针对工作计划信息化监管趋势选用适当信息化手段及相关工具的策略和方法</td><td rowspan="2">2</td></tr>
<tr><td>2）涉农经济组织工作计划信息化监管的特点、信息化工具选用及案例分析</td></tr>
<tr><td rowspan="4">3-2　质量控制</td><td rowspan="2">（1）涉农经济组织的生产组织技术规程管理与实施</td><td>1）技术规程的实施和管理原则
①组织和制度保障
②岗位职责设置和考核
③专人专用、管控分离
④相关培训机制设置
2）农业生产技术规程的类型、形式和作用
3）不同细分行业生产组织类技术规程的管理要点</td><td rowspan="2">（1）方法：讲授法
（2）重点：不同细分行业生产组织类技术规程的类型、内容及实施要点
（3）难点：农业生产技术规程的总体分类及作用</td><td rowspan="2">2</td></tr>
<tr></tr>
<tr><td rowspan="2">（2）涉农经济组织的设备作业技术规程管理与实施</td><td>1）设备作业技术规程在农业生产中的作用</td><td rowspan="2">（1）方法：讲授法
（2）重点与难点：不同细分行业设备作业类技术规程的类型、内容及实施要点</td><td rowspan="2">1</td></tr>
<tr><td>2）不同细分行业设备作业类技术规程的管理要点</td></tr>
</table>

续表

模块	课程	学习单元	课程内容	培训建议	课堂学时
3．目标控制	3-2　质量控制	（3）涉农经济组织的产品加工技术规程管理与实施	1）产品加工技术规程在农业生产中的作用	（1）方法：讲授法 （2）重点与难点：不同细分行业产品加工类技术规程的类型、内容及实施要点	1
			2）不同细分行业产品加工类技术规程的管理要点		
		（4）涉农经济组织的产品质量控制技术规程管理与实施	1）产品质量控制技术规程在农业生产中的作用	（1）方法：讲授法 （2）重点与难点：不同细分行业产品质量控制类技术规程的类型、内容及实施要点	1
			2）不同细分行业产品质量控制类技术规程的管理要点		
		（5）涉农经济组织生产流程规范化要求及实施方法	1）生产流程规范化的作用、要求及实施方法	（1）方法：讲授法 （2）重点与难点：涉农经济组织生产流程规范化要求及实施方法	2
			2）不同细分行业实施生产流程规范化的管理要点分析		
		（6）涉农经济组织生产组织管理办法的制定	1）农业生产组织管理办法的内容、格式及编写注意事项	（1）方法：讲授法、实训法 （2）重点与难点：不同细分行业生产组织管理办法的规范化要点分析及制定方法	1
			2）不同细分行业生产组织管理办法的规范化要点分析		
		（7）涉农经济组织设备作业管理办法的制定	1）农业设备作业管理办法的内容、格式及编写注意事项	（1）方法：讲授法、实训法 （2）重点与难点：不同细分行业设备作业管理办法的规范化要点分析及制定方法	1
			2）不同细分行业设备作业管理办法的规范化要点分析		

续表

模块	课程	学习单元	课程内容	培训建议	课堂学时
3．目标控制	3-2　质量控制	（8）涉农经济组织技术支持管理办法的制定	1）农业技术支持管理办法的内容、格式及编写注意事项 2）不同细分行业技术支持管理办法的规范化要点分析	（1）方法：讲授法、实训法 （2）重点与难点：不同细分行业技术支持管理办法的规范化要点分析及制定方法	1
		（9）涉农经济组织产品加工管理办法的制定	1）农业产品加工管理办法的内容、格式及编写注意事项 2）不同细分行业产品加工管理办法的规范化要点分析	（1）方法：讲授法、实训法 （2）重点与难点：不同细分行业产品加工管理办法规范化要点分析及制定方法	1
		（10）涉农经济组织产品质量控制管理办法的制定	1）农业产品质量控制管理办法的内容、格式及编写注意事项 2）不同细分行业产品质量控制管理办法的规范化要点分析	（1）方法：讲授法、实训法 （2）重点与难点：不同细分行业产品质量控制管理办法的规范化要点分析及制定方法	1
		（11）农产品质量认证的内容、特点及相关政策法规	1）农产品质量认证的概念、类型、作用及发展历程 2）我国农产品质量认证的特点及相关政策法规 3）“三品一标”质量认证的概念、内容、作用和申请使用规范	（1）方法：讲授法 （2）重点与难点：我国农产品质量认证的特点、政策法规要求和“三品一标”的申请使用规范	2
		（12）农产品质量认证体系的特点、作用及实施方法	1）我国常见农产品及食品质量认证体系的特点、作用和实施要点 2）海外主要市场农产品及食品质量认证体系的特点、作用和实施要点	（1）方法：讲授法 （2）重点与难点：国内外主要农产品及食品质量认证体系的特点、作用和实施方法	2

续表

<table>
<tr><th>模块</th><th>课程</th><th>学习单元</th><th>课程内容</th><th>培训建议</th><th>课堂学时</th></tr>
<tr><td rowspan="7">3．日标控制</td><td rowspan="7">3–3　成本控制</td><td rowspan="2">（1）涉农经济组织产品成本的构成要素及特点分析</td><td>1）不同细分行业涉农产品成本的概念、分类和特点</td><td rowspan="2">（1）方法：讲授法
（2）重点：涉农经济组织产品成本的分类和构成要素
（3）难点：不同细分行业涉农产品成本的关键指标、差异和特点</td><td rowspan="2">2</td></tr>
<tr><td>2）涉农产品成本的构成要素、关键指标和特点分析
①生产组织成本构成要素
②设备作业成本构成要素
③技术支持成本构成要素
④产品加工成本构成要素
⑤质检品控成本构成要素
⑥产品销售成本构成要素
⑦品牌营销成本构成要素
⑧其他成本构成要素</td></tr>
<tr><td rowspan="2">（2）农业产业化、市场化创新对产品成本的影响及分析方法</td><td>1）现代农业发展对产品成本构成形式与要素的影响及案例分析
①规模化、集约化发展
②专业化、标准化发展
③信息化、智能化发展
④个性化、定制化发展</td><td rowspan="2">（1）方法：讲授法、案例教学法、实训法
（2）重点：涉农经济组织产品成本在现代农业发展趋势下的变化
（3）难点：针对新兴目标市场或采用创新商业模式的涉农经济组织产品成本的分析策略</td><td rowspan="2">2</td></tr>
<tr><td>2）基于新兴目标市场与创新商业模式的涉农产品成本分析策略
①对比分析法
②连锁替代法
③相关分析法</td></tr>
<tr><td rowspan="2">（3）涉农经济组织产品直接成本和间接成本的构成要素及特点分析</td><td>1）直接成本与间接成本的概念、分类和特点</td><td rowspan="2">（1）方法：讲授法
（2）重点与难点：涉农经济组织各类成本构成要素中的直接成本和间接成本分析</td><td rowspan="2">2</td></tr>
<tr><td>2）涉农经济组织各类成本构成要素中的直接成本和间接成本</td></tr>
</table>

续表

模块	课程	学习单元	课程内容	培训建议	课堂学时
3．目标控制	3-3　成本控制	（4）涉农经济组织产品成本的核算方法及常见问题	1）涉农产品成本核算的内容、程序、方法、应用条件及案例分析	（1）方法：讲授法、案例教学法、实训法 （2）重点：不同细分行业涉农产品成本核算的内容、程序和方法 （3）难点：农业信息化对涉农产品成本核算模式的改进及相关工具应用	2
			2）不同细分行业涉农产品成本核算的常见问题和解决方法		
			3）农业信息化对涉农产品成本核算模式的改进及相关工具		
	3-4　市场控制	（1）农产品市场环境构成要素、作用及发展趋势	1）农产品宏观和微观市场环境的内容、特点、主导因素及发展趋势	（1）方法：讲授法、案例教学法 （2）重点：农产品市场环境构成要素、作用、发展趋势及对涉农经济组织产品营销的影响 （3）难点：常用市场环境分析模型和方法在涉农经济组织市场环境分析中的应用	2
			2）农产品长期和短期市场环境的内容、特点、主导因素及发展趋势		
			3）农产品市场营销环境的分析模型和分析方法 ①环境—威胁矩阵分析 ②市场—机会矩阵分析 ③机会—威胁矩阵分析		
			4）农产品市场环境对涉农经济组织产品营销的影响因素及案例分析 ①对合理配置市场营销资源的影响 ②对精准制定市场营销策略的影响 ③对高效推动市场战略决策的影响		
		（2）农业产业化、市场化发展对农产品销售的影响及应对	1）不同细分行业产品销售的常见方法、技巧、适用条件及案例分析	（1）方法：讲授法、案例教学法、实训法 （2）重点：农产品销售的主要方法、技巧及其适用条件 （3）难点：现代农业发展对农产品销售模式和方法的影响及应对策略	3
			2）农业产业化、市场化发展对销售模式的影响及应对 ①规模化、集约化发展 ②专业化、标准化发展 ③信息化、智能化发展 ④个性化、定制化发展		

续表

模块	课程	学习单元	课程内容	培训建议	课堂学时
3．目标控制	3-4 市场控制	(3) 农产品市场信息的创新应用	1) 农产品市场信息的分类、内容、特点、处理原则和使用方法	(1) 方法：讲授法、案例教学法 (2) 重点与难点：涉农经济组织制定市场战略过程中需要掌握的传统与新型农产品市场信息及其使用方法	2
			2) 农产品市场信息的内容扩展、创新应用及案例分析		
		(4) 涉农经济组织在信息化发展趋势下的营销与销售创新	1) 营销创新的主体、分类、作用及一般性的过程和方法	(1) 方法：讲授法、案例教学法、实训法 (2) 重点：农产品创新营销的思路、方法、作用和发展趋势 (3) 难点：涉农经济组织策划和开展创新营销过程中需要掌握的各类信息化工具	3
			2) 农产品营销创新的思路、方法、发展趋势及案例分析 ①市场主体和市场战略创新 ②营销策略创新 ③价格策略创新 ④渠道策略创新 ⑤促销策略创新 ⑥品牌传播策略创新		
			3) 农产品创新营销的常用工具及使用方法 ①目标市场分析类工具 ②流量和获客类工具 ③客户互动及客户关系维护类工具 ④内容生产类工具 ⑤数据挖掘、洞察及决策类工具		
		(5) 涉农经济组织市场营销方案的制定、实施及优化	1) 营销方案的内容、特点、作用和一般性撰写原则与方法	(1) 方法：讲授法、案例教学法、实训法	3
			2) 不同细分行业和经营主体制定营销方案的模式、方法、注意事项及案例分析		

续表

模块	课程	学习单元	课程内容	培训建议	课堂学时
3．目标控制	3-4 市场控制	（5）涉农经济组织市场营销方案的制定、实施及优化	3）基于新兴目标市场与创新商业模式制定营销方案的模式、方法、注意事项及案例分析	（2）重点：涉农经济组织根据市场信息、结合自身发展需求的营销方案制定方法 （3）难点：涉农经济组织根据市场信息化发展需求对营销方案进行有效执行和持续优化的策略和方法	3
			4）涉农经济组织市场营销方案的实施、优化及案例分析 ①组织、制度与流程的实施保障和优化方向 ②实施主体的管理模式与协同工作模式的保障和优化方向 ③销量目标导向模式及相关绩效评估机制的实施保障和优化方向		
4．协调	4-1 内部协调	（1）组织内部人际关系分析	1）现代管理学中的人际关系学说及其对企业管理的影响 ①人际关系学说的发展历史与典型案例 ②现代企业内部人际关系的种类、影响因素及一般性的维护和改善方法 ③经济、社会、技术等外部因素变化对现代企业内部人际关系的影响及应对策略	（1）方法：讲授法、案例教学法 （2）重点：涉农经济组织内部人际关系的构成要素及其常见问题的应对策略 （3）难点：农业信息化、智能化发展趋势对涉农经济组织内部人际关系的影响及应对策略	1
			2）涉农经济组织内部人际关系的构成维度、常见问题及应对策略 ①生产组织、设备作业、技术支持、产品加工和产品销售等不同职能部门的内部人际关系 ②性别、年龄、地域、学历等差异化个体间的内部人际关系 ③信息化、智能化发展过程中的差异化个体及职能部门的内部人际关系		

续表

模块	课程	学习单元	课程内容	培训建议	课堂学时
4．协调	4-1 内部协调	（2）组织内部人际沟通管理	1）现代管理学中人际沟通的特点、要素、分类及功能	（1）方法：讲授法 （2）重点与难点：涉农经济组织应对内部复杂人员结构与外部产业发展趋势的沟通管理策略	1
			2）现代企业人际沟通管理的理论基础		
			3）涉农经济组织内部人际沟通管理的策略、技巧和准则		
		（3）组织应对内部人际关系发展趋势的管理策略和方法	1）现代企业内部人际关系与人际沟通管理的发展趋势及案例分析 ①战略化趋势 ②信息化趋势 ③人性化趋势 ④弹性化趋势	（1）方法：讲授法、案例教学法 （2）重点与难点：涉农经济组织应对人际关系与人际沟通模式快速变化趋势的管理策略及相关工具	2
			2）涉农经济组织面向新趋势的沟通管理策略、方法和工具 ①基于数据的量化沟通管理 ②以快速决策为目标的导向式沟通管理 ③基于目标与关键成果法（OKR[①]）的人性化和弹性化沟通管理		
		（4）涉农经济组织员工培训制度的建立和执行	1）现代企业员工培训制度的目的、内容和种类	（1）方法：讲授法	2
			2）涉农经济组织员工培训制度的建立 ①组织体系化建设 ②不同细分行业、经营主体及职能部门专业性的联系		

① OKR，objective key results，目标与关键成果法。

续表

模块	课程	学习单元	课程内容	培训建议	课堂学时
4．协调	4-1 内部协调	（4）涉农经济组织员工培训制度的建立和执行	3）组织员工培训 ①财务、师资、日程安排 ②内部培训资源与外部培训资源协调整合 ③信息化时代员工培训内容与形式的创新及实践	（2）重点与难点：涉农经济组织建立员工培训制度与实施员工培训活动的相关制度、资源与人员安排	2
		（5）团队建设制度的建立和执行	1）现代企业团队建设的一般性方法和技巧	（1）方法：讲授法 （2）重点与难点：涉农经济组织结合自身行业属性、经营主体条件等限制因素实施有效团队建设的方法	2
			2）现代企业团队建设规章制度的形式、内容要点及案例分析		
			3）涉农经济组织建立与执行团队建设制度的策略和方法 ①目标与适用性 ②类型及要点 ③组织形式、实施维度及人员、设备保障		
		（6）提升团队执行力的策略和方法	1）现代企业高效团队执行力的构成与培养 ①行为要素 ②组织与制度要素	（1）方法：讲授法、案例教学法 （2）重点：涉农经济组织团队执行力的构成要素与提升方法 （3）难点：涉农经济组织针对复杂团队构成及快速变化的内外部环境提升团队执行力的策略和方法	2
			2）涉农经济组织提升团队执行力的策略、方法及案例分析 ①不同细分行业、经营主体及职能部门的团队执行力提升 ②农业信息化、智能化发展趋势下的团队执行力提升 ③组织形式、目标市场与商业模式变化中的团队执行力提升 ④针对性别、年龄、地域、学历等差异化个体的团队执行力提升		

续表

模块	课程	学习单元	课程内容	培训建议	课堂学时
4．协调	4-2 外部协调	（1）涉农经济组织外部环境的构成与分析评估方法	1）现代企业外部环境的构成、内容及特点分析 ①政治、社会、经济、技术等宏观外部环境 ②产业、市场等微观外部环境 ③企业外部环境分析的常用模型及相关工具	（1）方法：讲授法 （2）重点：涉农经济组织的宏观与微观外部环境要素及其分析评估方法 （3）难点：涉农经济组织进行有效外部环境分析评估的重要经济、社会要素	2
			2）涉农经济组织外部环境分析的基础知识与技能准备 ①“十三五规划”的涉农要点 ②“十四五规划”的涉农要点 ③不同细分行业、经营主体、目标市场变化发展趋势的回顾与展望 ④农业产业化发展对主要职能部门的影响与展望		
			3）涉农经济组织外部环境要素的分析评估方法 ①宏观环境要素的分析评估 ②微观环境要素的分析评估		
		（2）涉农经济组织外部环境动态监控与优化策略	1）现代企业外部环境动态性特征及相关策略优化的案例分析	（1）方法：讲授法、案例教学法 （2）重点与难点：动态外部环境的关键指标对分析评估外部环境及持续优化经营策略的影响与应对方法	2
			2）涉农经济组织针对动态外部环境的监控、反馈与优化策略 ①不同细分行业、经营主体、目标市场的外部环境指标分析 ②人力与组织保障 ③信息化策略与工具保障		

续表

<table>
<tr><th>模块</th><th>课程</th><th>学习单元</th><th>课程内容</th><th>培训建议</th><th>课堂学时</th></tr>
<tr><td rowspan="5">4．协调</td><td rowspan="5">4-2　外部协调</td><td rowspan="3">（3）涉农经济组织客户关系的类型与特点分析</td><td>1）现代企业客户关系的定义、内容与重点类型</td><td rowspan="3">（1）方法：讲授法、案例教学法
（2）重点：涉农经济组织重要的客户关系类型及相互之间的分化与统一
（3）难点：涉农经济组织面对的客户关系及其管理体系的重要发展变化趋势及其对企业经营的影响</td><td rowspan="3">2</td></tr>
<tr><td>2）现代企业客户关系的概念延伸与发展趋势
①广义的客户关系与狭义的客户关系
②客户关系、公共关系、媒体关系、政府关系、供应商关系、竞争者关系的分化与统一
③客户关系的社交化、离散化趋势
④客户关系管理体系与系统的个性化、平台化、增值化、网络化与细节化趋势</td></tr>
<tr><td>3）涉农经济组织客户关系的类型、特点及案例分析
①不同细分行业和经营主体的客户关系
②不同目标市场的客户关系
③创新商业模式的客户关系
④产业化发展趋势与产业链整合及扁平化趋势下的客户关系</td></tr>
<tr><td rowspan="2">（4）涉农经济组织客户关系管理系统的部署与实施</td><td>1）客户关系管理 CRM[①] 系统的概念、作用、特点、建立和应用条件及基本框架</td><td rowspan="2">（1）方法：讲授法、案例教学法、实训法</td><td rowspan="2">3</td></tr>
<tr><td>2）涉农经济组织应用客户关系管理 CRM 系统的条件、要点及案例分析</td></tr>
</table>

① CRM：customer relationship management，客户关系管理。

续表

模块	课程	学习单元	课程内容	培训建议	课堂学时
4．协调	4–2　外部协调	（4）涉农经济组织客户关系管理系统的部署与实施	3）涉农经济组织部署实施客户关系管理 CRM 系统的策略和方法 ①主流第三方 CRM 系统的应用实践 ②自主开发 CRM 系统的条件、预算、周期及其他基本常识 ③不同细分行业和经营主体应用 CRM 系统的条件及案例分析 ④ CRM 系统的应用与农业信息化、产业化发展趋势的联系与结合	（2）重点与难点：涉农经济组织部署应用 CRM 系统的方法和技巧	3
		（5）涉农经济组织客户关系拓展与维护的能力建设	1）现代企业客户关系拓展、管理与维护的能力构成、评价指标及影响因素	（1）方法：讲授法、实训法 （2）重点与难点：涉农经济组织建立高效客户关系管理制度、体系、组织及人员团队的策略和方法	2
			2）涉农经济组织客户关系管理能力建设的组织与制度保障 ①职务与职能部门设置 ②流程设置与优化 ③应对社交化、离散化、个性化与细节化客户关系发展趋势的制度创新		
			3）涉农经济组织客户关系拓展、管理与维护人员的素质建设 ①主要客户关系管理对象的管理与维护流程、礼仪等相关要求 ②正式与非正式环境下的书面和非书面沟通技巧 ③沟通与谈判心理学及其在客户关系管理实践中的应用 ④应对社交化、离散化、个性化与细节化客户关系的常用工具及其使用技巧 ⑤客服流程、话术、注意事项、考核标准及其管理要点		

续表

模块	课程	学习单元	课程内容	培训建议	课堂学时
4．协调	4–2 外部协调	（6）涉农经济组织客户关系拓展与维护的创新思路和方法	1）企业获客途径和模式创新及案例分析	（1）方法：讲授法、案例教学法 （2）重点与难点：涉农经济组织可采用的创新客户关系管理手段、工具及其未来发展趋势	3
			2）企业—客户互动形式创新及案例分析		
			3）目标客户行为模式变化发展方向的数据化洞察及案例分析		
			4）客户关系管理技术和工具创新及案例分析		
课堂学时合计					180

2.2.3　三级 / 高级职业技能培训课程规范

模块	课程	学习单元	课程内容	培训建议	课堂学时
1．计划制定	1–1 信息收集	（1）农业项目信息的分类和选择	1）农业项目信息中的标准化信息和非标准化信息	（1）方法：讲授法 （2）重点：农业项目标准化信息、非标准化信息的差异和用途 （3）难点：农业项目信息化管理对不同类型信息的需求及选择标准	1
			2）农业项目信息化管理对不同类型信息的选择标准 ①生产组织类信息 ②设备作业类信息 ③技术支持类信息 ④产品加工类信息 ⑤产品销售类信息		
		（2）农业项目标准化信息的检索途径和方法	1）信息检索的原理、工具和常用方法	（1）方法：讲授法、实训法 （2）重点：农业项目标准化信息的传统及电子化检索途径和方法 （3）难点：不同类型信息在检索途径和方法上的差异及相关注意事项	2
			2）农业项目标准化信息检索的一般性途径和方法 ①书籍、文献、档案等传统检索途径和方法 ②行业标准化数据库等电子化检索途径和方法		
			3）不同类型标准化信息的检索方法及注意事项		

续表

模块	课程	学习单元	课程内容	培训建议	课堂学时
1．计划制定	1-1　信息收集	(3) 农业项目非标准化信息的检索途径和方法	1) 现代搜索引擎技术的发展历史、类型及原理	(1) 方法：讲授法、实训法 (2) 重点：基于现代信息技术的农业项目非标准化信息检索和选择 (3) 难点：不同类型信息在检索途径和方法上的差异及注意事项	2
			2) 农业项目非标准化信息检索的一般性途径和方法 ①全文索引型搜索引擎在农业项目非标准化信息检索中的应用 ②信息检索算法、自然语义分析等技术在农业项目信息智能化检索和选择中的应用		
			3) 不同类型标准化信息的检索方法及注意事项		
		(4) 农业项目信息数据的标准化、结构化呈现	1) 电子表格的类型、结构及一般性的创建和应用方法	(1) 方法：讲授法、实训法 (2) 重点：各类电子表格在农业项目信息化管理中的应用场景及用途 (3) 难点：根据农业项目信息化管理中不同职能部门的需求，将信息数据以适当的电子表格形式呈现	1
			2) 农业项目信息化管理中主要电子表格的类型及创建使用方法 ①生产组织管理类 ②设备作业管理类 ③技术支持管理类 ④产品加工管理类 ⑤产品销售管理类		
		(5) 农业项目信息数据的可视化呈现	1) 数据可视化的概念、应用及相关工具	(1) 方法：讲授法、案例教学法、实训法 (2) 重点：数据可视化的主要实现方法及其在农业项目信息化管理中的应用 (3) 难点：农业项目信息数据可视化的应用场景和用途	2
			2) 农业项目信息数据可视化的应用场景和用途 ①生产组织类信息 ②设备作业类信息 ③技术支持类信息 ④产品加工类信息 ⑤产品销售类信息		
			3) 农业项目信息数据可视化的实现方法 ①传统静态可视化方法 ②基于程序的动态可视化方法		

续表

模块	课程	学习单元	课程内容	培训建议	课堂学时
1．计划制定	1-1 信息收集	（6）农业项目信息数据整理	1）数据整理、数据结构与数据模型的基本知识 2）不同类型非标准化信息的标准化处理方法 3）农业项目信息数据整理的一般性方法和步骤 ①归纳法和演绎法在农业项目信息数据整理中的应用 ②农业项目信息数据的收集、检索、选择、审核、分组、汇总、统计和保管流程	（1）方法：讲授法 （2）重点：应用标准化信息建立农业项目信息化管理的数据结构和数据模型 （3）难点：农业项目非标准化信息的标准化处理流程与方法	2
		（7）农业项目信息数据整理模式与应用创新	1）信息整理与管理软件及相关技术 ① EXCEL 等关系型二维表 ②数据整理算法与关系型数据库 2）农业项目信息数据管理模式与创新应用 ①针对农业物联网等海量动态数据的多维数据处理技术 ②针对智慧农业智能信息数据处理的机器学习算法等技术 ③其他基于农业物联网、大数据的 AI、BI[①]应用及创新趋势	（1）方法：讲授法、案例教学法 （2）重点：电子表格、数据库及相关算法在农业项目信息化管理中的应用 （3）难点：农业项目信息化管理过程中海量、实时信息和数据的整理、检索和呈现	2

① BI，business intelligence，商业智能，又称商业智慧或商务智能。

续表

模块	课程	学习单元	课程内容	培训建议	课堂学时
1．计划制定	1-1　信息收集	（8）农业项目市场调查的目标及信息数据需求	1）市场调查方案的设计目标和研究分析模型 ①着重宏观趋势的定性研究及案例分析 ②着重运营透视的定量研究及案例分析	（1）方法：讲授法、案例教学法 （2）重点：农业项目信息化管理对市场调查方案及其研究分析模型的需求和相应的应用方法 （3）难点：农业项目市场调查对生产、销售、产品、运营及财务等重要经营要素的影响及优化方法	2
			2）不同类型农业项目市场调查的目标及信息数据需求 ①生产端市场调查 ②销售端市场调查		
			3）农业项目市场调查方法的优化及相关影响 ①对产品及品牌升级的优化 ②对运营流程改进的优化 ③对财务指标改善的优化		
		（9）农业生产端市场调查方案设计	1）生产端市场调查方案的目标、要素和设计方法	（1）方法：讲授法、实训法 （2）重点与难点：根据不同细分行业和经营主体的实际需求，设计生产端市场调查方案与数据研究分析模型	2
			2）不同细分行业和经营主体市场调查方案的设计方法		
			3）生产端市场调查信息数据在农业项目信息化管理中的应用		
		（10）农业销售端市场调查方案设计	1）销售端市场调查方案的目标、要素和设计方法	（1）方法：讲授法、实训法 （2）重点与难点：根据不同细分行业和经营主体的实际需求，设计销售端市场调查方案与数据研究分析模型	2
			2）不同细分行业和经营主体销售端市场调查方案的设计方法		
			3）销售端市场调查信息数据在农业项目信息化管理中的应用		

续表

模块	课程	学习单元	课程内容	培训建议	课堂学时
1．计划制定	1–2　目标制定	（1）农业项目市场调研和竞争市场分析	1）市场调研与竞争市场分析的一般性模型和方法 ①行业内竞品和竞品企业分析 ②新入侵者竞争分析 ③替代品竞争分析 ④供应商威胁要素分析 ⑤购买者威胁要素分析 ⑥市场调研与市场竞争的价格因素和非价格因素	（1）方法：讲授法、案例教学法 （2）重点：主要农业项目目标市场的需求调研和竞争性分析 （3）难点：根据不同细分行业和经营主体的实际需求，进行针对性的目标市场调研和竞争市场分析	2
			2）农业项目目标市场的基本分类及调研分析方法 ①针对 B 端用户的目标市场 ②针对 C 端用户的目标市场		
			3）不同细分行业和经营主体在市场调研与竞争市场分析上的差异		
		（2）农业项目销售预测的策略和方法	1）销售预测的一般性模型和方法	（1）方法：讲授法、实训法 （2）重点：主要农业项目销售模式、未来创新销售模式的关键要素及其内在逻辑 （3）难点：根据不同细分行业和经营主体的实际需求进行销售预测	2
			2）主要农业项目销售模式及其关键要素分析 ①传统销售模式 ②创新销售模式		
			3）不同细分行业和经营主体的销售预测特征和方法		
		（3）农业项目实施的组织和计划	1）农业项目实施的一般性规划思路和方法	（1）方法：讲授法、案例教学法 （2）重点：农业项目实施在准备、计划、控制、执行环节的规划要点 （3）难点：以销定产模式和信息化管理思维在农业项目实施规划中的应用	2
			2）以销定产模式在农业项目实施规划中的应用案例分析		
			3）信息化管理在农业项目实施规划中的应用案例		

续表

模块	课程	学习单元	课程内容	培训建议	课堂学时
1．计划制定	1–2 目标制定	（4）农业项目实施任务书的拟定	1）农业项目实施任务书中的信息化管理要素及其拟定方法 ①生产组织管理要素 ②设备作业管理要素 ③技术支持管理要素 ④产品加工管理要素 ⑤产品销售管理要素	（1）方法：讲授法、实训法 （2）重点：农业项目实施任务书中的信息化管理思维及相关要素拟定方法 （3）难点：根据不同细分行业和经营主体的实际需求拟定农业项目实施任务书	2
			2）不同细分行业和经营主体项目实施任务书编制		
		（5）农业项目的生命周期和经营管理节点	1）产品和项目生命周期的概念、特征与判断标准	（1）方法：讲授法、案例教学法 （2）重点与难点：根据不同细分行业和经营主体并结合目标市场与经营模式特点，分析农业项目生命周期及在关键节点的经营管理策略	2
			2）不同细分行业和经营主体的项目生命周期特征与经营管理节点		
			3）不同细分行业和经营主体项目全生命周期信息化管理策略		
		（6）农业项目经营管理节点的目标制定	1）流程管理与节点管理的一般性思路和方法 ①经营管理目标制定中SMART[①]法则及其应用实例 ②基于信息化管理思维及相关工具制定经营管理目标与策略	（1）方法：讲授法、实训法 （2）重点：基于信息化管理思维和工具制定农业项目的中期和年度经营目标 （3）难点：根据不同细分行业和经营主体的实际需求制定中期和年度经营目标	2
			2）不同细分行业和经营主体的年度工作目标制定和信息化管理		
			3）不同细分行业和经营主体的中期经营目标制定和信息化管理		

① SMART：S=specific，指绩效指标必须是具体的；M=measurable，指绩效指标必须是可以衡量的；A=attainable，指绩效指标必须是可以达到的；R=relevant，指绩效指标是要与其他目标具有一定的相关性；T=time-bound，指绩效指标必须具有明确的截止期限。

续表

模块	课程	学习单元	课程内容	培训建议	课堂学时
1．计划制定	1-2　目标制定	（7）农业项目经营管理流程的监控、考核和优化	1）项目管理中的复盘思维和一般性方法	（1）方法：讲授法 （2）重点：农业项目目标制定和管理中的复盘思维与实现方法 （3）难点：基于动态市场环境和信息化管理思维，调整优化农业项目经营节点的管理策略	2
			2）动态市场环境对不同细分行业和经营主体项目节点管理的影响		
			3）农业项目信息化管理对流程与节点的监控、考核和优化 ①生产组织管理流程与节点 ②设备作业管理流程与节点 ③技术支持管理流程与节点 ④产品加工管理流程与节点 ⑤产品销售管理流程与节点		
		（8）农业项目目标制定和管理的创新模式与辅助工具	1）现代企业项目目标与流程管理模式及主流信息化工具	（1）方法：讲授法、实训法 （2）重点与难点：基于农业项目的特点与信息化管理需求，运用适当的目标制定和管理模式与工具	2
			2）单人单机类信息化工具在农业项目目标管理中的应用		
			3）各类线上协同工具在农业项目目标管理中的应用		
	1-3　目标分解	（1）涉农经济组织的工作分析和规划	1）企业岗位工作分析和规划的一般性方法	（1）方法：讲授法 （2）重点与难点：根据不同细分行业和经营主体的实际情况进行岗位工作分析和规划	2
			2）不同细分行业和经营主体的岗位工作分析与规划		

续表

模块	课程	学习单元	课程内容	培训建议	课堂学时
1．计划制定	1–3　目标分解	（2）涉农经济组织工作计划的资料收集和内容编制	1）企业工作计划的主体结构、内容及编制方法	（1）方法：讲授法、实训法 （2）重点与难点：根据不同细分行业和经营主体的实际情况编制企业工作计划及分配岗位工作任务	2
			2）信息化管理对不同类型工作内容要素的资料收集与选择		
			3）不同细分行业和经营主体工作计划编制和工作任务分配		
		（3）涉农经济组织工作任务与企业资源的模块化管理	1）企业工作任务与相关资源的模块化管理模式及作用	（1）方法：讲授法、案例教学法 （2）重点与难点：根据不同细分行业和经营主体的实际需求，制定适当的模块化分工管理和资源管理模式	2
			2）不同细分行业和经营主体的企业资源模块化管理及案例分析		
		（4）涉农经济组织任务分配和资源调度	1）企业职能部门任务分配与资源调度的一般性模式和方法	（1）方法：讲授法 （2）重点：现代企业基于信息化管理的职能部门任务分配和资源调度方法 （3）难点：不同经营主体的关键职能划分及其任务分配和资源调度	2
			2）涉农经济组织不同职能部门任务分配和资源调度的信息化管理模式 ①生产组织类职能部门 ②设备作业类职能部门 ③技术支持类职能部门 ④产品加工类职能部门 ⑤产品销售类职能部门 ⑥品牌营销类职能部门 ⑦财务管理类职能部门 ⑧人力资源及其他支持类职能部门		
		（5）涉农经济组织的ERP管理系统应用	1）ERP管理思想的概念、发展历史及案例分析	（1）方法：讲授法、案例教学法	2
			2）主流ERP管理系统的结构、布局和操作		

续表

模块	课程	学习单元	课程内容	培训建议	课堂学时
1．计划制定	1-3 目标分解	（5）涉农经济组织的ERP管理系统应用	3）涉农经济组织的ERP管理系统应用案例 ①基于不同规模经营主体 ②基于不同目标市场的业务类型 ③基于传统和创新商业模式	（2）重点：涉农经济组织应用ERP管理思想和管理系统的策略和方法 （3）难点：根据经营主体、目标市场或商业模式的差异采用适当的ERP管理系统	2
		（6）涉农经济组织工作计划的效果评价及改进	1）现代企业工作或经营计划的效果评价与改进方法	（1）方法：讲授法 （2）重点：现代企业工作计划评价和改进方法在涉农经济组织经营管理中的应用 （3）难点：根据不同细分行业和经营主体的实际情况，对企业工作计划进行评价和改进	2
			2）不同细分行业和经营主体工作计划的效果评价和改进方法		
		（7）涉农经济组织的经费类型与管理	1）企业经费的主要项目构成与管理方法	（1）方法：讲授法 （2）重点与难点：现代企业经费管理模式和方法在涉农经济组织经营管理中的应用	2
			2）涉农经济组织的各类型经费管理策略及注意事项 ①生产组织类经费 ②设备作业类经费 ③技术支持类经费 ④产品加工类经费 ⑤产品销售类经费 ⑥品牌建设和营销类经费 ⑦人力资源及其他后勤类经费		
		（8）涉农经济组织的经费使用计划编制	1）企业经费使用计划编制的一般性思路和方法	（1）方法：讲授法、实训法 （2）重点与难点：根据不同细分行业和经营主体的实际需求编制企业经费使用计划	2
			2）不同细分行业和经营主体企业经费使用计划编制		

续表

模块	课程	学习单元	课程内容	培训建议	课堂学时
2．组织管理	2–1　生产要素组织	（1）农业产业化的土地流转模式、内容及特点分析	1）土地流转的概念、背景和改革发展历程	（1）方法：讲授法 （2）重点与难点：土地流转的主要模式、内容和特点及其在我国农业现代化、产业化发展中的作用和意义	2
			2）土地流转的主要模式、内容及特点		
			3）土地流转对农业现代化、产业化发展的作用和意义		
		（2）农村土地流转的政策法规沿革、办理程序及注意事项	1）农村土地流转涉及的主要政策、法律法规	（1）方法：讲授法、案例教学法 （2）重点：不同类型涉农经济组织在进行土地流转过程中须遵守的相关政策、法律法规和办理程序 （3）难点：涉农经济组织进行土地流转的常见问题、纠纷及解决方法	2
			2）农村土地流转的办理程序及注意事项 ①种植业土地流转 ②养殖业土地流转 ③综合及异业混合经营的土地流转		
			3）农村土地流转的区域差异、常见纠纷和解决方法 ①区域差异相关问题 ②所有权、经营权相关问题 ③产业升级相关问题 ④环保相关问题 ⑤产业扶贫与乡村振兴相关问题		
		（3）农村土地流转对商业模式创新的影响及应对	1）基于土地流转模式创新的商业模式创新 ①生产管理模式创新 ②信贷金融模式创新 ③运营和销售模式创新 ④跨界经营模式创新	（1）方法：讲授法、案例教学法 （2）重点与难点：涉农经济组织根据市场发展方向和自身发展策略进行土地流转的策略和方法	2
			2）涉农经济组织经营发展战略与土地布局实施方向 ①规模化、集约化、标准化 ②专业化、特色化、精致化 ③产业融合和产业链增值		

续表

模块	课程	学习单元	课程内容	培训建议	课堂学时
2．组织管理	2-1　生产要素组织	（4）农业生产基地建设中的生产经营用地类型和特点分析	1）农业生产经营用地的类型和特点 ①直接农业生产经营用地 ②间接农业生产经营用地	（1）方法：讲授法 （2）重点与难点：农业生产基地选择与建设中的农业生产经营用地规划、建设和管理	2
			2）农业生产基地建设中的土地规划和管理 ①用地指标和规划手续办理 ②高标准农用地的规划建设 ③设施用地的规划建设和管理 ④土地规划建设管理与环保政策实施		
		（5）种植类农业生产基地的选择、规划和生产资料管理	1）种植类生产基地生产经营用地的选择、规划、建设策略和方法 ①粮食作物类 ②蔬果作物类 ③其他经济作物类	（1）方法：讲授法、实训法 （2）重点与难点：不同类型种植类生产基地基于自身现状和发展需求的土地及核心生产资料管理方案制定方法	2
			2）种植类生产基地核心生产资料的规划管理策略及管理方案制定		
		（6）养殖类农业生产基地的选择、规划和生产资料管理	1）养殖类生产基地生产经营用地的选择、规划、建设策略和方法 ①畜禽类 ②水产类 ③其他特种养殖类	（1）方法：讲授法、实训法 （2）重点与难点：不同类型养殖类生产基地基于自身现状和发展需求的土地及核心生产资料管理方案制定方法	2
			2）养殖类生产基地核心生产资料的规划管理策略及管理方案制定		

续表

模块	课程	学习单元	课程内容	培训建议	课堂学时
2．组织管理	2-1 生产要素组织	（7）综合型农业生产基地的选择、规划和生产资料管理	1）综合型农业生产基地生产经营用地的选择、规划、建设策略和方法 ①异业混合经营型 ②产业融合、产业链延展增值类	（1）方法：讲授法、实训法 （2）重点与难点：不同类型综合型农业生产基地基于自身现状和发展需求的土地及核心生产资料管理方案制定方法	2
			2）综合型农业生产基地核心生产资料的规划管理策略及管理方案制定		
		（8）涉农经济组织原材料采购的内容、途径及特点	1）农业生产资料、原材料的类型和特点 ①种植类 ②养殖类 ③综合型	（1）方法：讲授法 （2）重点与难点：农业生产资料和原材料的类型、采购途径、采购模式及相关注意事项	1
			2）农业生产资料、原材料的采购途径、模式及特点分析 ①传统采购途径、模式、特点及注意事项 ②互联网及其他新型采购途径、模式、特点及注意事项		
		（9）涉农经济组织库存管理模式、特点及信息化发展趋势	1）现代企业采购、仓储协同管理的模式、特点及相关系统工具 ①ERP系统与仓储管理系统（WMS[①]）相结合的管理思想及相关系统应用 ②基于数据化、信息化的库存预警和智能采购模式及相关系统应用	（1）方法：讲授法、实训法 （2）重点与难点：农业生产资料和原材料的信息化库存管理与智能化采购的发展趋势及相关应对策略、方法和工具应用	2
			2）涉农经济组织生产资料、原材料采购的智能化发展趋势及应对策略 ①耐用型生产资料、原材料的信息化管理和智能化采购 ②易耗型生产资料、原材料的信息化管理和智能化采购		

① WMS：warehouse management system，仓库管理系统。

续表

模块	课程	学习单元	课程内容	培训建议	课堂学时
2．组织管理	2–1　生产要素组织	(10) 种植类生产资料和原材料采购与库管制度制定	1）种植类生产资料、原材料采购与库管制度的内容及制定方法 ①粮食作物类生产资料、原材料 ②蔬果作物类生产资料、原材料 ③其他经济作物类生产资料、原材料	(1) 方法：讲授法、案例教学法、实训法 (2) 重点与难点：种植类农业经济组织根据自身特点和发展需求，建立经济高效可持续发展的采购、库管制度的方法	2
			2）种植类生产资料、原材料采购与库管制度的调整、优化及案例分析 ①针对不同类型经营主体的调整和优化 ②针对不同目标市场经营策略的调整和优化 ③针对产业链不同定位的调整和优化		
		(11) 养殖类生产资料和原材料采购与库管制度制定	1）养殖类生产资料、原材料采购与库管制度的内容及制定方法 ①畜禽养殖类生产资料、原材料 ②水产养殖类生产资料、原材料 ③其他特种养殖类生产资料、原材料	(1) 方法：讲授法、案例教学法、实训法 (2) 重点与难点：养殖类农业经济组织根据自身特点和发展需求，建立经济高效可持续发展的采购、库管制度的方法	2
			2）养殖类生产资料、原材料采购与库管制度的调整、优化及案例分析		
		(12) 综合型生产资料和原材料采购与库管制度制定	1）综合型农业生产资料、原材料采购与库管制度的内容及制定方法 ①异业混合经营型 ②产业融合、产业链延展增值类	(1) 方法：讲授法、案例教学法、实训法 (2) 重点与难点：综合型农业经济组织根据自身特点和发展需求，建立经济高效可持续发展的采购、库管制度的方法	2
			2）综合型农业生产资料、原材料采购与库管制度的调整、优化及案例分析		

续表

模块	课程	学习单元	课程内容	培训建议	课堂学时
2. 组织管理	2-2 岗位设置	（1）涉农经济组织的组织设计	1）涉农经济组织的组织设置和组织管理特性分析 ①生产要素配合型组织形式 ②生产流程、产业链协同型组织形式 ③目标市场共建型组织形式 ④品牌市场资源共享型组织形式	（1）方法：讲授法、案例教学法、实训法 （2）重点与难点：涉农经济组织基于生产要素构成与经营模式发展进行组织设计和优化的方法	2
			2）涉农经济组织设计原理和方法 ①职责设计 ②职权设计 ③部门设计 ④层级设计		
			3）涉农经济组织设计的优化策略及案例分析 ①种植类农业经济组织 ②养殖类农业经济组织 ③综合型农业经济组织		
		（2）涉农经济组织的组织结构图绘制	1）现代企业组织结构图的绘制方法和工具	（1）方法：讲授法、实训法 （2）重点与难点：不同类型涉农经济组织的组织结构图绘制方法及相关工具	2
			2）涉农经济组织结构图的绘制方法、技巧及注意事项		
		（3）农业产业化、信息化对组织架构的影响及组织设计创新	1）农业生产经营组织结构创新的形式、内容、特点及案例分析 ①事业部制组织结构创新 ②矩阵式组织结构创新 ③虚拟型组织结构创新	（1）方法：讲授法、案例教学法、实训法 （2）重点与难点：涉农经济组织针对农业产业化、信息化发展趋势，在组织结构优化调整与组织设计创新层面的应对策略和方法	2
			2）涉农经济组织应对组织结构创新的策略和方法 ①信息共享与数据驱动策略 ②业务目标协同策略 ③财务统一管理策略 ④项目生命周期管理策略		

续表

模块	课程	学习单元	课程内容	培训建议	课堂学时
2．组织管理	2-2 岗位设置	（4）涉农经济组织岗位分工及管理授权的标准和原则	1）现代农业企业岗位分工的特点和发展趋势	（1）方法：讲授法 （2）重点与难点：涉农经济组织岗位设置、分工与管理岗位层级和授权的一般性标准和原则	2
			2）现代农业企业职位设置与人员匹配的标准和原则 ①生产端职位 ②销售端职位		
			3）涉农经济组织管理岗位层级与管理授权设置的标准和原则 ①生产端管理岗位 ②销售端管理岗位 ③企业高级管理岗位		
		（5）种植类农业经济组织岗位需求分析、人员分工和管理授权	1）种植类不同细分行业和经营主体岗位分工、设置的策略和方法	（1）方法：讲授法、实训法 （2）重点与难点：种植类不同细分行业和经营主体进行岗位分工和管理岗位层级与授权设置的策略和方法	1
			2）种植类不同细分行业和经营主体组织管理岗位层级与管理授权的设置策略和方法		
		（6）养殖类农业经济组织岗位需求分析、人员分工和管理授权	1）养殖类不同细分行业和经营主体岗位分工、设置的策略和方法	（1）方法：讲授法、实训法 （2）重点与难点：养殖类不同细分行业和经营主体进行岗位分工和管理岗位层级与授权设置的策略和方法	1
			2）养殖类不同细分行业和经营主体管理岗位层级与管理授权的设置策略和方法		
		（7）综合型农业经济组织岗位需求分析、人员分工和管理授权	1）综合型不同细分行业和经营主体岗位分工设置的策略和方法	（1）方法：讲授法、实训法 （2）重点与难点：综合型不同细分行业和经营主体进行岗位分工和管理岗位层级与授权设置策略和方法	1
			2）综合型不同细分行业和经营主体管理岗位层级与管理授权的设置策略和方法		

续表

模块	课程	学习单元	课程内容	培训建议	课堂学时
2．组织管理	2-3　流程开发	（1）农业生产流程的基本要素和特点分析	1）农业生产流程的基本要素、划分维度、特点及功能分析 2）农业生产管理流程图的一般性结构、内容要素、绘制方法和相关工具 3）农业生产管理流程图的优化及其意义 ①数据化优化 ②精益化优化 ③可视化及动态化优化	（1）方法：讲授法、实训法 （2）重点与难点：生产管理流程图的一般性结构、内容要素、绘制方法和相关工具	2
		（2）种植类农业经济组织生产管理流程图绘制	1）种植类不同细分行业和经营主体生产流程的要素和特点分析 2）种植类不同细分行业和经营主体生产管理流程图的绘制方法和生产流程优化策略	（1）方法：讲授法、实训法 （2）重点与难点：种植类不同细分行业和经营主体生产流程的要素特点分析、优化策略及生产管理流程图绘制方法	2
		（3）养殖类农业经济组织生产管理流程图绘制	1）养殖类不同细分行业和经营主体生产流程的要素和特点分析 2）养殖类不同细分行业和经营主体生产管理流程图的绘制方法和生产流程优化策略	（1）方法：讲授法、实训法 （2）重点与难点：养殖类不同细分行业和经营主体生产流程的要素特点分析、优化策略及生产管理流程图绘制方法	2
		（4）综合型农业经济组织生产管理流程图绘制	1）综合型不同细分行业和经营主体生产流程的要素和特点分析 2）综合型不同细分行业和经营主体生产管理流程图的绘制方法和生产流程优化策略	（1）方法：讲授法、实训法 （2）重点与难点：综合型不同细分行业和经营主体生产流程的要素特点分析、优化策略及生产管理流程图绘制方法	2

续表

模块	课程	学习单元	课程内容	培训建议	课堂学时
2．组织管理	2-3　流程开发	（5）农业生产经营绩效评估的标准、内容及特点分析	1）现代农业企业生产经营绩效评估的原则、标准、内容和特点 2）涉农经济组织信息化绩效考核策略、方法和相关工具 ①生产效率考核 ②产品质量考核 ③生产成本、安全及可靠性考核 ④产品生命周期、技术指标等市场适用性考核	（1）方法：讲授法 （2）重点：涉农经济组织生产经营绩效评估的原则、标准及相关内容的制定方法 （3）难点：涉农经济组织基于农业信息化管理需求持续监测和优化绩效考核指标与标准的策略和方法	2
		（6）种植类农业经济组织生产经营绩效考核标准的编制	1）种植类不同细分行业和经营主体生产经营关键指标分析及相关绩效考核标准的制定 2）种植类主要职能部门绩效考核指标和标准的监测、优化策略及相关信息化工具 ①生产组织类职能部门 ②设备作业类职能部门 ③技术支持类职能部门 ④产品加工类职能部门 ⑤产品销售类职能部门 ⑥市场品牌类职能部门 ⑦种植业财务、人力、行政等支持类职能部门	（1）方法：讲授法、实训法 （2）重点与难点：种植类不同细分行业和经营主体应用信息化管理思维、方法和工具，制定、实施、监测和优化生产经营绩效考核标准的策略和方法	2
		（7）养殖类农业经济组织生产经营绩效考核标准的编制	1）养殖类不同细分行业和经营主体生产经营关键指标分析及相关绩效考核标准的制定 2）养殖类主要职能部门绩效考核指标和标准的监测、优化策略及相关信息化工具	（1）方法：讲授法、实训法 （2）重点与难点：养殖类不同细分行业和经营主体应用信息化管理思维、方法和工具，制定、实施、监测和优化生产经营绩效考核标准的策略和方法	2

续表

模块	课程	学习单元	课程内容	培训建议	课堂学时
2．组织管理	2-3 流程开发	（8）综合型农业经济组织生产经营绩效考核标准的编制	1）综合型不同细分行业和经营主体生产经营关键指标分析及相关绩效考核标准的制定 2）综合型主要职能部门绩效考核指标和标准的监测、优化策略及相关信息化工具	（1）方法：讲授法、实训法 （2）重点与难点：综合型不同细分业和经营主体应用信息化管理思维、方法和工具，制定、实施、监测和优化生产经营绩效考核标准的策略和方法	2
3．目标控制	3-1 计划控制	（1）涉农经济组织工作追踪的策略和方法	1）现代企业进行工作追踪的目标、原则和方法 2）不同细分行业和经营主体进行有效工作追踪的关键要素和实施方法 3）主要职能部门的信息化工作追踪模式	（1）方法：讲授法 （2）重点与难点：不同细分行业和经营主体进行工作追踪的目标、原则、策略和方法	2
		（2）农业信息化、智能化工作追踪	1）现代企业工作追踪信息化工具的部署应用及案例分析 ①电子表格类工具的应用 ②OA[①]系统及其他协同办公类工具的应用 ③第三方工具的应用 2）涉农经济组织各职能部门的信息化工作追踪要点、工具及其差异 ①生产组织类部门 ②设备作业类部门 ③产品加工类部门 ④产品销售类部门 ⑤市场品牌类部门 ⑥财务、人事、行政等支持类部门	（1）方法：讲授法、案例教学法、实训法 （2）重点：涉农经济组织采用信息化工具进行高效工作追踪的方法 （3）难点：涉农经济组织不同职能部门根据自身特点和计划目标进行信息化工作追踪的模式和方法	3

① OA，office automation，办公自动化。

续表

模块	课程	学习单元	课程内容	培训建议	课堂学时
3．目标控制	3–1　计划控制	（3）涉农经济组织工作偏差评估的原则和策略	1）现代企业工作执行偏差的常见类型、特点、诱因、影响及案例分析 2）不同细分行业和经营主体工作执行偏差的主要类型及分析评估	（1）方法：讲授法、案例教学法 （2）重点与难点：涉农经济组织识别、发现、分析和评估工作执行偏差及其相关影响的原则和方法	2
		（4）生产组织类工作偏差的评估	1）生产组织类工作的常见偏差、危害评估及案例分析 ①工作进度类偏差 ②成本费用类偏差 ③资源协同与整合类偏差 2）生产组织类工作执行偏差的监控方法及相关信息化工具应用	（1）方法：讲授法、案例教学法、实训法 （2）重点与难点：涉农经济组织生产组织类工作偏差的常见类型、危害及其相关信息化监控和评估方法	2
		（5）设备作业类工作偏差的评估	1）设备作业类工作的常见偏差、危害评估及案例分析 ①功能效率类偏差 ②运维可靠性类偏差 ③成本费用类偏差 2）设备作业类工作执行偏差的监控方法及相关信息化工具应用	（1）方法：讲授法、案例教学法、实训法 （2）重点与难点：涉农经济组织设备作业类工作偏差的常见类型、危害及其相关信息化监控和评估方法	2
		（6）技术支持类工作偏差的评估	1）技术支持类工作的常见偏差、危害评估及案例分析 ①工作目标类偏差 ②工作效率类偏差 ③成本费用类偏差 2）技术支持类工作执行偏差的监控方法及相关信息化工具应用	（1）方法：讲授法、案例教学法、实训法 （2）重点与难点：涉农经济组织技术支持类工作偏差的常见类型、危害及其相关信息化监控和评估方法	2

续表

模块	课程	学习单元	课程内容	培训建议	课堂学时
3．目标控制	3-1　计划控制	(7) 产品加工类工作偏差的评估	1) 产品加工类工作的常见偏差、危害评估及案例分析 ①加工质量类偏差 ②加工效率类偏差 ③成本费用类偏差	(1) 方法：讲授法、案例教学法、实训法 (2) 重点与难点：涉农经济组织产品加工类工作偏差的常见类型、危害及其相关信息化监控和评估方法	2
			2) 产品加工类工作执行偏差的监控方法及相关信息化工具应用		
		(8) 产品销售类工作偏差的评估	1) 产品销售类工作的常见偏差、危害评估及案例分析 ①销售目标类偏差 ②销售效率类偏差 ③成本费用类偏差	(1) 方法：讲授法、案例教学法、实训法 (2) 重点与难点：涉农经济组织产品销售类工作偏差的常见类型、危害及其相关信息化监控和评估方法	2
			2) 产品销售类工作执行偏差的监控方法及相关信息化工具应用		
		(9) 品牌营销类工作偏差的评估	1) 品牌营销类工作的常见偏差、危害评估及案例分析 ①工作目标类偏差 ②工作效率类偏差 ③成本费用类偏差	(1) 方法：讲授法、案例教学法、实训法 (2) 重点与难点：涉农经济组织品牌营销类工作偏差的常见类型、危害及其相关信息化监控和评估方法	2
			2) 品牌营销类工作执行偏差的监控方法及相关信息化工具应用		
		(10) 涉农经济组织工作计划执行的控制	1) 现代企业工作计划执行控制的一般性流程、方法及案例分析	(1) 方法：讲授法、案例教学法、实训法 (2) 重点与难点：涉农经济组织根据自身情况和实际需求实施工作计划执行控制的策略和方法	2
			2) 不同细分行业和经营主体工作计划执行控制的内容、要点和实施方法		
			3) 农业信息化管理中主要职能部门的工作计划执行控制		

续表

模块	课程	学习单元	课程内容	培训建议	课堂学时
3．目标控制	3-1 计划控制	(11) 工作计划执行偏差的信息化预防、控制和优化	1）现代企业管控和纠正工作计划执行偏差的一般性原则、方法及案例分析 ①生产端偏差纠正 ②销售端偏差纠正 ③各业务支持端偏差纠正	(1) 方法：讲授法、案例教学法、实训法 (2) 重点与难点：涉农经济组织应用信息化方法及相关工具进行高效工作执行控制和偏差纠正的方法	3
			2）涉农经济组织有效管控和纠正工作执行偏差的方法 ①基于数据化分析预测的前馈控制、预防和纠偏 ②基于信息化管理调度的同期控制、预防和纠偏 ③基于弹性及冗余管理的反馈控制、预防和纠偏		
	3-2 质量控制	(1)“三品一标”质量认证体系实施规范及关键要素分析	1）无公害农产品认证的实施规范、关键要素及案例	(1) 方法：讲授法、案例教学法 (2) 重点与难点：“三品一标”质量认证体系的标准、规范及各项实施要素	2
			2）绿色食品认证的实施规范、关键要素及案例		
			3）有机食品认证的实施规范、关键要素及案例		
			4）农产品地理标志认证的实施规范、关键要素及案例		
		(2)“三品一标”规范化质量管理的组织实施	1）“三品一标”认证体系的质量管理要素分析	(1) 方法：讲授法 (2) 重点与难点：涉农经济组织根据自身情况和实际需求，采用“三品一标”认证体系进行质量管理的方法	2
			2）不同细分行业和经营主体实施“三品一标”认证规范化质量管理的条件、模式和方法		

续表

模块	课程	学习单元	课程内容	培训建议	课堂学时
3．目标控制	3-2　质量控制	（3）涉农经济组织生产过程标准化管理	1）现代企业生产过程标准化的主要领域、工作内容及要点 ①生产流程标准化 ②生产制度标准化 ③设备养护标准化 ④原材料管理标准化 ⑤工作环境标准化 ⑥工作时间标准化	（1）方法：讲授法、实训法 （2）重点：涉农类生产过程标准化管理的实施范围和实施要点 （3）难点：涉农经济组织实施标准化生产流程中的关键指标及其管理策略和方法	2
			2）涉农经济组织生产过程标准化管理的关键指标分析和管理策略 ①产品质量类指标 ②生产安全类指标 ③生产效率类指标 ④环境保护和劳动者保障类指标		
		（4）涉农经济组织生产过程质量安全监控	1）不同细分行业和经营主体质量安全监控的要点、特性、常见问题及案例分析	（1）方法：讲授法、案例教学法、实训法 （2）重点与难点：涉农经济组织主要业务环节及职能部门实施信息化质量安全监控的方法	2
			2）涉农经济组织主要职能部门实施信息化质量安全监控的方法及相关工具 ①生产组织类质量安全监控 ②设备作业类质量安全监控 ③技术支持类质量安全监控 ④产品加工类质量安全监控 ⑤产品销售类质量安全监控		

续表

模块	课程	学习单元	课程内容	培训建议	课堂学时
3．目标控制	3-2 质量控制	（5）涉农经济组织产品质量安全检测的原则、方法和作用	1）不同类型农产品质量安全检测的概念、方式和作用	（1）方法：讲授法、案例教学法、实训法 （2）重点与难点：涉农经济组织根据自身情况和实际需求实施农产品质量安全检测的方法及注意事项	2
			2）不同细分行业和经营主体实施农产品质量安全检测的工作原则和组织管理方法		
			3）基于新兴目标市场与创新商业模式的农产品质量安全检测及案例分析		
		（6）涉农经济组织质量安全检测的发展趋势与应对	1）农产品质量安全的政策法规、市场需求变化趋势及案例分析 ①强制类和非强制类需求 ②目标市场细分化和消费偏好个性化需求 ③理化指标类和非理化指标类需求	（1）方法：讲授法、案例教学法 （2）重点：农产品质量安全不断提升的内外部需求及应对策略 （3）难点：涉农经济组织建设快速、精准、可持续的质检能力的相关机制、模式和方法	1
			2）涉农经济组织实施质量安全检测的模式与方法创新 ①支持快速反应的组织和制度保障 ②支持精准管控的信息化管理流程及相关工具应用保障 ③支持质检能力不断提升的人员团队建设保障		
		（7）生态友好型生产模式和清洁生产模式	1）农业清洁生产模式的概念、作用及案例分析	（1）方法：讲授法、案例教学法 （2）重点与难点：涉农经济组织发展以清洁生产模式为代表的各类型生态农业的意义及相关利益分析	2
			2）生态农业的类型、特点和发展历程		
			3）不同细分行业的生态农业政策、法规、市场发展策略及资源利用模式		

续表

模块	课程	学习单元	课程内容	培训建议	课堂学时
3．目标控制	3-2　质量控制	（8）生态农业的发展路径、策略和方法	1）涉农经济组织引进生态农业模式的关键评估指标与阶段性实施策略 ①市场竞争力相关指标 ②品牌影响力相关指标 ③产业资源整合与价值链延伸和增值相关指标 ④各项相关财务指标	（1）方法：讲授法、实训法 （2）重点：涉农经济组织从各职能层面引进生态农业模式的操作方法与注意事项 （3）难点：涉农经济组织递进实施生态农业模式的预评估策略、评估方法	2
			2）涉农经济组织主要职能部门实施生态农业模式的方法及注意事项 ①生产组织类部门 ②设备作业类部门 ③技术支持类部门 ④产品加工类部门 ⑤质检品控类部门		
	3-3　成本控制	（1）涉农经济组织成本控制的原则、目标及实施方法	1）现代企业产品成本控制的概念、一般步骤、方法及案例分析	（1）方法：讲授法、案例教学法、实训法 （2）重点与难点：涉农经济组织产品成本控制的一般性目标、过程和方法	1
			2）不同细分行业和经营主体成本控制的原则、目标、实施策略和方法		
		（2）涉农经济组织关键环节的成本控制	1）现代农业产业化发展对产品成本控制的要求、应对策略及案例分析 ①基于产业链价值分析的产前、产中和产后成本控制 ②基于生产过程信息化、智能化的绝对成本控制和相对成本控制 ③基于财务收益最大化的产品成本控制和质量成本控制	（1）方法：讲授法、案例教学法、实训法 （2）重点：涉农经济组织各主要环节及职能部门的产品成本控制方法及注意事项 （3）难点：农业产业化发展对产品成本控制的要求及应对策略	2
			2）农业生产关键环节的成本控制要素及实施成本控制的过程和方法 ①生产组织环节 ②设备作业环节 ③技术支持环节 ④产品加工环节 ⑤质检品控环节 ⑥产品销售环节 ⑦品牌营销环节		

续表

模块	课程	学习单元	课程内容	培训建议	课堂学时
3．目标控制	3-3　成本控制	（3）成本控制目标和模式对生产经营的影响及应对	1）农业目标市场与需求变化对产品成本的影响、监控评估方法及案例分析 ①成本构成要素变化的影响 ②成本概念与内容持续泛化的影响 ③成本与收入转化模式改变的影响 ④成本中心主体变化的影响 ⑤成本转化效率变化的影响	（1）方法：讲授法、案例教学法 （2）重点与难点：涉农经济组织生产经营中的产品成本控制要素及其相关影响和潜在风险	2
			2）涉农经济组织生产经营中的成本驱动因素及优化调整策略 ①产品成本驱动 ②订单成本驱动 ③作业成本驱动 ④全面成本驱动		
		（4）涉农经济组织成本控制和优化的潜在风险及应对	1）农业生产三要素的成本控制风险及案例分析	（1）方法：讲授法、案例教学法、实训法 （2）重点与难点：涉农经济组织基于信息化管理及相关工具实施成本风险预警、识别、控制及优化调整的方法	2
			2）不同细分行业和经营主体实施成本控制的不确定因素及其来源分析		
			3）涉农经济组织评估产品成本控制风险的方法和相关工具 ①用于外部成本分析预测的模型及第三方工具 ②用于内部成本控制的ERP系统工具及其他信息化工具		
	3-4　市场控制	（1）农产品销售渠道的类型、特点及运作模式分析	1）不同类型农产品的主要销售渠道、运作模式和特点分析	（1）方法：讲授法、案例教学法 （2）重点与难点：涉农经济组织主要的产品销售渠道类型、特征、运作模式及控制策略	1
			2）主要农产品销售渠道的控制策略及案例分析		

续表

模块	课程	学习单元	课程内容	培训建议	课堂学时
3．目标控制	3-4 市场控制	（2）传统农产品销售渠道的发展趋势及优劣势分析	1）面向 B 端市场的销售渠道发展趋势、优劣势及案例分析	（1）方法：讲授法、案例教学法、实训法 （2）重点与难点：涉农经济组织根据自身情况和实际需求评估和控制传统销售渠道的要点和方法	3
			2）面向 C 端市场的销售渠道发展趋势、优劣势及案例分析		
			3）不同细分行业和经营主体渠道评估的关键指标与控制要点		
		（3）新型农产品销售渠道的特点、运作方法与管理模式创新	1）新型农产品销售渠道的类型、特点、发展历程和运作模式 ①基于 S2B2C 模式的虚拟供应链 / 供应平台型销售渠道 ②基于 S2B2B 模式的产业互联网撮合与分销渠道 ③基于 B2C+O2O 模式的渠道融合型新零售渠道 ④基于 C2F 和 F2F 模式的订单农业销售渠道	（1）方法：讲授法、案例教学法、实训法 （2）重点：新型农产品销售渠道的特点、运作模式和注意事项 （3）难点：涉农经济组织有效管控新型销售渠道的策略	3
			2）涉农经济组织针对新型销售渠道的信息化管控策略及案例分析 ①生产组织层面 ②产品加工层面 ③产品销售层面 ④质检品控层面		
		（4）涉农经济组织常见销售模式的选择、实施与优化	1）农产品销售模式的类型、特点、实施条件及案例分析 ①线上和线下展示型销售模式 ②线上和线下体验型销售模式 ③线上和线下服务型销售模式	（1）方法：讲授法、案例教学法、实训法	3

续表

模块	课程	学习单元	课程内容	培训建议	课堂学时
3．目标控制	3-4　市场控制	（4）涉农经济组织常见销售模式的选择、实施与优化	2）涉农经济组织评估和控制销售模式的要点、方法及注意事项 ①与展示相关的物料质量管理、流量目标管理及互动目标管理 ②与体验相关的互动目标管理、满意度目标管理及转化率目标管理 ③与服务相关的客群精准度、效率和效费比管理	（2）重点：涉农经济组织常见销售模式的特点和评估方法 （3）难点：涉农经济组织对销售模式进行针对性管控的关键指标、操作方法和注意事项	3
		（5）涉农经济组织销售模式创新	1）农产品销售模式的创新发展方向、特征及案例分析 ①持续降低获客和转化成本的发展方向 ②持续提升复购和单用户产值的发展方向 ③持续提升精细化与全场景销售的发展方向	（1）方法：讲授法、案例教学法、实训法 （2）重点与难点：涉农经济组织新型销售模式的特点、实施方法、管控策略和信息化工具	4
			2）涉农经济组织针对销售模式创新的管理策略、方法和信息化工具 ①数据化、智能化流量购买与管理 ②公域转私域的用户关系强化管理 ③生产—销售端到端信息化管理与资源整合管理		
4．内外协调	4-1　内部协调	（1）涉农经济组织部门协作与人员协同的特点和难点	1）现代企业部门协作与人员协同的形式与特点 ①知识、资源及相关能力的共享与协同 ②产品、价格及市场战略的协同与配合 ③垂直一体化、虚拟团队等组织模式协同配合 ④创新业务的协同开发与运营管理	（1）方法：讲授法	1

续表

模块	课程	学习单元	课程内容	培训建议	课堂学时
4．内外协调	4-1　内部协调	（1）涉农经济组织部门协作与人员协同的特点和难点	2）涉农经济组织部门协作与人员协同涉及的问题及应对 ①不同细分行业和经营主体差异化 ②部门组织与管理模式差异化 ③部门信息化水平差异化 ④人员性别、年龄、地域、学历等个体差异化	（2）重点与难点：涉农经济组织部门协作与人员协同问题的认知和解决方法	1
		（2）涉农经济组织的协调职能与协调能力建设	1）现代企业协调职能与协调能力	（1）方法：讲授法 （2）重点与难点：涉农经济组织建立协调职能的相关组织化、制度化、信息化保障	1
			2）涉农经济组织协调职能与协调能力的建设 ①不同细分行业、经营主体、职能部门的协调范围和协调内容 ②涉农经济组织内部协调机制的组织化、制度化、信息化保障措施 ③人际沟通能力、人际交往能力和员工激励能力的评价标准与养成技巧		
		（3）涉农经济组织内部冲突应对	1）现代管理学中冲突的定义、种类和特点	（1）方法：讲授法、案例教学法、实训法 （2）重点与难点：涉农经济组织基于现代冲突管理理论和信息化手段进行冲突应对和化解的方法	2
			2）现代企业冲突管理的类型、方法、技巧、作用及案例分析		
			3）涉农经济组织内部冲突的类型、特点及应对策略 ①不同细分行业、经营主体、职能部门的内部冲突 ②跨行业、跨地域以及跨国涉农经济组织的内部冲突 ③传统业务部门与创新业务部门的内部冲突 ④成本中心与利润中心的内部冲突		

续表

模块	课程	学习单元	课程内容	培训建议	课堂学时
4．内外协调	4–1　内部协调	（4）涉农经济组织冲突预防与冲突管理机制的建立与实施	1）现代管理学中预防冲突的理论、模型与工具	（1）方法：讲授法 （2）重点与难点：涉农经济组织基于产业化发展思维和信息化手段进行冲突预防和管理的机制	2
			2）涉农经济组织预防与管理冲突的体系、制度和工具保障 ①基于量化管理计划的冲突发现和预警机制 ②基于信息化管理流程与工具的实时和半实时冲突发现和预警机制 ③基于生产三要素分析的冲突发现和预警机制 ④基于产业链责任与价值分配的内外部冲突发现和预警机制		
		（5）涉农经济组织团队创新力的来源及提升要素分析	1）现代企业团队创新力的内容、创建和影响因素	（1）方法：讲授法、案例教学法 （2）重点与难点：涉农经济组织面对行业、市场、管理模式和人力资源等内外部环境变化情况下的团队创新力来源及提升策略	1
			2）涉农经济组织团队创新力的构成要素、提升策略、培养机制及案例分析 ①信息获取、共享、分析能力 ②市场导向、目标导向能力 ③量化分析评估、信息化工具应用能力 ④产业化、价值链分析能力		
		（6）涉农经济组织基于冲突化解的团队创新力提升	1）现代管理学中冲突与创新的辩证与转化关系	（1）方法：讲授法 （2）重点与难点：涉农经济组织根据自身冲突来源与冲突管理情况，实现从冲突预防、发现、化解到团队创新力提升的策略和方法	1
			2）涉农经济组织团队创新力的来源及其与传统体制和模式的关系 ①不同细分行业应对目标市场变化中的冲突和创新 ②不同经营主体应对内部人际关系变化中的冲突和创新 ③不同职能部门应对信息化变革中的冲突与创新 ④传统业务与新业务、传统商业模式与新商业模式并行及转化中的冲突与创新		

续表

模块	课程	学习单元	课程内容	培训建议	课堂学时
4．内外协调	4–2　外部协调	（1）涉农经济组织公共关系的构成要素及特点分析	1）公共关系的定义、构成要素、特征、功能及案例分析	（1）方法：讲授法、案例教学法 （2）重点与难点：涉农经济组织在外部环境发生巨大变化情况下公共关系的构成及特点变化	2
			2）涉农经济组织公共关系的类型、特点及应用实例 ①广义公共关系和狭义公共关系 ②传统公共关系和网络公共关系 ③农业产业化发展趋势下的公共关系 ④“大循环”“双循环”模式下的公共关系		
		（2）涉农经济组织媒介关系的建立和维护	1）现代企业媒介关系的内容、特点以及媒介关系管理的意义和案例分析	（1）方法：讲授法、案例教学法 （2）重点：涉农经济组织建立、维护和管理媒介关系的策略和方法 （3）难点：涉农经济组织针对不同媒介类型建立媒介关系管理制度及针对性培养媒介关系管理人员技能的方法	2
			2）涉农经济组织媒介关系的建立		
			3）媒介价值评估、选择与合作策略及中长期维护管理技巧		
			4）媒介关系管理的组织制度化设计与媒介关系管理人员的技能培养		
			5）跨区域、跨国界的媒介关系建立和维护		
		（3）涉农经济组织应对媒体形式与环境创新的策略和方法	1）大众传播形式与专业传播形式的发展变化	（1）方法：讲授法	2
			2）现代企业与大众媒介、专业媒介及个人媒介的关系变化		
			3）企业内容化、人格化发展趋势与企业媒介关系的联动和发展趋势		

续表

模块	课程	学习单元	课程内容	培训建议	课堂学时
4．内外协调	4–2　外部协调	（3）涉农经济组织应对媒体形式与环境创新的策略和方法	4）涉农经济组织建立创新媒介关系的策略和方法 ①传播策略方面 ②传播形式与传播工具方面 ③品牌策略与营销策略方面 ④从单向广播模式向双向讨论、多向社区交流转化方面	（2）重点与难点：涉农经济组织应对大众传播与专业传播环境的巨大变化，建立和实施高效媒介关系管理的形式和方法	2
		（4）涉农经济组织媒介关系与品牌形象的联动与融合	1）现代企业品牌形象的构成要素、特征及其与大众传播媒介的关系	（1）方法：讲授法、案例教学法 （2）重点与难点：涉农经济组织根据自身情况和实际需求，通过媒介关系管理实现准确、高效、经济的品牌形象传播的策略和方法	2
			2）涉农经济组织运用媒介关系提升品牌形象的策略、方法及案例分析 ①提升行业、市场与用户口碑 ②增强企业品牌人格化、IP[①]化 ③获得品牌公众形象反馈及危机预警 ④降低传播成本和提升传播效果		
		（5）涉农经济组织社区关系的建立和维护	1）现代企业社区关系的定义、内容、意义和建立方法	（1）方法：讲授法 （2）重点与难点：涉农经济组织根据自身发展状况建立和维护社区关系的策略和方法	2
			2）涉农经济组织建立和维护社区关系的策略和方法 ①基于不同细分行业和经营主体 ②基于B端和C端不同目标市场 ③基于跨行业、跨地域及跨国界的组织形式 ④基于“大循环”“双循环”的宏观政经环境		

① IP，intellectual property，知识产权。

续表

模块	课程	学习单元	课程内容	培训建议	课堂学时
4．内外协调	4–2 外部协调	（6）涉农经济组织企业社会责任的实施	1）现代企业社会责任的内容、分类和特点 2）涉农经济组织企业社会责任的实施策略和方法 3）反应型企业社会责任和战略型企业社会责任 4）涉农经济组织履行企业社会责任的能力建设及案例分析	（1）方法：讲授法、案例教学法 （2）重点与难点：涉农经济组织根据自身发展状况选择和实施企业社会责任的策略和方法	1
		（7）基于社区关系的涉农业务流程再造和商业模式创新	1）社区关系、企业公民、企业社会责任对现代企业经营发展的作用和意义 2）基于社区关系的涉农经济组织业务流程再造和商业模式创新 ①社区支持农业 CSA[①]等生产和流通端模式创新 ②社区团购、社区新零售等流通和零售端模式创新 ③基于社区生活圈的本地生活服务类模式创新 ④基于社区网格化的市场分析模式创新	（1）方法：讲授法、案例教学法 （2）重点与难点：涉农经济组织根据自身发展状况利用社区关系改造业务流程或发展创新业务的思路和方法	2
课堂学时合计					180

① CSA，community supported agriculture，社区支持农业。

2.2.4 二级 / 技师职业技能培训课程规范

模块	课程	学习单元	课程内容	培训建议	课堂学时
1．计划制定	1-1 目标评价	（1）涉农经济组织发展的内外部要素分析及发展趋势	1）不同细分行业和经营主体发展的内外部要素和发展趋势	（1）方法：讲授法、案例教学法 （2）重点：内外部要素及其发展趋势对涉农经济组织发展目标的影响 （3）难点：新兴目标市场及创新商业模式的发展趋势对涉农经济组织发展目标的影响	1
			2）不同目标市场与商业模式发展的内外部要素和发展趋势		
		（2）农业项目经营发展目标的分析、评价和选择	1）农业项目经营发展目标的确立原则和程序 ①经营目标的分解和评价 ②阶段性经营目标的选择和构建 ③总体目标与阶段性目标的协同发展策略	（1）方法：讲授法、案例教学法 （2）重点与难点：针对变化的市场环境和创新的行业趋势，在农业项目中应用适当的目标分析评价和决策的方法	2
			2）农业项目经营目标的选择方法及评价工具 ①目标决策理论和模型 ②SWOT①、KT②等目标评价决策工具		
			3）农业项目经营目标决策的创新发展趋势 ①从粗放经营向精益运营的发展 ②从流通模式向定制模式的发展 ③从渠道思维向用户思维的发展		

① SWOT：S=strengths，优势；W=weaknesses，劣势；O=opportunities，机会；T=threats，威胁。SWOT 分析，即基于外部竞争环境和竞争条件下的态势分析。

② KT，kepner-tregoe。KT 法，一种问题分析与决策的理性思考方法。

续表

模块	课程	学习单元	课程内容	培训建议	课堂学时
1．计划制定	1-1 目标评价	(3) 农业项目目标管理的理论和方法	1) 企业发展目标管理的基本知识	(1) 方法：讲授法、实训法 (2) 重点与难点：针对快速发展的外部市场环境和内部创新模式，采用适当的方法进行目标制定和目标管理	1
			2) 不同细分行业和经营主体项目目标制定和目标管理的策略和方法		
			3) 农业领域创新商业模式的目标制定和目标管理		
		(4) 农业项目经营目标的分解实施策略和方法	1) 企业经营目标分解实施的一般性原则和方法 ①要求和形式 ②方法及其作用和意义	(1) 方法：讲授法、实训法 (2) 重点：农业项目经营目标的分解与整合方法 (3) 难点：针对新兴目标市场和创新商业模式，采用适当的方法分解和整合经营目标	1
			2) 不同细分行业和经营主体项目经营目标的分解与整合		
			3) 基于创新商业模式的项目经营目标分解与整合		
		(5) 涉农经济组织目标制定分析报告的编制	1) 经营项目目标制定分析报告编制的原则和方法	(1) 方法：讲授法、实训法 (2) 重点：农业项目目标制定分析报告的编制方法和注意事项 (3) 难点：针对新兴目标市场和创新商业模式，采用适当方法编制经营项目目标制定分析报告	2
			2) 不同细分行业和经营主体项目目标制定分析报告的编制方法及差异分析		
			3) 基于创新商业模式编制项目目标制定分析报告		
		(6) 农业项目目标方案的评估	1) 项目目标方案评估的一般性原则和方法	(1) 方法：讲授法、实训法 (2) 重点与难点：针对不同农业项目的实际情况进行目标方案的分析解读和评估	2
			2) 不同细分行业和经营主体项目目标方案的分析解读和评估方法		
			3) 基于创新商业模式评估项目目标方案		

续表

模块	课程	学习单元	课程内容	培训建议	课堂学时
1．计划制定	1–1　目标评价	（7）农业项目目标方案的选择和优化	1）项目目标方案选择和优化的一般性原则和方法 2）不同细分行业和经营主体项目目标方案选择和优化 3）基于新兴目标市场和创新商业模式选择和优化项目目标方案	（1）方法：讲授法、实训法 （2）重点与难点：针对不同农业项目的实际情况进行项目目标方案的选择和优化	1
		（8）农业项目的内外部风险要素评估	1）项目论证的一般性内容、方法和风险要素分析 2）不同细分行业和经营主体项目内外部风险要素评估方法 3）基于新兴目标市场和创新商业模式评估项目内外部风险要素	（1）方法：讲授法、实训法 （2）重点与难点：针对不同农业项目的实际情况进行内外部风险要素识别和评估	1
		（9）涉农经济组织的项目论证和投资可行性分析	1）项目投资可行性分析的一般性内容、方法和注意事项 2）不同细分行业和经营主体经营性项目的项目论证和投资可行性分析 3）基于新兴目标市场和创新商业模式进行项目论证与投资可行性分析	（1）方法：讲授法、实训法 （2）重点：农业经营性项目的投资可行性分析要点 （3）难点：针对不同农业项目的实际情况进行项目论证和投资可行性分析	2
	1–2　计划制定	（1）农业项目和产品立项的关键要素及优化组合	1）项目立项和产品立项的一般性参考与决策要素 2）项目资源优化组合知识 3）不同细分行业和经营主体项目和产品立项的资源优化组合策略与实施方法 4）基于新兴目标市场和创新商业模式进行项目、产品立项并配置资源	（1）方法：讲授法、实训法 （2）重点：农业项目立项和产品立项过程及其相关的资源优化组合策略 （3）难点：基于新兴目标市场和创新商业模式项目的资源优化组合策略和实施方法	1

续表

模块	课程	学习单元	课程内容	培训建议	课堂学时
1．计划制定	1–2 计划制定	（2）涉农经济组织企业资源配置及信息化管理	1）企业资源计划（ERP）思维及工具在资源配置和优化管理中的应用及案例分析	（1）方法：讲授法、案例教学法、实训法 （2）重点与难点：针对涉农经济组织的实际需求部署和实施 ERP 管理策略	1
			2）不同细分行业和经营主体应用 ERP 管理思维与相关工具的方法		
		（3）涉农经济组织企业资源配置管理计划的编制	1）企业资源配置管理计划编制的一般性原则和方法	（1）方法：讲授法、案例教学法、实训法 （2）重点：涉农经济组织在农业信息化管理基础上的企业资源配置管理计划编制 （3）难点：针对新兴目标市场和创新商业模式的企业资源配置管理计划编制	1
			2）不同细分行业和经营主体企业资源配置管理的策略和方法		
			3）基于新兴目标市场和创新商业模式的企业资源配置管理策略及计划实施		
		（4）农业项目风险控制体系、策略和实施方法	1）经营性项目风险评估和控制体系知识	（1）方法：讲授法、案例教学法、实训法 （2）重点与难点：根据涉农经济组织的实际情况制定适当的风险控制方案	2
			2）不同细分行业和经营主体的风险控制体系、策略和方案制定方法		
			3）基于新兴目标市场和创新商业模式的经营性项目风险控制策略与方案制定		
		（5）涉农经济组织生产资料和生产要素的管理和风险控制	1）农业生产三要素的内在联系、变化趋势及风险要素	（1）方法：讲授法、案例教学法、实训法 （2）重点：影响涉农经济组织发展的生产资料和生产要素风险分析和监督管理 （3）难点：针对新兴目标市场和创新商业模式的生产资料和生产要素风险管理	1
			2）涉农经济组织生产发展的核心指标及其与生产资源各要素的风险关系		
			3）不同细分行业和经营主体生产资料和生产要素的风险监督管理策略和实施方法		
			4）基于新兴目标市场和创新商业模式的生产资料和生产要素风险监督管理		

续表

模块	课程	学习单元	课程内容	培训建议	课堂学时
1．计划制定	1-3 计划指导	（1）农产品生命周期理论、要素、应对策略及发展趋势	1）农产品生命周期理论、要素、原则及发展趋势 ①按类型划分的农产品 ②按市场属性划分的农产品	（1）方法：讲授法、案例教学法 （2）重点：不同领域的农产品生命周期分解和阶段性应对与优化策略 （3）难点：延长农产品生命周期及提升其阶段性价值的创新模式和方法	2
			2）农产品生命周期分解及阶段性应对和优化策略		
			3）基于新兴目标市场和创新商业模式的农产品生命周期特点及案例分析		
		（2）农业目标市场发展趋势及其对产品生命周期的影响	1）农产品目标市场发展的特殊性及其产业根源特性	（1）方法：讲授法、案例教学法 （2）重点与难点：增强和提升农产品生命周期中市场价值和用户价值的策略与方法	1
			2）农产品目标市场的发展对产品生命周期的影响要素		
			3）农产品生命周期中的市场创新和模式创新		
		（3）农业项目商业模式的策划、开发与市场导入	1）农产品生命周期和供需发展趋势变化对商业模式的影响	（1）方法：讲授法 （2）重点与难点：基于产品生命周期和供需发展趋势，对不同涉农经济组织的项目和产品实施适当的市场导入策略	2
			2）农业项目商业模式的策划及关键指标评估 ①产品指标 ②供需关系指标 ③产业链协同效应指标 ④投入产出比和盈利模式指标		
			3）不同细分行业和经营主体的项目和产品市场导入策略		
		（4）农产品市场拓展的创新模式及运营策略	1）农产品市场拓展的创新模式分析 ①传统模式的现状与弊端 ②C 端市场拓展 ③B 端市场拓展 ④市场拓展中的信息化工具与大数据应用案例分析	（1）方法：讲授法、案例教学法 （2）重点：基于供应链、数据、用户和内容等的农产品市场拓展创新模式与方法	3

续表

模块	课程	学习单元	课程内容	培训建议	课堂学时
1．计划制定	1–3　计划指导	（4）农产品市场拓展的创新模式及运营策略	2）农产品市场拓展及运营策略 ①供应链运营策略 ②数据运营策略 ③用户运营策略 ④内容运营策略	（3）难点：针对涉农经济组织目标市场的实际需求，应用适当的新产品导入和新市场拓展策略	3
		（5）涉农经济组织的财务管理策略和预算管理制度	1）财务管理策略和预算管理制度的概念与应用	（1）方法：讲授法、实训法 （2）重点与难点：针对不同细分行业和经营主体的实际情况实施适当的财务和预算管理制度	2
			2）不同细分行业和经营主体财务管理和预算制度的设计和实施		
		（6）涉农经济组织经营项目财务预算计划的组织制定	1）财务预算计划的编制依据	（1）方法：讲授法、实训法 （2）重点与难点：涉农经济组织基于现代管理制度和信息化管理策略，制定经营项目财务预算计划的方法	2
			2）现代企业财务预算计划编制的一般性原则和方法		
			3）不同细分行业和经营主体项目财务预算计划的编制方法		
			4）涉农经济组织制定财务预算计划的组织和协同工作方法 ①整体、部门及项目的经营与财务目标确定 ②信息数据的收集整理和标准化 ③专业操作人员的组织和管理 ④内容分工与协同配合 ⑤过程监控与目标结果检验 ⑥线上协同工具的应用		

续表

模块	课程	学习单元	课程内容	培训建议	课堂学时
1．计划制定	1-3　计划指导	（7）农产品品牌打造和品牌营销策略	1）品牌、品牌价值、品牌资产及品牌建设知识	（1）方法：讲授法、案例教学法 （2）重点：品牌策略的制定及品牌营销和品牌运营策略的实施 （3）难点：农产品品牌成功案例背后可复用的有效元素及其应用方法	2
			2）农产品品牌建设的内容、目的和意义		
			3）农产品品牌打造案例及关键要素分析		
			4）农产品品牌营销策略的制定和实施		
		（8）农产品品牌运营的内外部要素及发展趋势	1）品牌运营知识	（1）方法：讲授法、案例教学法、实训法 （2）重点：品牌建设、营销和运营的各类要素及其作用 （3）难点：农产品品牌运营的创新发展趋势及其在各经营过程中的应用	2
			2）农产品品牌运营的内外部要素分析与策略实施 ①内部品牌与外部品牌 ②品牌资产管理的内部要素和外部要素 ③品牌营销的内部动力和外部动力		
			3）农产品品牌运营的创新与发展 ①品牌数字化 ②品牌 IP 化 ③品牌社会化		
		（9）农产品品牌计划的制定、监控、评价和优化	1）现代企业品牌计划的内容、要素和编制、管理方法	（1）方法：讲授法、案例教学法、实训法 （2）重点：品牌计划的制定和管理方法 （3）难点：在动态市场环境下基于信息化管理思维，对农产品品牌计划的实施进行持续监控和优化	2
			2）农产品品牌计划的制定、监督和管理		
			3）农产品品牌计划实施的调研、评价和优化		
			4）信息化、智能化工具在农业品牌计划制定和管理过程中的应用		

续表

模块	课程	学习单元	课程内容	培训建议	课堂学时
1．计划制定	1–3 计划指导	(10) 农产品品牌推广与运营的创新	1）面向C端市场的农产品品牌推广与运营创新模式和方法	(1) 方法：讲授法、案例教学法、实训法 (2) 重点与难点：农产品品牌推广中的数据化思维与智能化工具应用	2
			2）面向B端市场的农产品品牌推广与运营创新模式和方法		
		(11) 涉农经济组织构建学习型组织的策略和方法	1）现代企业学习型组织建立和发展的原理与方法	(1) 方法：讲授法、案例教学法 (2) 重点与难点：针对涉农经济组织的实际情况和需求建立和发展学习型组织	2
			2）现代企业学习型组织案例分析		
			3）不同细分行业和经营主体建立、发展学习型组织的策略和方法		
		(12) 涉农经济组织人才培训计划的制定	1）现代企业制定人才培训计划的一般性原则和方法	(1) 方法：讲授法、案例教学法、实训法 (2) 重点与难点：涉农经济组织基于现代管理制度和信息化管理策略制定人才培训计划的方法	2
			2）不同细分行业和经营主体人才培训计划制定策略和方法		
			3）基于新兴目标市场和创新商业模式的人才培训计划制定		
			4）涉农经济组织制定人才培训计划的组织和协同工作方法 ①整体、部门及项目的组织协同 ②内、外部培训资源的组织协同 ③线上、线下的组织协同 ④过程监控与目标结果检验		

续表

模块	课程	学习单元	课程内容	培训建议	课堂学时
2．组织管理	2-1 组织建设	（1）涉农经济组织的组织战略类型和特点分析	1）现代企业组织战略的内容和特性	（1）方法：讲授法、案例教学法 （2）重点与难点：涉农经济组织的组织战略类型和特点	1
			2）涉农经济组织总体组织战略的类型、特点及案例 ①基于时间维度的发展型、稳定型和紧缩型战略 ②基于竞争模式维度差异化、集中化成本领先战略 ③基于产业链维度的复合型以及联盟战略		
		（2）组织职能定位与部门设置	1）现代企业组织职能定位和部门设置的原则、标准和内容 ①强化治理结构的维度 ②提升经营效率的维度 ③促进财务稳健的维度	（1）方法：讲授法 （2）重点与难点：涉农经济组织规划组织职能定位和部门设置与优化调整的策略和方法	1
			2）涉农经济组织规划组织职能定位及部门划分的策略与方法 ①生产导向型组织 ②销售导向型组织 ③产业融合与产业链价值延伸型组织		
		（3）涉农经济组织的组织结构选择、构建与优化	1）广义和狭义组织结构在现代企业中的呈现形式及案例分析	（1）方法：讲授法、案例教学法 （2）重点与难点：涉农经济组织构建灵活、高效组织结构的策略和方法	2
			2）组织结构功能性要素的选择、构建与优化 ①专业化、部门化、正规化等组织要素 ②命令链、控制跨度、集权与分权等管理要素		
			3）组织结构框架与业务流程的选择、构建与优化 ①传统树状结构和网状结构 ②新型矩阵结构和分布式结构		

续表

模块	课程	学习单元	课程内容	培训建议	课堂学时
2．组织管理	2–1 组织建设	（4）农业产业化对组织结构和部门划分的影响及应对	1）基于产业化发展的新型组织结构及案例分析 ①适应市场快速变化的流程型组织结构 ②适应传统大型农业市场化方向的模拟分权组织结构 ③适应大型企业和混业经营的超事业部制组织结构 ④适应中小企业共同应对行业变化的知识共享型组织结构	（1）方法：讲授法、案例教学法、实训法 （2）重点：涉农经济组织实施及优化组织结构和部门设置的策略与方法 （3）难点：组织结构创新趋势及其适用、实施条件和优劣势	1
			2）涉农经济组织的组织结构创新 ①组织结构扁平化 ②组织界限模糊化 ③组织运营信息化 ④组织管理知识化		
		（5）涉农经济组织领导团队组建与领导力建设	1）现代企业领导团队和领导力建设的概念、内容和一般性方法 ①领导力的内涵、形态、表现形式、提升及变革方向 ②领导力评测模型、方法及工具 ③领导风格与组织职能定位、组织结构类型的联动	（1）方法：讲授法、案例教学法 （2）重点与难点：涉农经济组织根据自身情况和发展需求，从领导者选择、领导力建设到组建领导团队的策略和方法	2
			2）涉农经济组织领导团队和领导力建设的层级、方法和案例分析 ①管理级领导者 ②总监级领导者 ③业务单元领导者 ④决策运营层领导者 ⑤集团领导者 ⑥企业领袖		

续表

模块	课程	学习单元	课程内容	培训建议	课堂学时
2．组织管理	2–1　组织建设	（6）农业信息化、智能化对领导模式的影响及应对	1）信息时代管理者及领导角色的变化和案例分析 ①人际关系方面 ②信息传递和分享方面 ③决策制定的模式和范围方面	（1）方法：讲授法、案例教学法 （2）重点与难点：涉农经济组织在农业信息化、智能化发展过程中优化领导力和领导团队建设的策略和方法	1
			2）基于信息化发展需求组建领导团队及优化领导模式的策略 ①融入式管理模式 ②契约式管理和激励模式 ③“他管理”模式和“自管理”模式 ④信息掌控和舆论引导模式		
		（7）涉农经济组织部门人员配置的原则、形式和管理方法	1）现代企业部门人员配置的内容、原理和形式 ①个人与岗位的固定和动态匹配 ②个人与组织发展的动态匹配	（1）方法：讲授法、案例教学法、实训法 （2）重点与难点：涉农经济组织主要职能部门人员配置的策略和方法	1
			2）涉农经济组织部门人员配置策略、方法及案例分析 ①根据生产效率配置部门人员 ②根据业务数据分析和目标配置部门人员 ③根据同行业、同业态及同等规模经营主体数据配置部门人员 ④根据财务分析和预算配置部门人员 ⑤根据部门职能定位和业务流程配置部门人员		

续表

模块	课程	学习单元	课程内容	培训建议	课堂学时
2．组织管理	2-1 组织建设	(8) 涉农经济组织部门工作标准和职权、职责制定	1) 工作标准的内容、作用、制定原则及其与岗位职权、职责的关系	(1) 方法：讲授法 (2) 重点与难点：涉农经济组织制定各部门工作标准和职权、职责的策略和方法	2
			2) 涉农经济组织部门及员工工作标准和职权、职责的制定方法 ①基于业务流程的角色定位与协同工作需求 ②基于成本中心、利润中心划分及相关投入产出和效费比目标 ③基于组织职能与组织结构的发展革新目标		
		(9) 农业产业化、信息化对人员权责的影响及应对	1) 产业化发展趋势对主要部门职能和人员权责的影响及应对	(1) 方法：讲授法 (2) 重点与难点：现代农业发展模式对涉农经济组织人员工作标准和权责的影响及应对方法	1
			2) 信息化管理模式对主要部门职能和人员权责的影响及应对		
		(10) 涉农经济组织团队能力建设、发展及优化升级	1) 团队能力的内容、作用和建设、提升方法	(1) 方法：讲授法、案例教学法、实训法 (2) 重点与难点：涉农经济组织结合自身实际情况和发展需求，制定和执行适当高效的团队能力建设的策略和方法	2
			2) 涉农经济组织团队能力建设的原则、类型、方法及案例分析 ①专业能力建设 ②协作、协同能力建设 ③信息化、数据化分析、沟通及管理能力建设 ④产业化发展思维与目标驱动能力建设 ⑤团队创新能力建设		
			3) 涉农经济组织团队能力建设制度的设计和优化 ①针对经营实体的规模、组织结构、人员数量和质量及目标预算的设计和优化 ②针对目标市场特性的设计和优化 ③针对组织职能定位和商业模式的设计和优化		

续表

模块	课程	学习单元	课程内容	培训建议	课堂学时
2．组织管理	2-2 制度建设	（1）涉农经济组织内部规章、规程的编制	1）现代企业内部规章制度的类型、特点、作用及编写要点 ①业务流程管理类 ②内部人员管理类 ③财务纪律管理类 ④守法合规类	（1）方法：讲授法、案例教学法、实训法 （2）重点与难点：涉农经济组织制定和编写各类内部规章、规程的方法、技巧和注意事项	2
			2）涉农经济组织内部规章、规程的编写技巧及案例分析 ①基于组织结构和管理层级的 5W2H 方法 ②基于组织职能和业务流程的 SMART 原则 ③基于岗位需求和考核标准的目标导向原则		
		（2）涉农经济组织内部供应链制度制定	1）企业内部供应链的定义、内容、类型、特点和作用	（1）方法：讲授法、实训法 （2）重点：涉农经济组织内部供应链制度的制定策略和方法 （3）难点：涉农经济组织以业务流程优化、效率提升、减费增效为核心，制定适当高效的内部供应链管理制度的方法	2
			2）现代企业内部供应链管理制度的内容和制定方法		
			3）涉农经济组织内部供应链的构成要素和特点		
			4）涉农经济组织内部供应链管理制度制定策略和方法 ①提升核心业务流程各要素协同运行效率的策略 ②提升业务各环节能力和减少业务环节的策略 ③以信息化、智能化技术优化改造业务各环节协同方式的策略 ④以目标为导向多业务协调并行的策略		

续表

<table>
<tr><th>模块</th><th>课程</th><th>学习单元</th><th>课程内容</th><th>培训建议</th><th>课堂学时</th></tr>
<tr><td rowspan="6">2. 组织管理</td><td rowspan="6">2–2 制度建设</td><td rowspan="2">(3) 农业信息化、智能化对内部供应链管理的影响及应对</td><td>1) 信息化、智能化技术对企业内部供应链管理的影响及案例分析
①对采购、生产、仓储、销售等业务流程各环节的影响
②内部供应链信息化管理系统的部署和应用
③内部供应链管理流程的动态化、一体化、柔性化和开放性</td><td rowspan="2">(1) 方法：讲授法、案例教学法、实训法
(2) 重点与难点：涉农经济组织应对农业信息化、智能化发展的内部供应链管理制度制定方法</td><td rowspan="2">3</td></tr>
<tr><td>2) 面向智慧农业的企业内部供应链管理应对策略和优化方法
①量化管理模式的应用
② ERP 管理理念的应用
③大数据、云技术及 BI 等管理技术和工具的应用</td></tr>
<tr><td rowspan="2">(4) 涉农经济组织突发事件的类型及危害</td><td>1) 现代企业日常经营中突发事件的类型、危害及预防、解决方法
①自然性突发事件
②社会性突发事件</td><td rowspan="2">(1) 方法：讲授法、案例教学法
(2) 重点与难点：涉农经济组织日常经营中可能遭遇的各类纠纷及突发事件的类型、特点、危害、预防及解决方法</td><td rowspan="2">2</td></tr>
<tr><td>2) 涉农经济组织日常纠纷及突发事件的类型、特点及案例分析
①产品质量、生产事故等安全类突发事件
②劳动纠纷、违法、违规等管理类突发事件
③自然类及其他突发事件</td></tr>
<tr><td rowspan="2">(5) 突发事件处理流程、应急预案及解决方案制定</td><td>1) 涉农经济组织突发事件的处理原则和处理流程</td><td rowspan="2">(1) 方法：讲授法、实训法
(2) 重点与难点：涉农经济组织针对劳动纠纷及各类突发事件的应急预案和解决方案</td><td rowspan="2">2</td></tr>
<tr><td>2) 突发事件应急预案和解决方案的编制</td></tr>
</table>

续表

模块	课程	学习单元	课程内容	培训建议	课堂学时
2．组织管理	2-2 制度建设	（6）涉农经济组织绩效评估和考核制度制定	1）企业绩效评估和绩效考核制度的内容、原则和建立方法	（1）方法：讲授法、实训法 （2）重点与难点：涉农经济组织根据日常经营需求制定多维度绩效考核制度的方法	2
			2）涉农经济组织绩效评估、考核制度的主要内容和制定方法 ①基于周期性的评估、考核 ②基于管理层级的评估、考核 ③基于业务关键目标的评估、考核		
		（7）涉农经济组织绩效考核制度的优化创新	1）信息化绩效考核的内容、特点、方法、工具及案例分析 ①绩效指标量化和绩效复盘过程数据化 ②绩效与核心业务目标的量化关系模型	（1）方法：讲授法、案例教学法 （2）重点与难点：涉农经济组织绩效考核制度在信息化管理趋势下的创新方向、应用方法及相关工具	1
			2）涉农经济组织绩效考核制度的信息化 ①绩效考核指标的标准化、数据化 ②绩效考核系统的部署和应用 ③移动管理工具在信息化绩效考核中的日常应用		
3．目标控制	3-1 执行控制	（1）涉农经济组织业务流程管理信息化需求和实现方法	1）现代企业业务流程实现、运作和管理的一般性概念和方法	（1）方法：讲授法、案例教学法、实训法 （2）重点：业务流程管理的要点及其在计划实施控制中的作用	2
			2）涉农经济组织业务流程管理需求分析、常见形式及案例分析 ①生产流程管理 ②职能运作流程管理 ③业务运营计划流程管理 ④企业战略实施流程管理		

续表

模块	课程	学习单元	课程内容	培训建议	课堂学时
3．目标控制	3-1 执行控制	（1）涉农经济组织业务流程管理信息化需求和实现方法	3）信息化业务流程管理及工具对计划实施的影响 ①生产层各类监控传感系统工具的应用 ②运作层 MES 等系统工具的应用 ③计划层 ERP 等系统工具的应用 ④战略层 DSS[①] 等系统工具的应用	（3）难点：涉农经济组织应用信息化工具提升业务流程管理水平与计划实施管理效率的策略和方法	2
		（2）涉农经济组织计划实施中常见问题和解决方法	1）现代企业计划实施的主要过程、要素及其对计划目标的影响 ①生产资料的准备、分配、实施和管理 ②生产工艺 / 技术的准备、分配、实施和管理 ③生产者 / 生产组织的准备、分配、授权和管理 ④生产日程 / 时间的计划、实施和管理 2）涉农经济组织计划实施的常见问题、解决方法及案例分析 ①内部供应链运作效率、运作效果和运行成本问题 ②工艺 / 技术的经济性、匹配度、弹性、前瞻性问题 ③业务人员 / 团队的管理效率和管理成本相关问题 ④业务时程管理相关问题	（1）方法：讲授法、案例教学法 （2）重点与难点：涉农经济组织计划实施中的常见问题及其预防策略和解决方法	2

① DSS，decision support system，决策支持系统。

续表

模块	课程	学习单元	课程内容	培训建议	课堂学时
3．目标控制	3-1　执行控制	（3）涉农经济组织计划实施的目标控制模式、策略和方法	1）涉农经济组织计划实施中目标控制的关键要素和方法 ①成本、质量、效率等生产端目标控制要素 ②毛利率、投入产出比、黏性／复购率、市场占有率等销售端目标控制要素 ③商誉、口碑等无形资产目标控制要素	（1）方法：讲授法、实训法 （2）重点与难点：涉农经济组织基于目标控制模式对计划执行过程的要素进行管理和调整的策略和方法	2
			2）涉农经济组织计划实施的目标控制策略和方法 ①总体目标控制法 ②阶段目标控制法		
		（4）涉农经济组织生产类计划执行的目标控制和优化调整	1）生产类计划的监控、管理和优化要素及案例分析 ①基于生产三要素 ②基于行业特性 ③基于目标市场特性 ④基于商业模式特性	（1）方法：讲授法、案例教学法、实训法 （2）重点与难点：涉农经济组织应用信息化管理思维和工具对生产类计划进行管控和优化的模式和方法	1
			2）涉农经济组织生产类计划管控、优化及信息化工具 ①针对生产资料 ②针对生产工艺／流程 ③针对生产人员 ④针对生产时程／效率		
		（5）涉农经济组织销售类计划执行的目标控制和优化调整	1）销售类计划的监控、管理和优化要素及案例分析 ①基于市场三要素 ②基于行业特性 ③基于目标市场特性 ④基于商业模式特性	（1）方法：讲授法、案例教学法、实训法 （2）重点与难点：涉农经济组织应用信息化管理思维和工具对销售类计划进行管控和优化的模式和方法	1
			2）涉农经济组织销售类计划的管控、优化及信息化工具 ①针对销售模式 ②针对销售渠道 ③针对销售人员 ④针对销售时程／效率		

续表

模块	课程	学习单元	课程内容	培训建议	课堂学时
3．目标控制	3–1　执行控制	(6) 涉农经济组织工作流程数据化与可视化管理	1) 工作流程数据化、可视化管理的模式、工具及案例 ①工作流程图解 / 图示模型 ②工作流程可视化管理平台	(1) 方法：讲授法、案例教学法、实训法 (2) 重点与难点：涉农经济组织应用数据化、可视化工具实施工作流程管理的模式、方法和注意事项	2
			2) 涉农经济组织工作流程数据化、可视化管理实施策略和方法 ①图解 / 图示模型工具 ②第三方数据化、可视化流程管理平台 ③数据化、可视化流程管理平台的搭建、部署及应用		
		(7) 涉农经济组织生产类工作流程的实施和改进	1) 生产类工作流程的实施、改进要点及案例分析 ①基于产前、产中、产后 ②基于行业特性 ③基于目标市场特性 ④基于商业模式特性	(1) 方法：讲授法、案例教学法、实训法 (2) 重点与难点：涉农经济组织应用信息化管理思维和工具对生产类工作流程进行管理和改进的模式和方法	2
			2) 生产类工作流程的信息化改进方法及相关工具 ①内、外部供应链改进 ②技术 / 工艺实施效果改进 ③人效及劳动力替代率改进 ④资金成本、时间成本及其投入产出比改进		
		(8) 涉农经济组织销售类工作流程的实施和改进	1) 销售类工作流程的实施、改进要点及案例分析 ①基于售前、售中、售后 ②基于行业特性 ③基于目标市场特性 ④基于商业模式特性	(1) 方法：讲授法、案例教学法、实训法	2

续表

模块	课程	学习单元	课程内容	培训建议	课堂学时
3. 目标控制	3–1 执行控制	(8) 涉农经济组织销售类工作流程的实施和改进	2）销售类工作流程的信息化改进方法及相关工具 ①目标客群 / 流量资源获取过程改进 ②销售转化过程改进 ③客户关系管理及价值深度挖掘过程改进 ④销售效率改进	(2) 重点与难点：涉农经济组织应用信息化管理思维和工具对销售类工作流程进行管理和改进的模式和方法	2
		(9) 农业项目生产过程控制的原则、方法及信息化发展趋势	1）生产过程控制的原则、内容和目的 2）常用管理工具及案例分析 ①生产资料动态量化管理 ②生产进度和绩效指标的看板管理 ③生产现场 6S 现场管理 ④生产质检品控动态管理 ⑤生产成本动态管理	(1) 方法：讲授法、案例教学法 (2) 重点与难点：农业项目生产的基本过程控制模式、要素及信息化过程控制的实施方法和工具	1
		(10) 涉农经济组织生产过程智能化控制的内容、方法及相关工具	1）智能生产系统架构在农业领域的应用条件、效果及案例分析 ①数据仓库 + 知识仓库 + DSS 等基础层模块 ② DCS[①]+MES+ERP 等应用层模块 ③ CRM+SRM[②]+EDS[③] 等业务层模块	(1) 方法：讲授法、案例教学法、实训法	3

① DCS，division control system，分散控制系统或分布式计算机控制系统。

② SRM，supplier relationship management，供应商关系管理系统。

③ EDS，electronic data systems，电子数据系统。

续表

模块	课程	学习单元	课程内容	培训建议	课堂学时
3．目标控制	3-1 执行控制	(10) 涉农经济组织生产过程智能化控制的内容、方法及相关工具	2）涉农经济组织生产过程控制的常见问题及信息化发展趋势 ①供应链弹性和可靠性控制问题 ②从备料到备货的库存冗余度控制问题 ③生产成本优化与市场行情匹配度控制问题 ④人效控制问题 ⑤生产优良率/合格率控制问题	(2) 重点：涉农经济组织应用信息化、智能化工具进行生产过程控制的实施条件、要点和方法 (3) 难点：各类信息化、智能化过程控制模式和工具在涉农经济组织各生产环节的作用、目的及匹配方法	4
	3-2 质量控制	(1) 农产品“三品一标”的认证申请	1）无公害农产品认证的申报条件、流程和方法	(1) 方法：讲授法 (2) 重点与难点：涉农经济组织进行“三品一标”认证申请的条件、流程和方法	1
			2）绿色食品认证的申报条件、流程和方法		
			3）有机食品认证的申报条件、流程和方法		
			4）农产品地理标志认证的申报条件和方法		
		(2) 申请“三品一标”认证的组织管理模式及常见问题	1）组织申请“三品一标”认证的工作内容和方法 ①申报流程、标准和程序培训 ②相关人员、资料的准备 ③申报对接机构的情况分析 ④申报日程的安排和优化	(1) 方法：讲授法、案例教学法、实训法 (2) 重点与难点：申请“三品一标”认证的常见问题、解决方法及相关注意事项	1
			2）申请无公害农产品认证的常见问题、解决方法及相关案例		
			3）申请绿色食品认证的常见问题、解决方法及相关案例		
			4）申请有机食品认证的常见问题、解决方法及相关案例		
			5）申请农产品地理标志认证的常见问题、解决方法及相关案例		

续表

模块	课程	学习单元	课程内容	培训建议	课堂学时
3．目标控制	3-2　质量控制	（3）农产品冷链物流的标准、作用及发展趋势	1）不同类型农产品冷链物流的标准、作用和发展趋势	（1）方法：讲授法、案例教学法 （2）重点：各类型农产品实施冷链物流的方法及注意事项 （3）难点：农产品电商发展对冷链物流的需求及涉农经济组织的应对策略	2
			2）冷链物流与农产品电商结合的发展趋势、应对策略及相关案例分析		
		（4）涉农经济组织实施冷链物流的条件、策略和方法	1）现代企业实施冷链物流的关键要素及案例分析 ①地理空间和交通便利度 ②行业特性和市场需求度 ③成本 ④人员专业度 ⑤第三方采购与自建模式优劣势	（1）方法：讲授法、案例教学法、实训法 （2）重点与难点：涉农经济组织实施农产品标准化冷链物流运输的策略和方法	2
			2）涉农经济组织实施冷链物流运输的策略、方法及案例分析 ①市场竞争力提升策略 ②投入回收周期优化策略 ③第三方资源整合策略 ④产业链延伸增值策略		
		（5）农产品冷链物流的信息化管理模式与创新趋势	1）现代冷链物流智能化发展的主要技术方向及案例 ①移动制冷、保温等基础应用技术 ②冷链物联网等智能管控技术 ③端到端智能控温的智慧冷链技术	（1）方法：讲授法、案例教学法 （2）重点：涉农经济组织采用信息化、智能化冷链物流技术提升运营能力的策略和方法	2

续表

<table>
<tr><th>模块</th><th>课程</th><th>学习单元</th><th>课程内容</th><th>培训建议</th><th>课堂学时</th></tr>
<tr><td rowspan="5">3．目标控制</td><td rowspan="5">3–2　质量控制</td><td>（5）农产品冷链物流的信息化管理模式与创新趋势</td><td>2）基于冷链物流技术的商业模式创新及案例分析
①跨区域、跨境等涉及空间因素的商业模式
②反季销售等涉及时间因素的商业模式
③海鲜熟冻、NFC[①]果汁等涉及产品新形态因素的商业模式</td><td>（3）难点：信息化、智能化冷链物流技术的发展趋势、创新要素及其对涉农经济组织商业模式创新的影响</td><td>2</td></tr>
<tr><td rowspan="3">（6）农产品溯源的标准、作用及发展趋势</td><td>1）农产品溯源的概念、标准、发展历程及相关政策、法规</td><td rowspan="3">（1）方法：讲授法、案例教学法
（2）重点与难点：农产品溯源应用状况以及未来发展趋势</td><td rowspan="3">1</td></tr>
<tr><td>2）农产品溯源的类型、标准和内容
①初级农产品的种植生产溯源
②加工农产品和食品的产地、原料溯源
③农产品食品的全供应链溯源</td></tr>
<tr><td>3）农产品溯源信息化系统平台的构成要素、作用及案例分析</td></tr>
<tr><td>（7）农产品质量安全可追溯平台的发展及应用</td><td>1）农产品电商发展对溯源系统平台的需求及应用分析
①软、硬件技术
②关键指标及其呈现形式
③溯源大数据的应用模式
④溯源要素在销售端的呈现和作用</td><td>（1）方法：讲授法、案例教学法、实训法</td><td>4</td></tr>
</table>

① NFC，not from concentrate，非浓缩还原。

续表

模块	课程	学习单元	课程内容	培训建议	课堂学时
3．目标控制	3–2　质量控制	（7）农产品质量安全可追溯平台的发展及应用	2）追溯平台与信息化管理体系的结合及案例分析 ①与生产端管理结合 ②与各类运营管理系统结合 ③与销售端及客户关系管理系统结合	（2）重点与难点：涉农经济组织采用标准化、信息化的溯源数据及溯源平台提升运营能力的策略和方法	4
			3）应用第三方溯源平台的准备、实施及管理要点 ①主要的第三方系统/平台特点分析 ②数据标准化等性能指标分析		
			4）涉农经济组织自建溯源系统/平台的要点分析 ①需求的普适性和个性化分析 ②成本经济性、投入产出比及回收周期分析 ③人员素质技术水平分析 ④产业链延伸价值分析 ⑤外部资源整合利用难易度分析		
	3–3　成本控制	（1）农业产业化发展的综合成本分析策略和方法	1）现代企业产品综合成本构成、分析原则和分析方法	（1）方法：讲授法、案例教学法、实训法 （2）重点与难点：涉农经济组织在现代化、产业化发展过程中的产品综合成本分析和常见问题处理	3
			2）农产品成本综合分析的思路、方法和注意事项 ①成本构成分析法 ②回归分析法 ③数据包络分析法		
			3）产业化发展对成本的扰动因素、分析处理方法及案例分析 ①原料市场价格扰动因素 ②技术、设备更替运维成本扰动因素 ③劳动力市场价格扰动因素 ④产品品控标准、生命周期成本扰动因素 ⑤产业链协同成本扰动因素		

续表

<table>
<tr><th>模块</th><th>课程</th><th>学习单元</th><th>课程内容</th><th>培训建议</th><th>课堂学时</th></tr>
<tr><td rowspan="4">3．目标控制</td><td rowspan="4">3–3 成本控制</td><td rowspan="2">（2）涉农经济组织成本费用日常控制及信息化管理</td><td>1）涉农经济组织成本费用日常控制要点、考核指标及案例分析
①研发成本的分摊与回收
②生产制造成本的全生命周期转化
③业务支持成本/管理成本的直接和间接投入产出比
④财务成本的优化控制
⑤资本成本的利用率</td><td rowspan="2">（1）方法：讲授法、案例教学法、实训法
（2）重点：涉农经济组织日常成本费用的管控要点、方法和注意事项
（3）难点：涉农经济组织应用信息化工具进行日常成本费用管理的模式和方法</td><td rowspan="2">3</td></tr>
<tr><td>2）涉农经济组织综合成本的信息化管控模式及相关工具应用
①基于基础 OA 的成本控制与核算表格体系
②基于独立的成本管理系统 CST[①]
③基于 ERP 系统的成本管理系统 CST</td></tr>
<tr><td rowspan="2">（3）涉农经济组织合理压缩、节省成本的常见模式和技巧</td><td>1）现代企业优化、压缩成本的内容、方法及案例</td><td rowspan="2">（1）方法：讲授法、案例教学法、实训法
（2）重点与难点：涉农经济组织降低产品成本的工作要点和主要方法</td><td rowspan="2">1</td></tr>
<tr><td>2）涉农经济组织降低成本的途径、策略、方法及注意事项
①优化生产资料获取成本
②优化生产流程
③优化现场管理和减少现场浪费
④优化劳动力使用模式和效率
⑤优化质量管理
⑥优化仓库物流模式和效率
⑦优化销售模式</td></tr>
</table>

① CST，cost management system，成本管理系统。

续表

模块	课程	学习单元	课程内容	培训建议	课堂学时
3．目标控制	3-3　成本控制	(4) 涉农经济组织成本控制和压缩方案编制的组织管理	1）组织编制成本控制和压缩方案的步骤和工作要点 ①成本信息收集和标准化 ②成本数据信息化管理工具的应用和相关数据仓库的建立与维护 ③业务流程、职能部门或工作节点、管理层级的梳理与目标量化 ④成本优化策略和方法的培训与实施 ⑤成本优化和压缩目标的实施监控、反馈和调整	(1) 方法：讲授法、案例教学法、实训法 (2) 重点与难点：涉农经济组织根据自身业务特性与重点组织编制成本控制与压缩方案	2
			2）涉农经济组织实施成本控制和压缩的常见问题与解决方法 ①业务流程节点的取舍 ②内部供应链的暂时性与结构性改造 ③外部供应链的暂时性与结构性改造 ④个人、部门及其他管理层级的权责与利益协调		
	3-4　市场控制	(1) 农产品新品开发和营销策划的一般性策略和方法	1）现代企业新产品开发的常用策略及相关案例分析 ①进攻型策略 ②防卫型策略 ③风险型策略 ④反应型策略 ⑤预测型策略	(1) 方法：讲授法、案例教学法 (2) 重点：农业新产品开发的动因、策略和常用方法 (3) 难点：涉农经济组织进行新产品开发的工作要点及注意事项	2
			2）涉农经济组织新产品开发的主要动因、工作内容及常见问题的应对方法 ①竞品及竞品行业的生命周期 ②目标市场的需求变化 ③产品形态、创新力度及成本结构性优势 ④经营目标及相关的财务与资本目标 ⑤开发与上市时机 ⑥业务流程配合和产业链资源配合		

续表

模块	课程	学习单元	课程内容	培训建议	课堂学时
3．目标控制	3-4　市场控制	（2）涉农经济组织新产品开发与营销策划方案的编制	1）新产品开发及市场策略方案的形式、结构和内容	（1）方法：讲授法、案例教学法、实训法 （2）重点：农业新产品开发策划方案的制定方法和常见问题 （3）难点：涉农经济组织应用信息化手段和工具辅助新产品开发策划的方法和技巧	3
			2）新产品开发策略制定与实施的阶段、信息化工具及案例分析 ①市场需求分析阶段 ②技术应用分析阶段 ③最小可行性产品 MVP[①]阶段 ④产品市场反馈盲测阶段 ⑤产品营销销售全生命周期的经营指标预测		
		（3）涉农经济组织品牌模式和品牌战略分析	1）主要品牌模式的概念、内容、特点及案例分析	（1）方法：讲授法、案例教学法、实训法 （2）重点与难点：涉农经济组织在农业现代化发展趋势下主要采用的品牌模式和品牌战略	2
			2）现代企业品牌战略的主要类型、内容构成及案例		
			3）涉农经济组织常见的品牌模式、品牌战略及其实施效果分析		
		（4）涉农经济组织选择和制定品牌模式的策略和方法	1）选择品牌模式的关键指标、分析要点及案例分析 ①所在行业规模 ②目标市场成熟度 ③企业组织形式与产品线构成 ④产品核心受众及其消费模式 ⑤产品核心价值和附加价值	（1）方法：讲授法、案例教学法、实训法	2

① MVP，minimum viable product，最小可行性产品。

续表

模块	课程	学习单元	课程内容	培训建议	课堂学时
3．目标控制	3–4 市场控制	（4）涉农经济组织选择和制定品牌模式的策略和方法	2）涉农经济组织确定和实施品牌模式的工作要点及常见问题 ①品牌属性与品牌结构的可行性和针对性 ②品牌识别的难易度 ③品牌与产品和组织文化的匹配度 ④品牌的同业和跨界延伸与价值变现模式	（2）重点与难点：涉农经济组织选择及实施品牌模式过程中的工作要点和常见问题的解决方法	2
		（5）涉农经济组织实施品牌战略创新的思路和方法	1）农业新型目标市场的品牌战略创新案例分析	（1）方法：讲授法、案例教学法 （2）重点与难点：涉农经济组织在农业创新领域的品牌战略实施策略和方法	3
			2）农业新型商业模式的品牌战略创新案例分析		
			3）农业品牌战略创新方向及品牌战略实施要点 ①产品即服务方向 ②混业经营的体验式农业方向 ③定制农业方向 ④共享农业方向		
4．内外协调	4–1 内部协调	（1）涉农经济组织内部激励机制的建立和实施	1）现代企业内部激励机制的内容、作用和运行模式	（1）方法：讲授法、案例教学法 （2）重点与难点：涉农经济组织建立高效内部激励机制的策略和方法	1
			2）现代企业薪酬制度的类型、设计思路、激励与奖惩效果比较及案例分析		
			3）涉农经济组织建立高效内部激励机制的策略和方法 ①建立以薪酬体系为核心、显性和隐性奖励相结合的内部激励机制 ②信息化管理在内部激励机制中的角色和作用 ③建立以目标管理为导向的激励文化		

续表

模块	课程	学习单元	课程内容	培训建议	课堂学时
4．内外协调	4-1　内部协调	（2）涉农经济组织内部约束机制的建立和实施	1）现代企业内部约束机制的构成要素、种类、实施形式及案例分析 2）涉农经济组织内部约束机制 ①所有权约束 ②管理权和管理流程约束 ③预算约束 ④信息化管理中的信息隔离与控制约束	（1）方法：讲授法、案例教学法 （2）重点与难点：涉农经济组织建立和实施内部约束机制的范围、对象、重点领域及实施方法	1
		（3）涉农经济组织内部激励与约束机制的管理联动	1）现代企业激励、约束机制的构建基础、法律环境、重点对象及表现形式 2）涉农经济组织针对重点对象的激励—约束机制及实施方法 ①针对股东 ②针对高管及高管团队 ③针对生产和技术骨干 ④针对重要业务部门及新业务部门负责人	（1）方法：讲授法 （2）重点与难点：涉农经济组织建立面向重点对象的激励—约束机制的形式和方法	1
		（4）涉农经济组织的组织体系构建与跨部门协调机制	1）组织体系构建与协调运行的关键指标及案例分析 ①以生产要素为核心 ②以产业价值链为核心 ③以降费增效为核心 ④以建设共同市场或共同品牌为核心 2）涉农经济组织跨部门协调与协同工作机制的建立和实施 ①跨部门协同目标的规划和实施 ②组织架构与工作流程设计 ③信息化管理模式与管理工具的部署和应用 ④部门负责人及关键人员的激励—约束机制	（1）方法：讲授法、案例教学法 （2）重点：涉农经济组织实施高效的组织和部门协调、协同工作的形式、特点 （3）难点：涉农经济组织在信息化管理基础上实现高效的跨部门协调与协同工作的制度和方法	1

续表

模块	课程	学习单元	课程内容	培训建议	课堂学时
4．内外协调	4-1　内部协调	（5）涉农经济组织的部门构建与维护发展机制	1）现代企业部门构建、维护与优化的模式和方法	（1）方法：讲授法 （2）重点与难点：涉农经济组织基于自身情况和激励—约束机制，维护、优化和发展内部职能部门的制度和方法	1
			2）涉农经济组织部门维护、优化及发展的策略和方法 ①针对工作目标、内容和流程 ②针对人员素质、能力和部门人力资源配置合理性 ③针对部门工作效率、氛围、作风及经营效费比 ④针对部门维护发展中的负责人及关键人员 ⑤针对创新业务部门		
	4-2　外部协调	（1）涉农经济组织危机管理的外部环境因素分析	1）现代企业危机的类型、特点、影响因素、危害及案例分析	（1）方法：讲授法、案例教学法 （2）重点与难点：涉农经济组织长期稳定发展须面对的外部环境因素及可能的风险和危机来源	1
			2）现代企业危机管理的原则、内容、作用及案例		
			3）涉农经济组织针对外部环境因素的危机来源及危机管理策略 ①法律环境 ②政策环境 ③文化环境 ④网络环境		
		（2）涉农经济组织法律环境的危机发现、预警和管理	1）涉农经济组织的外部法律环境要素分析 ①通用法律法规及其涉农要素 ②专业法律法规及其涉农要素 ③涉农法律法规的发展过程和发展趋势 ④海外重点市场法律法规的涉农要素	（1）方法：讲授法 （2）重点：涉农经济组织适应外部法律环境及发现管控相关风险、危机的制度和方法	1

续表

模块	课程	学习单元	课程内容	培训建议	课堂学时
4．内外协调	4–2　外部协调	（2）涉农经济组织法律环境的危机发现、预警和管理	2）涉农经济组织适应法律环境及管控危机的策略和方法 ①组织体系建设与业务流程设置 ②关键人员持续学习培训机制 ③项目、部门负责人及关键人员激励—约束机制设置 ④信息化管理及相关工具应用	（3）难点：涉农经济组织应用信息化管理思维、工具及时发现、高效管控法律环境相关风险、危机的方法	1
		（3）涉农经济组织政策环境的危机发现、预警和管理	1）我国涉农政策的类型、特点及发展沿革趋势 ①普适性政策与区域性政策 ②强制性政策与导向性政策 ③长期性政策与阶段性政策	（1）方法：讲授法 （2）重点与难点：涉农经济组织应用信息化管理思维、工具及时发现、高效管控政策环境相关风险、危机的方法	1
			2）涉农经济组织外部政策环境分析 ①重要涉农、支农、兴农长期政策 ②“十四五规划”重要涉农政策 ③海外重点市场的涉农政策		
			3）涉农经济组织适应政策环境及管控相关风险、危机的策略和方法		

续表

模块	课程	学习单元	课程内容	培训建议	课堂学时
4．内外协调	4-2 外部协调	（4）涉农经济组织文化环境的危机发现、预警和管理	1）我国社会文化环境的构成、分析及发展趋势 ①社会结构、教育、宗教、价值观、价值取向等一般性社会文化环境因素 ②植根于千年农耕文明的农业和涉农文化 ③多梯级、多元化又相对统一的消费文化 ④高速发展、广泛渗透的互联网文化 ⑤快速变化、趋向开放和独立人际价值取向和人际关系文化	（1）方法：讲授法 （2）重点与难点：涉农经济组织应用信息化管理思维、工具及时发现、高效管控文化环境相关风险、危机的方法	1
			2）涉农经济组织适应政策环境及管控相关风险和危机的策略和方法		
		（5）涉农经济组织外部公关危机的发现、预警及应对	1）现代企业外部公关危机的来源、类型、特点、危害及案例分析	（1）方法：讲授法、案例教学法 （2）重点与难点：涉农经济组织结合自身特点应用现代企业危机公关策略应对各类外部公关危机的方法	2
			2）现代企业危机公关的原则、流程、内容、作用及案例分析		
			3）涉农经济组织外部公关危机的类型、特点和应对 ①法律、政策、文化、市场、社区、媒介、网络等外部环境因素引发的危机 ②一般性危机和重大危机 ③有形危机和无形危机 ④内部危机和外部危机的联动与转化		

续表

模块	课程	学习单元	课程内容	培训建议	课堂学时
4．内外协调	4–2 外部协调	（6）涉农经济组织全员危机公关意识和能力的建立与培养	1）全员危机公关的概念、必要性、内容、作用及案例分析	（1）方法：讲授法、案例教学法 （2）重点与难点：涉农经济组织结合自身特点建立从组织到员工有效预防、发现、预警、应对外部公关危机的制度和方法	2
			2）涉农经济组织全员危机公关能力的建设和培养 ①组织文化、品牌产品定位及相关资源的准备和保障 ②全员应对各类公共关系方面的预案及培训 ③自媒体相关管理原则及危机处理机制 ④内外部舆情监测、预警及处理机制		
		（7）涉农经济组织商务谈判的类型和特点分析	1）涉农经济组织商务谈判的主要目的、类型及案例 ①获取经济利益或等效资源 ②获取价值认同 ③完善流程或规避相关风险	（1）方法：讲授法 （2）重点与难点：涉农经济组织日常经营中可能面对的商务谈判类型、目的及谈判对象特点分析	1
			2）涉农经济组织商务谈判的对象、特点及注意事项 ①政府机构类 ②非政府组织和机构类 ③银行及非银行金融机构类 ④企业类 ⑤个人及民间团体类		
		（8）主要类型商务谈判的组织实施	1）获取经济利益或等效资源类谈判的组织实施方法和注意事项	（1）方法：讲授法、实训法 （2）重点与难点：涉农经济组织各主要类型商务谈判的实施方法和注意事项	2
			2）获取价值认同类谈判的组织方法和注意事项		
			3）完善流程或规避相关风险类谈判的组织实施方法和注意事项		

续表

<table>
<tr><th>模块</th><th>课程</th><th>学习单元</th><th>课程内容</th><th>培训建议</th><th>课堂学时</th></tr>
<tr><td rowspan="3">4．内外协调</td><td rowspan="3">4-2　外部协调</td><td rowspan="3">（9）涉农经济组织商务谈判的策略、方法和技巧</td><td>1）现代企业商务谈判的原则、策略和方法</td><td rowspan="3">（1）方法：讲授法、案例教学法、实训法
（2）重点与难点：涉农经济组织根据商务谈判对象、场景、内容等条件应用适当有效的谈判技巧</td><td rowspan="3">2</td></tr>
<tr><td>2）现代企业管理者应对商务谈判的场景、技巧及相关能力培养</td></tr>
<tr><td>3）涉农经济组织应对商务谈判的策略、方法、技巧及案例分析
①了解谈判对象
②规划谈判目标和掌控谈判节奏
③应用涉农专业知识及行业、财经、法律等谈判知识和人力资源
④现代商务谈判的必要礼仪、流程、文书及谈判活动规划安排</td></tr>
<tr><td rowspan="6">5．培训指导</td><td rowspan="6">5-1　培训</td><td rowspan="2">（1）中、高级工的培训目标和内容</td><td>1）不同细分行业和经营主体的中、高级工工作定位与职能要求</td><td rowspan="2">（1）方法：讲授法
（2）重点与难点：农业产业化发展对中、高级工的发展要求</td><td rowspan="2">1</td></tr>
<tr><td>2）中、高级工的发展要素与培训、培养方向
①行业发展要素
②市场发展要素
③产品、技术及模式创新要素</td></tr>
<tr><td rowspan="4">（2）中、高级工培训方案的编制</td><td>1）现代企业岗位培训方案的一般性内容与格式</td><td rowspan="4">（1）方法：讲授法、实训法
（2）重点：中、高级工培训方案的格式、内容及其编制注意事项
（3）难点：创新工具和模式在中、高级工培训中的应用</td><td rowspan="4">1</td></tr>
<tr><td>2）培训方案的编制要素
①培训目标和内容
②组织形式和流程设置
③学时计划与分配
④考核方法与指标</td></tr>
<tr><td>3）中级工培训方案的编制</td></tr>
<tr><td>4）高级工培训方案的编制</td></tr>
</table>

续表

模块	课程	学习单元	课程内容	培训建议	课堂学时
5．培训指导	5-1　培训	（3）职业技能培训的能力和技巧	1）职业技能培训的能力 ①一般表达能力 ②用户画像与需求分析能力 ③以点带面、从特殊到一般的逻辑思维与概括能力 ④组织能力与应变能力	（1）方法：讲授法、实训法 （2）重点与难点：中、高级工培训的知识、能力和技巧	2
			2）职业能力培训的一般性技巧与注意事项 ①一对一沟通技巧 ②一对多沟通技巧 ③课堂氛围调动技巧 ④从一般到特殊再到一般的引导、总结归纳技巧		
		（4）中、高级工培训的新趋势和新方法	1）新型培训工具的使用场景和使用方法	（1）方法：讲授法、实训法 （2）重点与难点：结合时间、空间等外部条件在中、高级工培训实务中应用新模式与新工具	1
			2）新型培训模式的组织和实施方法		
	5-2　指导	（1）中、高级工编制组织发展目标的要点和注意事项	1）现代企业编制中期、长期等业务发展目标的要点分析 ①企业资源计划 ②经营管理模式 ③行业与产业链发展趋势	（1）方法：讲授法 （2）重点：中、高级工编制组织发展目标过程中的常见问题和解决方法 （3）难点：结合细分行业、经营主体、目标市场与商业模式的差异化，采用适当的格式和内容呈现方式编制组织发展目标	1
			2）中、高级工编制中期业务发展目标的技巧 ①行业差异性的呈现 ②经营主体差异性的呈现 ③目标市场与商业模式差异性的呈现		

续表

模块	课程	学习单元	课程内容	培训建议	课堂学时
5．培训指导	5-2　指导	（2）中、高级工业务发展目标编制工作的指导	1）现代企业经营项目与计划的模式和方法 2）指导中、高级工编制中期业务发展目标的方法和注意事项 ①指导构建相关知识、经验体系 ②指导建立目标导向型思维模式 ③指导建立信息化、数据化管理发展思维 ④对低学历群体的指导	（1）方法：讲授法、实训法 （2）重点与难点：指导中、高级工编制组织发展中期目标的方法和注意事项	1
		（3）中、高级工工作分析的指导	1）针对细分行业、经营主体、商业模式等内生要素的分析原则和方法指导 2）针对目标市场、产业价值链等外生要素的分析原则和方法指导 3）针对现代农业各种发展趋势应对策略的分析原则和方法指导	（1）方法：讲授法 （2）重点与难点：指导中、高级工根据一般性原则与企业实际情况进行有效工作分析的方法	1
		（4）中、高级工管理流程梳理的指导	1）指导梳理计划目标与实际成果之间差异性的问题 2）指导梳理量化、信息化管理实施有效性的问题 3）指导梳理短期、中期目标和任务分配不均衡的问题 4）指导梳理经营策略和财务策略不匹配的问题	（1）方法：讲授法 （2）重点与难点：指导中、高级工根据一般性原则与企业实际情况进行有效管理流程梳理的方法	1
课堂学时合计					150

2.2.5　一级 / 高级技师职业技能培训课程规范

模块	课程	学习单元	课程内容	培训建议	课堂学时
1．计划制定	1–1　战略制定	（1）涉农经济组织发展的行业、市场和政策环境分析	1）我国农业发展的宏观环境与趋势分析 ①农业农村现代化趋势 ②城镇化和新常态下的农业产业结构调整趋势 ③国内外环境变化带来的机遇和挑战	（1）方法：讲授法 （2）重点：各类宏观要素的变化对涉农经济组织长期发展的影响 （3）难点：现代农业市场格局的演化对各类型涉农经济组织长期发展的影响	2
			2）我国现代农业市场格局的发展状况和趋势 ①农业产业化 ②农业信息化 ③农业品牌化 ④规模农业和精益农业		
			3）我国农业政策环境的现状分析和发展趋势 ①生产力维度 ②生产资料维度 ③生产关系维度		
		（2）涉农经济组织制定企业战略规划的流程	1）现代企业战略的一般性概念、类型和特征	（1）方法：讲授法 （2）重点：涉农经济组织的企业战略类型、特征和构成要素 （3）难点：涉农经济组织的企业战略规划影响因素	2
			2）涉农经济组织的企业战略类型、特征和构成要素 ①发展型战略 ②稳定型战略 ③收缩型战略		
			3）涉农经济组织制定企业战略规划的流程和影响因素 ①战略分析 ②战略选择 ③战略实施和控制		

续表

<table>
<tr><th>模块</th><th>课程</th><th>学习单元</th><th>课程内容</th><th>培训建议</th><th>课堂学时</th></tr>
<tr><td rowspan="6">1．计划制定</td><td rowspan="6">1-1　战略制定</td><td rowspan="3">（3）涉农经济组织的战略环境分析和战略规划制定体系</td><td>1）现代企业战略环境分析
①PEST[①]、EFE[②]、CPM[③]等外部环境分析
②IFE[④]、经验曲线等内部环境分析
③价值链分析</td><td rowspan="3">（1）方法：讲授法
（2）重点：涉农经济组织战略环境分析的方法和内容
（3）难点：以信息化、数据化分析为基础的企业战略规划制定模式</td><td rowspan="3">2</td></tr>
<tr><td>2）现代企业战略规划制定体系
①基础分析
②企业战略
③业务战略
④职能战略</td></tr>
<tr><td>3）涉农经济组织战略环境分析与战略规划制定体系
①关键性外部因素
②关键性内生因素
③农业产业链升级与重塑因素</td></tr>
<tr><td rowspan="3">（4）涉农经济组织的战略决策模型及应用</td><td>1）现代企业战略决策的概念、要素和步骤</td><td rowspan="3">（1）方法：讲授法、案例教学法
（2）重点：现代企业战略决策思维及模型在涉农经济组织发展中的作用和意义
（3）难点：采用适当战略决策方法确定企业整体的战略规划</td><td rowspan="3">2</td></tr>
<tr><td>2）现代企业经典战略决策模型的特点和用途</td></tr>
<tr><td>3）涉农经济组织战略决策和战略规划
①战略规划的内容、目的和关键节点
②战略决策在战略规划关键节点的作用及案例分析
③基于战略决策模型的战略规划层次和过程</td></tr>
</table>

① PEST，P=political，E=economic，S=social，T=technological，PEST 分析指宏观环境分析。

② EFE，external factor evaluation，外部因素评价。

③ CPM，critical path method，关键路径法。

④ IFE，internal factor evaluation，内部因素评价。

续表

模块	课程	学习单元	课程内容	培训建议	课堂学时
1．计划制定	1-1 战略制定	（5）涉农经济组织战略规划实施方案的制定	1）我国现代农业发展对战略规划的影响及应对策略	（1）方法：讲授法、案例教学法、实训法 （2）重点与难点：结合我国现代农业发展趋势，制定可操作、可衡量、可持续的战略规划实施方案	2
			2）涉农经济组织战略规划实施方案的制定方法 ①结构和要点 ②信息化、数据化呈现方法		
			3）战略规划实施方案的经典案例分析		
	1-2 重点战略规划	（1）涉农经济组织的成本中心和利润中心及其规划管理	1）企业成本中心与利润中心的定义、定位和规划管理方法	（1）方法：讲授法、实训法 （2）重点与难点：各类型涉农经济组织成本中心和利润中心的定位和规划管理方法	2
			2）不同细分行业和经营主体成本中心和利润中心的规划管理		
			3）基于新兴目标市场与创新商业模式的成本中心和利润中心规划管理		
		（2）涉农经济组织的财务战略要素及实施方法	1）现代企业财务战略的内容、分类和影响因素 ①财务战略与企业战略的联系和差异 ②财务战略的内容、分类、特点和应用条件 ③企业成本中心、利润中心与财务战略实施的关系	（1）方法：讲授法、实训法 （2）重点与难点：各类型涉农经济组织财务战略的构成要素和实施方法	2
			2）不同细分行业和经营主体的财务战略实施策略和方法		
			3）基于新兴目标市场与创新商业模式的财务战略实施策略和方法		

续表

模块	课程	学习单元	课程内容	培训建议	课堂学时
1．计划制定	1-2　重点战略规划	（3）涉农经济组织经营项目的投资分析和风险控制	1）现代企业经营性项目的投资分析模型和方法	（1）方法：讲授法、实训法 （2）重点与难点：基于目标市场变化、商业模式创新以及产业链价值转移等情况，采用适当的投资分析方法和风险控制策略	2
			2）现代企业经营性项目投资风险评估和风险控制方法		
			3）不同细分行业和经营主体经营性项目的投资分析及风险控制策略		
			4）基于新兴目标市场与创新商业模式的项目投资分析和风险控制策略		
		（4）涉农资本市场及涉农项目的资本运作方式	1）现代资本市场的构成、类型、特点及发展历程	（1）方法：讲授法 （2）重点与难点：资本市场的发展对涉农经济组织资本运作方式的影响	2
			2）现代企业资本运作的典型模式和特征		
			3）国内外涉农资本市场的发展及涉农项目资本运作的方式和特征		
		（5）涉农经济组织投、融资战略的制定和实施	1）现代企业财务战略中的投、融资战略制定方法	（1）方法：讲授法、实训法 （2）重点与难点：基于目标市场变化、商业模式创新以及产业链价值转移等情况制定适当的投、融资战略	2
			2）现代企业投资分析、投资风险控制和资本运作模式对投、融资战略的影响		
			3）不同细分行业和经营主体投、融资战略的制定和实施方法		
			4）基于新兴目标市场与创新商业模式的投、融资战略		
		（6）涉农经济组织的目标市场和产品发展战略制定	1）现代企业产品发展战略的内容、分类和作用	（1）方法：讲授法 （2）重点与难点：涉农经济组织产品发展战略的制定及影响因素	2
			2）涉农经济组织产品发展战略的制定及影响因素 ①现代农业市场格局变化对农产品发展战略的影响 ②现代农业产业价值链变化对农产品发展战略的影响 ③涉农经济组织的创新发展模式对农产品发展战略的影响		

续表

模块	课程	学习单元	课程内容	培训建议	课堂学时
1．计划制定	1-2　重点战略规划	(7) 涉农经济组织的商业模式设计	1) 现代企业商业模式设计的概念、特征、类型及创新路径	(1) 方法：讲授法、案例教学法、实训法 (2) 重点与难点：基于市场发展与创新趋势设计适当的商业模式及市场发展策略	2
			2) 涉农经济组织商业模式设计步骤、策略及案例分析 ①目标市场和客源拓展策略 ②产品、产品组合和产品线发展策略 ③盈利模式构建策略 ④渠道与市场占有率扩展策略 ⑤护城河与竞争壁垒构建策略		
		(8) 涉农经济组织的运营战略制定和实施	1) 现代企业运营战略的内容、分类及案例分析	(1) 方法：讲授法、案例教学法、实训法 (2) 重点与难点：现代农业产业运营战略的制定和实施方法	2
			2) 不同细分行业和经营主体运营战略的制定和实施方法		
			3) 基于新兴目标市场与创新商业模式的运营战略制定		
		(9) 涉农经济组织的市场营销组合设计与实施	1) 现代企业市场营销组合的内容、特点、组合策略及意义	(1) 方法：讲授法、实训法 (2) 重点与难点：现代农业市场格局下涉农经济组织市场营销组合策略的设计和实施方法	2
			2) 不同细分行业和经营主体市场营销组合策略设计、实施方法		
			3) 基于新兴目标市场与创新商业模式的市场营销组合策略设计		
			4) 基于差异化财务战略或运营战略的市场营销组合策略设计		

续表

模块	课程	学习单元	课程内容	培训建议	课堂学时
1．计划制定	1–2　重点战略规划	(10) 涉农经济组织的营销平台规划、建设和运营策略	1）农业信息化发展对营销平台的建设运营需求 2）涉农经济组织规划、建设和运营平台的模式、方法和工具 3）涉农经济组织营销平台和营销模式创新策略 ①体验营销创新策略 ②关系营销创新策略 ③数据营销创新策略 ④整合营销创新策略	(1) 方法：讲授法、实训法 (2) 重点：涉农经济组织营销平台与营销模式的构建策略、方法和工具 (3) 难点：基于创新思维构建涉农经济组织可持续发展的营销平台与营销模式	2
		(11) 涉农经济组织渠道发展战略的制定和实施	1）现代企业渠道发展战略的内容、发展趋势及案例分析 2）不同细分行业和经营主体渠道发展战略的制定和实施方法 3）基于新兴目标市场与创新商业模式的渠道发展战略制定	(1) 方法：讲授法、案例教学法、实训法 (2) 重点与难点：现代农业市场格局与营销模式创新趋势下的渠道发展战略制定和实施方法	2
		(12) 涉农经济组织用户增长战略的制定和实施	1）现代企业用户增长战略的内容、发展趋势及案例分析 2）不同细分行业和经营主体用户增长战略的制定和实施方法 3）基于新兴目标市场与创新商业模式的用户增长战略制定	(1) 方法：讲授法、案例教学法、实训法 (2) 重点：涉农经济组织市场发展战略的制定和实施方法 (3) 难点：综合多维度制定和实施市场发展战略	2
		(13) 涉农经济组织人力资源发展战略的制定和实施	1）现代企业人力资源发展战略的内容、分类及案例分析 2）不同细分行业和经营主体人力资源发展战略制定和实施方法 3）基于新兴目标市场与创新商业模式的人力资源发展战略制定	(1) 方法：讲授法、案例教学法、实训法 (2) 重点与难点：根据涉农经济组织的实际情况和需求制定、实施适当的人力资源发展战略	1

续表

模块	课程	学习单元	课程内容	培训建议	课堂学时
1．计划制定	1–2　重点战略规划	(14) 涉农经济组织的人才梯队建设策略和人力资本运营	1）现代企业人才梯队建设和人力资本运营的内容、流程、模型及案例分析 2）不同细分行业和经营主体人才梯队建设策略和人力资本运营模式 3）基于新兴目标市场与创新商业模式的人力梯队建设策略	(1) 方法：讲授法、案例教学法、实训法 (2) 重点与难点：根据涉农经济组织的实际情况和需求制定、实施适当的人才梯队建设策略和人力资本运营模式	1
		(15) 涉农经济组织知识管理的内容、方法和手段	1）现代企业知识管理的定义、特征、组织方法及案例分析 2）不同细分行业和经营主体知识管理的内容、方法和手段 3）基于新兴目标市场与创新商业模式的知识管理体系建设	(1) 方法：讲授法、案例教学法、实训法 (2) 重点与难点：涉农经济组织建立知识管理体系的作用和重要性	1
		(16) 涉农经济组织知识管理战略的制定	1）现代企业知识管理战略的构建和案例分析 2）涉农经济组织知识管理战略的制定和实施方法 ①创新型知识管理战略 ②效用型知识管理战略 ③参与型知识管理战略	(1) 方法：讲授法、案例教学法、实训法 (2) 重点与难点：根据涉农经济组织的实际情况和需求制定、实施适当的知识管理战略	2
		(17) 涉农经济组织知识管理共享平台的规划、建设和运营	1）现代企业知识管理共享平台的架构、作用、工作机制及相关工具 2）涉农经济组织知识管理共享平台的建设和运营 ①内容 ②框架 ③工具 ④运维配套 ⑤成功案例分析与借鉴	(1) 方法：讲授法、案例教学法、实训法 (2) 重点与难点：根据涉农经济组织的实际情况和需求搭建、运营适当的知识管理共享平台	2

续表

模块	课程	学习单元	课程内容	培训建议	课堂学时
2．组织管理	2-1 组织结构设计	（1）涉农经济组织的组织战略目标设计、调整和优化	1）涉农经济组织的组织战略目标内容、特性及案例分析 ①公司经营目标 ②职能部门运营目标 ③个人工作目标	（1）方法：讲授法、案例教学法 （2）重点与难点：涉农经济组织的组织战略目标内容、特性、设计和优化方法	2
			2）涉农经济组织的组织战略目标分解和优化方法 ①空间分解优化 ②时间分解优化 ③因果链分解优化		
		（2）基于组织战略目标的组织结构选择、实施及优化	1）现代企业组织战略目标对组织结构的影响及应对策略 ①对经营范围的影响 ②对资源配置能力的影响 ③对中长期经营目标的影响 ④对中长期经营计划的影响 ⑤对核心竞争力塑造的影响 ⑥对内外部协调和协同能力的影响	（1）方法：讲授法、案例教学法 （2）重点与难点：涉农经济组织根据组织战略目标分析、选择、实施及优化组织结构的策略和方法	1
			2）涉农经济组织基于组织战略目标确定组织结构的方法 ①生产型、销售型和产业链整合型的组织战略目标 ②产品驱动、技术驱动、服务驱动型的组织战略目标 ③劳动密集型、资本密集型的组织战略目标 ④进取型、防守型的组织战略目标		

续表

模块	课程	学习单元	课程内容	培训建议	课堂学时
2．组织管理	2-1 组织结构设计	（3）涉农经济组织的组织结构方案特点	1）现代企业组织结构方案的类型、形式和内容要素 ①基于核心业务和核心产品的组织结构方案 ②基于资源和市场共享的混业经营型组织结构方案 ③面向新型目标市场或基于创新商业模式的组织结构方案	（1）方法：讲授法、实训法 （2）重点与难点：涉农经济组织的组织结构方案编制流程、内容、方法和呈现形式	1
			2）涉农经济组织的组织结构方案设计原则、编制流程和方法 ①战略规划分析 ②经营状况诊断分析 ③内外部政策、法规、市场环境分析 ④对标企业及组织结构模式分析 ⑤所有权人、股东和高管层的建议参考分析 ⑥部门职能、业务流程和管理层级的设置		
		（4）涉农经济组织的组织结构方案优化	1）农业现代化发展对组织结构创新的影响及案例分析 ①目标导向性分析 ②专业分工化分析 ③管理幅度效果分析 ④决策层级效率分析 ⑤横向沟通效率分析 ⑥权变原则效果分析	（1）方法：讲授法、案例教学法、实训法	2

续表

模块	课程	学习单元	课程内容	培训建议	课堂学时
2．组织管理	2-1 组织结构设计	（4）涉农经济组织的组织结构方案优化	2）涉农经济组织的组织结构优化方向、策略和方法 ①个体、部门和企业战略目标实现的最佳效率方向 ②产品、服务和目标市场、目标客群的最短距离方向 ③价值链的最小冗余方向 ④信息化、智能化运营管理中的最小数据噪声方向	（2）重点与难点：涉农经济组织应对农业现代化、产业化发展趋势对组织结构方案的优化方向、策略和方法	2
	2-2 制度评估	（1）涉农经济组织管理制度的类型、内容和特征	1）现代企业组织管理制度的类型、内容、特征和功能	（1）方法：讲授法、案例教学法 （2）重点与难点：涉农经济组织管理制度的类型、内容和特征	1
			2）现代企业组织管理制度的演化过程和发展趋势		
			3）涉农经济组织管理制度的类型、内容、特征及案例分析 ①产权类管理制度 ②组织形式、目标和功能类管理制度 ③经营管理指标和流程类管理制度		
		（2）组织变革对涉农经济组织管理制度的影响及应对	1）现代企业组织变革的内容、类型、目标、程序及案例	（1）方法：讲授法、案例教学法 （2）重点与难点：涉农经济组织顺应农业现代化发展的组织变革方向、模式及其对组织管理制度的影响	2
			2）现代企业组织变革的模式、常见问题及效果评估方法		
			3）涉农经济组织的组织变革策略、方法及其对组织管理制度的影响和应对 ①应对产业化发展趋势的战略性变革 ②应对行业系统性变化的结构性变革 ③应对信息化运营管理趋势的流程性变革 ④应对知识管理模式发展的人员组织变革		

续表

模块	课程	学习单元	课程内容	培训建议	课堂学时
2. 组织管理	2-2 制度评估	(3) 涉农经济组织的产业化、信息化管理制度创新	1) 现代企业信息化对组织结构和管理制度变革的推动作用、表现形式及相关信息化系统工具应用 ①生产制造过程自动化及CAD[①]、CAM[②]、CIMS[③]等系统工具的应用 ②企业管理流程信息化及ERP、CRM、SCM等管理思维和系统工具的应用 ③经营决策模式智能化及DSS、AI、BI等系统工具的应用	(1) 方法：讲授法、实训法 (2) 重点：涉农经济组织应对农业现代化发展的管理制度创新方向及管理制度制定方法 (3) 难点：涉农经济组织信息化管理制度创新中的常用管理模式、管理系统及相关工具的应用	2
			2) 涉农经济组织在产业化、信息化发展中的管理制度创新 ①非核心业务职能机构的精简和扁平化管理 ②技术管理专业化、经营管理职业化等管理层级模式优化 ③内外部关键经营节点连接和效率提升的动态网络化组织		
		(4) 涉农经济组织部门和员工的职权、职责设置	1) 现代企业职权、职责平衡与权责一体化原则的概念、内容、实施方法及案例分析	(1) 方法：讲授法、案例教学法 (2) 重点与难点：涉农经济组织职权、职责的设置方法及权责一体化原则的实现模式	1
			2) 涉农经济组织部门和员工的职权类型、特点、分配方法和影响因素		
			3) 涉农经济组织部门和员工岗位职责的制定原则、构建方法及相关注意事项		

① CAD，computer aided design，计算机辅助设计。
② CAM，computer aided manufacturing，计算机辅助制造。
③ CIMS，computer/contemporary integrated manufacturing system，计算机 / 现代集成制造系统。

续表

模块	课程	学习单元	课程内容	培训建议	课堂学时
2．组织管理	2-2 制度评估	（5）涉农经济组织内部机构运行机制的构建与实施	1）现代企业运行机制的含义、要素、作用和构建、实施方法	（1）方法：讲授法、案例教学法 （2）重点与难点：涉农经济组织基于企业决策、激励、约束、发展四大机制的企业运行机制构建、实施策略和方法	2
			2）涉农经济组织内部运行机制的构建、实施策略及方法 ①基于农业生产要素专业化配置管理的决策机制 ②基于农业生产力释放、调动和管理的激励机制 ③基于权责统一风险控制的约束机制 ④基于持久高效盈利模式创建、实施的内外部发展机制		
		（6）涉农经济组织的产业化、信息化内部运行机制创新	1）现代企业“自管理”“自运行”机制的概念、内涵、特点、作用及案例分析	（1）方法：讲授法、案例教学法、实训法 （2）重点与难点：涉农经济组织实施精益生产和“自运行”管理模式提升企业运行效率及产出的策略和方法	2
			2）涉农经济组织建立信息化“自运行”模式的步骤、方法及相关工具		
			3）涉农经济组织内部运行机制应用精益生产管理模式的流程、方法、作用及相关工具		
	2-3 运营组织	（1）涉农经济组织的资产结构和资本结构分析	1）现代企业资产结构和资本结构的概念、内容、特征及相互关系	（1）方法：讲授法 （2）重点与难点：涉农经济组织资产结构和资本结构的内容和分析判断、优化方法	2
			2）涉农经济组织资产结构和资本结构的内容、特征、判断标准及影响因素 ①广义的概念、内容和狭义的概念、内容 ②相关的财务指标和计算方法 ③关键分析指标及行业对标的判断标准 ④内外部影响因素及优化策略和方法		

续表

模块	课程	学习单元	课程内容	培训建议	课堂学时
2．组织管理	2-3 运营组织	（2）涉农经济组织资产管理的目标、策略、方法及问题	1）现代企业资产管理的内容、分类、策略、方法及工具	（1）方法：讲授法、案例教学法、实训法 （2）重点与难点：涉农经济组织资产管理及相关保值增值的策略、方法和注意事项	2
			2）涉农经济组织资产管理的策略、方法、常见问题及案例 ①固定资产、流动资产的保值增值和管理 ②无形资产的维护增值和管理 ③生产性生物资产的维护、损害管理和财务处理		
		（3）涉农经济组织成本、利润构成及主营业务运营指标分析	1）涉农经济组织主要财务报表的类型、内容、特点及作用	（1）方法：讲授法、案例教学法、实训法 （2）重点与难点：涉农经济组织主要的财务和非财务关键运营指标分析	1
			2）涉农经济组织财务类关键运营指标的内容、特征、作用和考核标准		
			3）涉农经济组织非财务类关键运营指标的内容、特征、作用和考核标准		
		（4）涉农经济组织的股权结构设计与股权股利分配	1）现代农业企业股份制改造的内容、目的、原则、类型、流程及案例分析	（1）方法：讲授法、案例教学法 （2）重点与难点：涉农经济组织进行股份制改造及设计股权结构和股权股份分配的策略、方法及注意事项	2
			2）涉农经济组织股权结构设计的目标、原则、内容、方法、常见问题及案例分析		
			3）涉农经济组织股东权益管理和股利分配的目标、原则、内容、方法、常见问题及案例分析		

续表

模块	课程	学习单元	课程内容	培训建议	课堂学时
2．组织管理	2-3　运营组织	（5）涉农经济组织基于资产管理策略的融资	1）现代企业融资策略的内容、规划、流程、融资能力建设要素、常见问题及案例分析	（1）方法：讲授法、案例教学法 （2）重点与难点：涉农经济组织的融资策略、方法、常见问题及应对	2
			2）涉农经济组织融资策略的构建、实施、常见问题及案例 ①债权融资 ②股权融资 ③贸易融资 ④项目融资 ⑤政策融资 ⑥内部融资		
		（6）涉农经济组织基于资产管理策略的投资	1）现代企业投资策略的内容、规划、流程、作用、常见问题及案例分析	（1）方法：讲授法、案例教学法 （2）重点与难点：涉农经济组织的投资策略、方法、常见问题及应对	2
			2）涉农经济组织投资策略的构建、实施、常见问题及案例 ①基于企业市场发展策略的扩张型、稳定型、收缩型策略 ②基于企业产业发展策略的专业化和多元化投资策略 ③基于企业业务发展策略的资金密集型、技术密集型和劳动密集型投资策略		
		（7）涉农经济组织信用风险的来源、特征及管控	1）现代企业信用风险的概念、特征、来源、表现形式、影响、管控策略及案例分析	（1）方法：讲授法、案例教学法 （2）重点与难点：涉农经济组织信用风险的来源、特征、表现形式和管控方法	2
			2）涉农经济组织信用风险的来源、特征和管控方法 ①违约风险 ②市场风险 ③现金流风险 ④购买力风险		

续表

模块	课程	学习单元	课程内容	培训建议	课堂学时
2．组织管理	2–3 运营组织	（8）农业目标市场发展和商业模式创新对信用风险管理的挑战及应对	1）新型外部环境信用风险的类型、特征、应对策略及案例 ①新型交易流通模式及相关信用风险 ②新型融资模式及相关信用风险	（1）方法：讲授法、案例教学法 （2）重点与难点：涉农经济组织来自内、外部的新型信用风险类型、特征及其应对策略	2
			2）新型经营性信用风险的类型、特征、应对策略及案例 ①新型资金运转模式及相关信用风险 ②新型组织管理形态及相关信用风险 ③新型结算方式及相关信用风险		
		（9）涉农经济组织信用担保和信用融资的策略和方法	1）现代企业信用担保、信用融资的概念、特点、作用及相关政策、法规	（1）方法：讲授法、案例教学法 （2）重点与难点：涉农经济组织实施信用担保和信用融资的方法及常见问题的应对策略	2
			2）涉农经济组织实施信用担保和信用融资的方法、技巧、常见问题及案例分析		
		（10）涉农经济组织信用交易的特点、优劣势及运作方法	1）现代企业信用交易的概念、特点、优劣势、操作模式及案例分析	（1）方法：讲授法、案例教学法 （2）重点与难点：涉农经济组织开展信用交易的条件、依托体系和模式及常见问题的解决方法	2
			2）农业信用交易发展的历程、主要问题及相关政策、法规		
			3）农业信用交易环境、体系、模式和应用领域		
			4）涉农经济组织开展信用交易的方法和注意事项		

续表

模块	课程	学习单元	课程内容	培训建议	课堂学时
3．目标控制	3-1　执行控制	（1）涉农经济组织战略实施过程管理的常用模型、方法和技巧	1）现代企业战略实施模型的类型、特点、管理要素及案例 ①指挥型战略实施模型 ②变革型战略实施模型 ③合作型战略实施模型 ④文化型战略实施模型 ⑤增长型战略实施模型 2）涉农经济组织战略实施的评估标准和评估方法 ①基于组织运行效率的关键业绩指标法（KPI[①]法） ②基于业务流程协同的平衡记分卡法（BCS[②]法） ③基于财务运营效率的经济附加值法（EVA[③]法） ④基于流程节点跟踪的目标与关键成果法（OKR[④]法） ⑤其他战略实施绩效评估标准和方法	（1）方法：讲授法、案例教学法、实训法 （2）重点：涉农经济组织在农业现代化管理发展中可采用的战略实施管理模型及相关管理绩效评估考核方法 （3）难点：涉农经济组织在信息化管理过程中可采用的各类战略绩效管理评估方法及其应用条件和注意事项	2
		（2）涉农经济组织战略实施结果评估	1）涉农经济组织战略实施关键节点的关键业绩指标设定标准和方法 ①业务指标、财务指标、部门建设指标综合分析和权重设计 ②平衡记分卡法的应用条件、指标设定和实施 ③关键成功因素KSF[⑤]法的应用条件、指标设定和实施	（1）方法：讲授法、案例教学法	1

① KPI，key performance indicator，关键业绩指标。

② BCS，balanced score card，平衡记分卡。

③ EVA，economic value added，经济附加值，又称经济利润、经济增加值。

④ OKR，objectives and key results，目标与关键成果。

⑤ KSF，key successful factors，关键成功因素。

续表

<table>
<tr><th>模块</th><th>课程</th><th>学习单元</th><th>课程内容</th><th>培训建议</th><th>课堂学时</th></tr>
<tr><td rowspan="5">3．目标控制</td><td rowspan="5">3–1　执行控制</td><td>（2）涉农经济组织战略实施结果评估</td><td>2）涉农经济组织设定战略实施评价标准的常见问题、应对策略及案例分析
①产业机构不成熟
②业务流程不完善
③管理信息难以量化、标准化
④管理实施人员认知水平低</td><td>（2）重点与难点：涉农经济组织设定战略评估绩效标准的策略和模式以及常见问题的解决方法</td><td>1</td></tr>
<tr><td rowspan="2">（3）涉农经济组织战略绩效管理</td><td>1）涉农经济组织战略绩效管理的结构体系和内容
①从战略制度到战略实施的绩效管理
②战略绩效实施与激励机制的联动模式
③战略绩效反馈与战略制度设计优化的联动模式</td><td rowspan="2">（1）方法：讲授法、案例教学法
（2）重点与难点：涉农经济组织实施战略绩效管理的常见问题和解决方法</td><td rowspan="2">1</td></tr>
<tr><td>2）涉农经济组织战略绩效管理的常见问题、解决方法及案例分析
①全员管理观念的缺失
②战略设定本身不具操作性
③战略执行部门间的目标和利益冲突</td></tr>
<tr><td rowspan="2">（4）涉农经济组织战略监控、反馈和纠偏的评估</td><td>1）现代企业战略控制、战略反馈和战略调整的基本形式、内容、特点及案例分析</td><td rowspan="2">（1）方法：讲授法、案例教学法
（2）重点与难点：涉农经济组织实施战略监控和纠偏的策略和方法</td><td rowspan="2">1</td></tr>
<tr><td>2）涉农经济组织实施战略监控和纠偏评估的策略、方法及案例
①基于预警和感知体系的监控、评估
②基于组织结构柔性化的监控、评估
③目标管理导向的监控、评估
④战略管理系统和体系的监控、评估</td></tr>
</table>

续表

模块	课程	学习单元	课程内容	培训建议	课堂学时
3．目标控制	3-1 执行控制	(5) 涉农经济组织信息化战略绩效纠偏	1）现代企业战略绩效管理的常见问题、纠偏策略及案例 ①关键业绩指标多而全 ②关键业绩指标缺少岗位职级分解细化 ③单向考核缺乏互动 ④重财务指标、轻业务指标 2）涉农经济组织实施信息化战略绩效管理和纠偏的模式、方法及优劣势 ①目标管理系统 MBO[①] 组建在基础 OA 和 ERP 系统平台上的应用 ② 360 测评系统在基础 OA 和 ERP 系统平台上的应用 ③战略绩效管理系统 ESP[②] 的应用	(1) 方法：讲授法、案例教学法、实训法 (2) 重点：涉农经济组织实施战略绩效管理和纠偏的常见问题和解决方法 (3) 难点：涉农经济组织应用信息化工具进行战略绩效管理和纠偏的模式、方法和注意事项	2
		(6) 涉农经济组织战略管理权变计划	1）现代企业管理权变计划的概念、制定、实施步骤及案例 2）涉农经济组织实施战略管理权变计划的策略和内容 ①应对组织管理流程失利的冗余度设计 ②应对业务运行流程失利的旁路设计 ③应对外部环境变化应对失利的弹性管理组织设计	(1) 方法：讲授法、案例教学法 (2) 重点与难点：涉农经济组织针对战略管理失利状况制定和实施权变计划的策略和方法	1

① MBO，management by objective，目标管理。

② ESP，enterprise strategy performance，战略绩效管理。

续表

模块	课程	学习单元	课程内容	培训建议	课堂学时
3．目标控制	3-1　执行控制	（7）涉农经济组织应对内外部变化的战略调整	1）现代企业战略调整的一般性内容、方法、作用及案例	（1）方法：讲授法、案例教学法 （2）重点与难点：涉农经济组织运用信息化手段实施有效战略调整的策略和方法	1
			2）涉农经济组织进行战略调整的方向、策略和常见问题 ①根据核心竞争力要素调整经营领域和方向 ②根据决策风格调整决策模式和流程 ③根据管理风格调整企业文化及其他非业务经营要素		
			3）涉农经济组织实施现代化、产业化战略调整的方向和策略 ①虚拟组织和外部资源整合在整体经营战略上的运用 ②知识管理体系在人才战略和企业文化战略上的运用 ③信息化弹性治理结构在高管团队优化战略上的运用		
	3-2　质量控制	（1）农业国际标准化的内容、作用和体系特点分析	1）农业国际化标准的类型、内容、发展历程和发展趋势	（1）方法：讲授法 （2）重点：涉农经济组织实施国际农业标准的类型、内容和特点分析	2
			2）涉农经济组织参与农业国际标准化的类型和方法 ①质量安全型标准 ②生产过程管理型标准 ③细分市场准入型标准 ④其他国际涉农标准		

续表

模块	课程	学习单元	课程内容	培训建议	课堂学时
3．目标控制	3-2 质量控制	（2）涉农ISO标准体系的申请和实施	1）生产资料类标准的申请和实施方法	（1）方法：讲授法、实训法 （2）重点与难点：涉农经济组织申请及实施各类ISO涉农标准的方法	2
			2）生产管理类标准的申请和实施方法		
			3）其他涉农标准的申请和实施方法		
		（3）GAP认证的内容、目的、意义和申请方法	1）GAP认证的概念、标准、内容和认证意义	（1）方法：讲授法 （2）重点与难点：涉农经济组织实施GAP认证的目的、意义和方法	1
			2）GAP认证的实施意义及其与农产品出口贸易的关系		
			3）GAP认证的申请方法和常见问题		
		（4）GAP认证的操作规范及实施要点	1）GAP认证体系的标准细节、作用及案例分析 ①风险评估 ②规程和记录 ③人员培训 ④张贴规程 ⑤警示标志牌 ⑥安全保障措施 ⑦食品防护计划 ⑧植保产品/药物治疗产品 ⑨内容检查情况	（1）方法：讲授法、案例教学法 （2）重点与难点：涉农经济组织根据GAP认证要求规范农业生产操作的作用及相关实施要点	2
			2）GAP认证的审核及涉农经济组织实施要点 ①GAP认证系列国家标准的实施要点 ②GAP认证不同级别的要求及相关实施要点		

续表

模块	课程	学习单元	课程内容	培训建议	课堂学时
3．目标控制	3-3　市场控制	（1）涉农经济组织市场营销计划的审定	1）涉农经济组织市场营销计划的制定原则、目标和作用 ①真实性原则 ②调研有效性原则 ③系统性和战略性原则 ④时机性原则 ⑤权变性原则 ⑥可行性原则 ⑦创新性原则 ⑧经济性原则 2）涉农经济组织市场营销计划的内容要点和审核管控目标 ①目标市场现状和发展趋势分析 ②机会与威胁分析 ③营销目标分析 ④营销战略和执行策略分析 ⑤行动方案及相关成果与时效比分析 ⑥预算方案及相关投入产出比、效费比分析 ⑦反馈与控制措施有效性分析	（1）方法：讲授法、案例教学法、实训法 （2）重点：涉农经济组织市场营销计划的制定原则、目标和内容有效性分析方法 （3）难点：涉农经济组织市场营销计划的营销目标和财务目标有效性分析及实施、监控与计划调整优化方法	2
		（2）营销创新趋势对计划实施、监控与优化的影响及应对	1）现代农业市场营销创新趋势及案例分析 ①需求的发现、创造和改良 ②新技术、新内容形式在营销要素重新组合中的应用 ③新技术、新内容形式在营销环节改良过程中的应用 ④跨界资源组合与异业模式的应用	（1）方法：讲授法、案例教学法 （2）重点：涉农经济组织进行营销创新的方向、手段及量化监控、分析和调优方法	2

续表

<table>
<tr><th>模块</th><th>课程</th><th>学习单元</th><th>课程内容</th><th>培训建议</th><th>课堂学时</th></tr>
<tr><td rowspan="7">3．目标控制</td><td rowspan="7">3-3　市场控制</td><td>（2）营销创新趋势对计划实施、监控与优化的影响及应对</td><td>2）涉农经济组织在营销创新过程中的执行与效果监控
①目标拆解和量化
②渠道成本与用户价值量化
③多维度与定制化的数据监控
④营销模式和渠道效费比的分析与优化</td><td>（3）难点：涉农经济组织应用信息化手段监控营销创新要素的策略和方法</td><td>2</td></tr>
<tr><td rowspan="3">（3）涉农经济组织营销战略组合的审定</td><td>1）市场营销组合的概念、理论演化、构建策略、实施条件及案例分析</td><td rowspan="3">（1）方法：讲授法、案例教学法
（2）重点与难点：涉农经济组织设计、实施和优化市场营销组合的策略、方法和注意事项</td><td rowspan="3">2</td></tr>
<tr><td>2）涉农经济组织构建市场营销组合的原则和要点分析
① 4P、4C 营销策略组合的动态优化与产品和品牌定位的相关性
②营销组合的层次设计与目标市场的相关性
③营销组合的协同作用与企业战略目标的相关性
④营销组合的应变能力与企业组织机构的相关性</td></tr>
<tr><td>3）审核涉农经济组织营销战略组合的基本结构</td></tr>
<tr><td rowspan="2">（4）新型目标市场与商业模式对营销战略组合实施的影响及应对</td><td>1）农业新兴目标市场与创新商业模式的市场营销特点分析
①原有市场纵向垂直细分
②原有市场上下游横向延伸
③原有市场实体转虚拟
④原有市场价格升 / 降级
⑤原有市场需求关联</td><td rowspan="2">（1）方法：讲授法、案例教学法
（2）重点与难点：涉农经济组织针对新型目标市场及相关商业模式的营销战略组合设计、监控和优化方法</td><td rowspan="2">2</td></tr>
<tr><td>2）涉农经济组织针对新兴目标市场的营销战略组合实施、优化及案例分析</td></tr>
</table>

续表

模块	课程	学习单元	课程内容	培训建议	课堂学时
3．目标控制	3–3 市场控制	(5) 农业信息化对营销战略组合实施的影响及应对	1）营销战略组合实施过程与效果监控的信息化管理策略 ①营销战略组合差异性、无差异性和集中性实施策略的信息分类和标准化 ②营销战略组合实施效果与企业 ERP、CRM 等信息系统的结合和管理模式 ③营销战略组合实施数据与企业数据仓库的结合和管理模式	(1) 方法：讲授法、案例教学法 (2) 重点与难点：涉农经济组织通过组织、制度、流程和人员职能设计，实现高效的营销战略组合信息化管理和监控的策略和方法	2
			2）涉农经济组织实施信息化营销过程与效果管理的策略、方法及案例分析 ①内外部信息管理系统的选择和应用 ②专业操作和管理人员、部门的组织、制度与流程设计保障 ③ CIO[①]管理模式和知识管理模式的应用 ④云端软、硬件设施和大数据管理应用方法的设计和应用		
4．领导艺术	4–1 组织结构建设	(1) 涉农经济组织的组织绩效提升	1）现代企业组织结构设计对组织绩效提升的影响因素分析	(1) 方法：讲授法、案例教学法 (2) 重点：涉农经济组织组织绩效提升的策略和方法 (3) 难点：针对不同行业、规模与差异化市场的组织绩效提升策略和方法	1
			2）现代企业组织绩效提升的评价标准和方法		
			3）涉农经济组织组织绩效提升的信息化管理策略、方法及案例分析 ①信息化管理模式及工具 ② ERP 思想及系统 ③不同细分行业、经营主体及差异化市场的应对策略		

① CIO，chief information officer，首席信息官。

续表

<table>
<tr><th>模块</th><th>课程</th><th>学习单元</th><th>课程内容</th><th>培训建议</th><th>课堂学时</th></tr>
<tr><td rowspan="6">4．领导艺术</td><td rowspan="6">4-1　组织结构建设</td><td rowspan="3">（2）涉农经济组织的外部供应链管理</td><td>1）现代企业内外部供应链的定义、差异、融合与一般性管理策略和方法</td><td rowspan="3">（1）方法：讲授法、案例教学法、实训法
（2）重点：涉农经济组织完善外部供应链协同、管理的策略和方法
（3）难点：涉农经济组织采用创新模式与工具进行高效供应链协同管理的方法</td><td rowspan="3">2</td></tr>
<tr><td>2）涉农经济组织的产业链协同、供应链管理及案例分析
①外部供应链构成要素和关键节点
②信息化管理要素
③产业化发展要素</td></tr>
<tr><td>3）涉农经济组织外部供应链协同和管理的创新模式及工具
① ERP 系统与供应链管理 SCM[①]系统
② CRM 系统与供应商关系管理 SRM 系统
③其他信息化工具和社交工具</td></tr>
<tr><td rowspan="2">（3）涉农经济组织的供应链领导力建设</td><td>1）现代企业领导力的定义、形态、提升方法与成功案例</td><td rowspan="2">（1）方法：讲授法、案例教学法</td><td rowspan="2">2</td></tr>
<tr><td>2）现代管理学中供应链领导力建设的关键领域与影响要素
①供应链“物流”领域
②供应链“人流”领域
③供应链“金流”领域
④供应链“信息流”领域</td></tr>
</table>

① SCM，supply chain management，供应链管理。

续表

模块	课程	学习单元	课程内容	培训建议	课堂学时
4．领导艺术	4-1 组织结构建设	(3) 涉农经济组织的供应链领导力建设	3) 涉农经济组织的供应链领导力建设策略和方法 ①基于不同细分行业和经营主体的供应链“物流”领导力 ②基于信息化管理与组织机构设计的供应链“人流”领导力 ③基于采购或供应端作业流程设计的供应链“金流”领导力 ④基于管理心理学的供应链“信息流”领导力	(2) 重点与难点：涉农经济组织基于“物流”“人流”“金流”“信息流”建设供应链领导力的策略和方法	2
		(4) 涉农经济组织内部管理的领导艺术运用	1) 领导艺术的定义、特点、类型、提升策略及案例分析	(1) 方法：讲授法、案例教学法、实训法 (2) 重点与难点：涉农经济组织在复杂情况下科学有效运用领导艺术的方法	1
			2) 涉农经济组织内部管理的领导艺术运用条件和方法 ①面向复杂的人、事、物管理环境 ②面对“前现代”管理模式 ③面对低学历群体		
		(5) 涉农经济组织内部管理的激励机制设计与人性化实施	1) 人性化激励机制的定义、内容、形式及案例分析	(1) 方法：讲授法、案例教学法、实训法 (2) 重点：涉农经济组织设计与实施人性化激励机制的基础、要点 (3) 难点：涉农经济组织在复杂情况下实施有效激励的策略和方法	2
			2) 人性化激励机制的作用与设计实施要点 ①与企业组织结构设计和领导力建设的关系 ②马斯洛需求层次理论的应用 ③在市场和商业模式创新趋势下的演变与发展		
			3) 涉农经济组织设计和实施人性化激励机制的方法		

续表

模块	课程	学习单元	课程内容	培训建议	课堂学时
4. 领导艺术	4–2　组织文化建设	(1) 涉农经济组织的组织行为与组织文化特点分析	1) 现代企业组织行为学的定义、理论基础、应用领域和发展历史 2) 现代企业组织文化的定义、内容和功能 3) 现代企业组织行为分析的维度、要素和常用方法 4) 涉农经济组织的组织行为特点分析与组织文化要点提炼 ①生产型涉农经济组织 ②销售型涉农经济组织 ③产业链型涉农经济组织 ④面向创新目标市场和商业模式的涉农经济组织	(1) 方法：讲授法 (2) 重点与难点：涉农经济组织组织行为特点分析和组织文化要点提炼	1
		(2) 涉农经济组织的组织文化建设	1) 现代企业组织文化建设的一般性策略和方法 2) 涉农经济组织的组织文化建设策略和方法	(1) 方法：讲授法 (2) 重点：涉农经济组织的组织文化建设策略和方法 (3) 难点：涉农经济组织的复杂多元对组织文化建设的影响与应对	1
		(3) 涉农经济组织的组织文化模式选择与分析评估	1) 现代企业组织文化的常见模式与成功案例分析 2) 涉农经济组织的组织文化选择与评估方法 ①基于生产三要素的变化趋势 ②基于信息化管理的发展趋势 ③基于不同细分行业和经营主体发展的内在规律	(1) 方法：讲授法、案例教学法 (2) 重点与难点：涉农经济组织在复杂多元环境下多维度选择组织文化模式的策略和方法	1

续表

模块	课程	学习单元	课程内容	培训建议	课堂学时
4．领导艺术	4-2　组织文化建设	(4) 涉农经济组织的组织文化优化升级	1) 现代企业组织文化诊断与优化的一般性模型与方法 ①双 S[①]、OCAI[②]等诊断模型 ②讨论法、观测法、调查法等方法	(1) 方法：讲授法、实训法 (2) 重点与难点：涉农经济组织在应对行业市场发展进行转型升级中的组织文化优化升级方法	1
			2) 涉农经济组织发展转型对组织文化优化升级的影响与应对 ①信息化、智能化、无人化 ②产业化发展和产业链扁平化 ③供应链全球化、管理离散化及目标市场碎片化		
5．培训指导	5-1　培训	(1) 农业经理人培训计划的编制	1) 现代企业编制职业技能培训计划的一般性内容和方法	(1) 方法：讲授法、实训法 (2) 重点与难点：农业经理人分级培训计划的效果监控与优化策略	1
			2) 农业经理人培训计划的内容、编制思路及注意事项		
			3) 农业经理人培训计划的效果监控、优化		
		(2) 各等级人员的培训内容、策略和方法	1) 中、高级工的培训策略和方法 ①针对不同细分行业和经营主体 ②针对不同职能部门或岗位职级 ③针对低学历群体	(1) 方法：讲授法、实训法	1

①双 S，即双 S 立体文化模型，第一个维度为社交性（sociability），第二个维度为团结性（solidarity）。

② OCAI，organization culture assessment instrument，组织文化评价量表。

续表

模块	课程	学习单元	课程内容	培训建议	课堂学时
5．培训指导	5-1　培训	（2）各等级人员的培训内容、策略和方法	2）技师的培训策略和方法 ①从微观管理到宏观管理的格局变化 ②从项目执行者到项目操盘者的身份变化 ③从企业运营管理到产业链运营管理的工作重心变化	（2）重点与难点：结合各等级人员不同的从业环境与条件，采用适当的培训策略和方法	1
	5-2　指导	（1）指导中、高级工分析企业发展现状	1）涉农经济组织发展现状分析的内容、要点及注意事项	（1）方法：讲授法、实训法 （2）重点与难点：根据涉农经济组织实际状况结合目标导向思维指导中、高级工进行发展现状分析和评估	1
			2）中、高级工分析企业发展现状的形式、流程与效果评估		
		（2）指导技师分析企业发展现状	1）技师分析企业发展现状的内容、策略及实施要点	（1）方法：讲授法、实训法 （2）重点与难点：根据涉农经济组织实际状况结合目标导向思维指导技师进行发展现状分析和评估	1
			2）技师分析企业发展现状的创新思维模式 ①整体化、协同化发展思维 ②信息化、模块化管理思维 ③产业化、生态化布局思维		
		（3）指导中、高级工根据组织发展现状分析报告制定优化方案	1）涉农经济组织发展现状分析报告的内容、要点及注意事项	（1）方法：讲授法、实训法 （2）重点与难点：根据涉农经济组织实际状况结合目标导向思维指导中、高级工进行企业发展现状分析报告的优化	1
			2）中、高级工优化企业发展现状分析报告的策略和方法		

续表

模块	课程	学习单元	课程内容	培训建议	课堂学时
5．培训指导	5-2　指导	（4）指导技师根据组织发展现状分析报告制定优化方案	1）技师优化企业发展现状分析报告的要点和注意事项	（1）方法：讲授法、实训法 （2）重点与难点：根据涉农经济组织实际状况结合目标导向思维指导技师进行企业发展现状分析报告的优化	1
			2）技师优化企业发展现状分析报告的创新思维模式 ①信息化管理的优化思维 ②运营流程改造的优化思维 ③产业链建立协同价值的优化思维		
课堂学时合计					120

2.3 考核规范

2.3.1 职业基本素质培训考核规范

考核范围	考核比重（%）	考核内容	考核比重（%）	考核单元
1．职业认知与职业道德	15	1-1　职业认知	5	职业认知
		1-2　职业道德基本知识	5	道德与职业道德
		1-3　职业守则	5	职业守则
2．职业愿景	5	2-1　行业发展趋势	3	行业发展趋势
		2-2　职业成长前景	2	职业成长前景
3．农业基础知识	25	3-1　现代农业新技术	4	（1）种植新技术
				（2）养殖新技术
				（3）种养结合新技术
				（4）农业管理新技术
				（5）涉农产品销售新技术

续表

考核范围	考核比重（%）	考核内容	考核比重（%）	考核单元
3．农业基础知识	25	3-2　农产品加工技术	4	（1）农产品初加工技术
				（2）农产品深加工技术
		3-3　农产品质量安全知识	4	（1）农产品质量知识
				（2）农产品检测知识
		3-4　农产品仓储物流知识	4	（1）种植类产品仓储物流知识
				（2）养殖类产品仓储物流知识
		3-5　农业信息技术	4	（1）农业信息采集知识
				（2）农业信息分析知识
				（3）农业信息数据应用知识
				（4）农业大数据基本知识
		3-6　农业生态与环境保护	5	（1）生态种植知识
				（2）生态养殖知识
				（3）种养结合循环发展知识
				（4）农业废弃物综合利用知识
4．涉农经济组织经营管理知识	25	4-1　管理基本知识	5	管理基本知识
		4-2　农产品质量管理标准	5	农产品质量管理标准
		4-3　农产品生产过程管理	5	农产品生产过程管理
		4-4　农产品市场营销知识	5	（1）农产品市场营销基本知识
				（2）农产品品牌基本知识
		4-5　农业金融与保险知识	5	（1）征信知识
				（2）农业金融知识
				（3）信用合作知识
				（4）农业保险知识
5．创新思维方法的相关知识	5	5-1　创新思维与方法	2	创新思维与方法
		5-2　创新思维的培养	3	创新思维的培养

续表

考核范围	考核比重（%）	考核内容	考核比重（%）	考核单元
6．互联网＋农业	10	6–1　智慧农业的发展	5	（1）智慧农业的功能与价值
				（2）智慧农业的现状及发展趋势
		6–2　农业物联网的应用	5	（1）物联网在种植业的应用
				（2）物联网在养殖业的应用
7．农耕文化的传承与发展	5	7–1　农耕文化的内容	3	农耕文化的内容
		7–2　农耕文化的传承与发展	2	农耕文化的传承与发展
8．相关法律	10	法律知识	10	相关法律知识

2.3.2　四级 / 中级职业技能培训理论知识考核规范

考核范围	考核比重（%）	考核内容	考核比重（%）	考核单元
1．计划制定	25	1–1　信息收集	7	（1）收集信息
				（2）筛选有用信息数据
				（3）设计市场调查问卷
		1–2　目标制定	8	（1）根据市场调研进行经营项目可行性分析
				（2）制定经营项目实施方案
				（3）制定年度经营目标
		1–3　目标分解	10	（1）制定年度生产计划
				（2）制定年度销售计划
				（3）制定生产经营各岗位工作目标
2．组织管理	35	2–1　生产要素组织	18	（1）开展农业生产基地状况评估及编制评估报告
				（2）根据农业生产安排配置生产要素并制定生产资料定额标准
				（3）对一个生产周期的生产记录进行分析总结并编制总结报告
		2–2　岗位设置	10	（1）根据涉农经济组织特点设置岗位并确定基本组织结构
				（2）根据岗位需求实施人员招聘

续表

考核范围	考核比重（%）	考核内容	考核比重（%）	考核单元
2．组织管理	35	2-3　会务组织	7	（1）根据主题策划和设计会务
				（2）会务实施
3．目标控制	25	3-1　计划控制	7	（1）梳理生产管理流程
				（2）督促部门工作计划执行和落实
		3-2　质量控制	6	（1）按技术规程指导农业生产
				（2）按照规范化要求制定生产过程管理办法
				（3）识别农产品质量认证标识并规范使用
		3-3　成本控制	6	（1）列出涉农经济组织产品成本构成
				（2）计算产品的直接成本和间接成本
		3-4　市场控制	6	（1）分析影响农产品影响的环境因素
				（2）根据农产品信息制定营销方案
4．协调	15	4-1　内部协调	8	（1）与同事进行良好沟通并有效协调内部人际关系
				（2）组织员工培训
				（3）通过有效开展团队建设提升团队执行力
		4-2　外部协调	7	（1）对涉农经济组织的外部环境进行正确评估
				（2）建立和维护好客户关系

2.3.3　四级／中级职业技能培训操作技能考核规范

考核范围	考核比重（%）	考核内容	考核比重（%）	考核形式	选考方式	考核时间（分钟）	重要程度
1．计划制定	25	1-1　信息收集	10	实操	必考	15	Y
		1-2　目标制定	8	笔试	必考	10	X
		1-3　目标分解	7	笔试	必考	10	X

续表

考核范围	考核比重（%）	考核内容	考核比重（%）	考核形式	选考方式	考核时间（分钟）	重要程度
2．组织管理	35	2–1　生产要素组织	15	笔试	必考	10	X
		2–2　岗位设置	5	笔试	必考	5	X
		2–3　会务组织	15	实操	必考	10	Y
3．目标控制	25	3–1　计划控制	5	笔试	必考	10	X
		3–2　质量控制	6	笔试	必考	10	X
		3–3　成本控制	7	笔试	必考	10	X
		3–4　市场控制	7	笔试	必考	10	X
4．协调	15	4–1　内部协调	8	实操	必考	5	Y
		4–2　外部协调	7	实操	必考	10	X

2.3.4　三级 / 高级职业技能培训理论知识考核规范

考核范围	考核比重（%）	考核内容	考核比重（%）	考核单元
1．计划制定	25	1–1　信息收集	9	（1）检索和选择信息
				（2）用不同格式呈现信息
				（3）数据整理
				（4）设计市场调查方案
		1–2　目标制定	9	（1）进行市场调研和销售预测
				（2）拟订项目实施任务书
				（3）制定年度工作目标和中期经营目标
		1–3　目标分解	7	（1）根据涉农经济组织目标确定工作任务
				（2）分配工作任务和相关资源
				（3）编制经费使用计划
2．组织管理	25	2–1　生产要素组织	10	（1）按照土地流转的程序、规范进行土地流转
				（2）制定农业生产经营用地及其他生产资料管理方案
				（3）制定涉农经济组织原材料采购及库管制度

续表

考核范围	考核比重（%）	考核内容	考核比重（%）	考核单元
2．组织管理	25	2-2　岗位设置	6	（1）根据涉农经济组织特点进行组织设计及绘制组织结构图
				（2）根据岗位需求及人员的个性特征对人员进行必要分工，对各层管理人员进行适当授权
		2-3　流程开发	9	（1）绘制生产管理流程图
				（2）拟订绩效考核标准
3．目标控制	35	3-1　计划控制	9	（1）进行工作追踪和掌握各部门工作进展情况
				（2）及时发现工作执行与计划的偏差
				（3）纠正工作计划执行中出现的偏差
		3-2　质量控制	9	（1）按照“三品一标”认证的规范要求进行质量管理
				（2）按照标准化生产要求对生产过程进行质量安全监控
				（3）组织农产品质量安全检测
				（4）引进生态农业的新模式
		3-3　成本控制	8	（1）掌握成本控制基本过程
				（2）分析产品成本控制中存在的风险
		3-4　市场控制	9	（1）农产品销售渠道评价及控制
				（2）农产品销售模式选择及控制
4．内外协调	15	4-1　内部协调	5	（1）协调各部门间工作并能有效处理团队冲突
				（2）运用冲突提升团队创新能力
		4-2　外部协调	10	（1）媒介关系的建立和维护
				（2）社区关系的建立和维护

2.3.5 三级 / 高级职业技能培训操作技能考核规范

考核范围	考核比重（%）	考核内容	考核比重（%）	考核形式	选考方式	考核时间（分钟）	重要程度
1．计划制定	25	1–1 信息收集	10	实操	必考	15	Y
		1–2 目标制定	8	笔试	必考	10	X
		1–3 目标分解	7	笔试	必考	10	X
2．组织管理	30	2–1 生产要素组织	15	实操	必考	15	X
		2–2 岗位设置	5	笔试	必考	5	X
		2–3 流程开发	10	笔试	必考	10	Y
3．目标控制	30	3–1 计划控制	6	实操	必考	15	X
		3–2 质量控制	8	实操	必考	10	X
		3–3 成本控制	8	笔试	必考	10	X
		3–4 市场控制	8	笔试	必考	10	X
4．内外协调	15	4–1 内部协调	8	笔试	必考	3	Y
		4–2 外部协调	7	实操	必考	12	X

2.3.6 二级 / 技师职业技能培训理论知识考核规范

考核范围	考核比重（%）	考核内容	考核比重（%）	考核单元
1．计划制定	25	1–1 目标评价	8	（1）分析评估涉农经济组织发展趋势
				（2）提供目标制定分析报告
				（3）目标方案的评价和选择
				（4）分析论证投资项目可行性
		1–2 计划制定	7	（1）制定组织资源配置计划
				（2）监督土地、材料和设备使用并提出相关计划的风险控制方案
		1–3 计划指导	10	（1）提供农产品开发的市场导向信息和制定新产品策略
				（2）财务预算计划的组织制定
				（3）农产品品牌计划和经营策略的组织制定
				（4）人才培训计划的组织制定

续表

考核范围	考核比重（%）	考核内容	考核比重（%）	考核单元
2．组织管理	25	2-1　组织建设	12	（1）根据组织战略进行部门设置和调整及组建领导团队
				（2）制定涉农经济组织各部门工作标准和职权、职责
		2-2　制度建设	13	（1）涉农经济组织内部供应链制度的制定
				（2）劳动纠纷等突发事件解决方案的制定
				（3）绩效考核制度的制定
3．目标控制	30	3-1　执行控制	8	（1）处理计划实施中的问题
				（2）调整计划并进行信息反馈
				（3）实施与改进工作流程
				（4）生产过程控制
		3-2　质量控制	8	（1）组织“三品一标”认证申请
				（2）按照农产品冷链物流标准组织运输
				（3）使用农产品质量安全可追溯平台
		3-3　成本控制	7	（1）农产品成本综合分析
				（2）组织编制降低农产品成本方案
		3-4　市场控制	7	（1）新产品开发策略及方案的制定
				（2）品牌模式选择和品牌策略实施
4．内外协调	10	4-1　内部协调	5	（1）内部激励和约束机制的建立
				（2）涉农经济组织内部部门的协调和维护
		4-2　外部协调	5	（1）适应法律环境、政策环境和文化环境
				（2）外部公关危机的处理
				（3）商务谈判
5．培训指导	10	5-1　培训	5	（1）中、高级工培训方案的编制
				（2）培训中、高级工
		5-2　指导	5	（1）指导中、高级工编制组织发展中期目标
				（2）指导中、高级工梳理工作内容及要求并进行分析与评估

2.3.7 二级/技师职业技能培训操作技能考核规范

考核范围	考核比重（%）	考核内容	考核比重（%）	考核形式	选考方式	考核时间（分钟）	重要程度
1．计划制定	25	1–1 目标评价	7	笔试	必考	60	Y
		1–2 计划制定	11	实操	必考	90	X
		1–3 计划指导	7	笔试	必考	60	Y
2．组织管理	25	2–1 组织建设	11	笔试	必考	90	X
		2–2 制度建设	14	笔试	必考	90	X
3．目标控制	30	3–1 执行控制	8	实操	必考	90	X
		3–2 质量控制	8	实操	必考	90	X
		3–3 成本控制	7	实操	必考	90	X
		3–4 市场控制	7	实操	必考	90	X
4．内外协调	10	4–1 内部协调	4	笔试	必考	60	Y
		4–2 外部协调	6	实操	必考	90	X
5．培训指导	10	5–1 培训	6	笔试	必考	60	Y
		5–2 指导	4	实操	必考	60	Y

2.3.8 一级/高级技师职业技能培训理论知识考核规范

考核范围	考核比重（%）	考核内容	考核比重（%）	考核单元
1．计划制定	25	1–1 战略制定	11	（1）涉农经济组织战略环境分析
				（2）涉农经济组织战略规划的制定
		1–2 重点战略规划	14	（1）涉农经济组织投资、融资战略的制定
				（2）涉农经济组织市场发展战略的制定
				（3）涉农经济组织人力资源发展战略的制定
				（4）涉农经济组织知识管理战略的制定

续表

考核范围	考核比重（%）	考核内容	考核比重（%）	考核单元
2．组织管理	20	2–1　组织结构设计	8	（1）根据组织战略目标分析组织结构的需求
				（2）设计组织结构方案
		2–2　制度评估	6	（1）按战略目标和组织结构制定相应管理制度
				（2）按照战略目标和组织结构建立相应运行机制
		2–3　运营组织	6	（1）管理涉农经济组织资产并进行合理的投资、融资
				（2）涉农经济组织信用风险管理
				（3）信用融资和信用交易
3．目标控制	25	3–1　执行控制	10	（1）战略实施结果评估标准的设定
				（2）战略绩效监控和纠偏评估
				（3）采取纠偏措施和实施权变计划
		3–2　质量控制	7	（1）审定ISO相关标准认证申请并依据ISO相关标准对产品进行质量管理
				（2）审定GAP认证申请并按GAP认证要求规范农业操作
		3–3　市场控制	8	（1）市场营销计划的审定和实施监控
				（2）营销战略组合基本结构的审定和实施监控
4．领导艺术	20	4–1　组织结构建设	12	（1）设计能提升组织绩效的组织结构
				（2）外部供应链管理的完善和作业流程的优化
				（3）科学有效运用领导艺术调动各部门积极性
		4–2　组织文化建设	8	（1）提炼与建设涉农经济组织的组织文化
				（2）选择涉农经济组织需要的组织文化模式

续表

考核范围	考核比重（%）	考核内容	考核比重（%）	考核单元
5. 培训指导	10	5-1　培训	6	（1）培训计划的编制
				（2）培训技师及以下等级人员
		5-2　指导	4	（1）指导技师及以下等级人员分析其所在涉农经济组织的发展现状
				（2）指导技师及以下等级人员根据涉农经济组织发展现状分析报告制定优化方案

2.3.9　一级 / 高级技师职业技能培训操作技能考核规范

考核范围	考核比重（%）	考核内容	考核比重（%）	考核形式	选考方式	考核时间（分钟）	重要程度
1. 计划制定	25	1-1　战略制定	10	笔试	必考	15	X
		1-2　重点战略规划	15	笔试	必考	20	X
2. 组织管理	20	2-1　组织结构设计	6	笔试	必考	10	Y
		2-2　制度评估	6	笔试	必考	10	Y
		2-3　运营组织	8	实操	必考	15	X
3. 目标控制	25	3-1　执行控制	9	实操	必考	15	X
		3-2　质量控制	7	笔试	必考	10	X
		3-3　市场控制	9	笔试	必考	15	X
4. 领导艺术	20	4-1　组织结构建设	12	实操	必考	15	X
		4-2　组织文化建设	8	笔试	必考	15	X
5. 培训指导	10	5-1　培训	4	笔试	必考	10	Y
		5-2　指导	6	实操	必考	15	Y

附录

培训要求与课程规范对照表

附录 1　职业基本素质培训要求与课程规范对照表

2.1.1　职业基本素质培训要求			2.2.1　职业基本素质培训课程规范			
职业基本素质模块（模块）	培训内容（课程）	培训细目	学习单元	课程内容	培训建议	课堂学时
1．职业认知与职业道德	1-1　职业认知	（1）农业经理人职业认知 （2）农业经理人的工作内容	职业认知	1）农业认知	（1）方法：讲授法 （2）重点与难点：农业经理人职业认知	1
				2）农业经理人职业认知		
	1-2　职业道德基本知识	（1）“四德”建设 （2）社会主义核心价值观 （3）职业道德修养 （4）职业道德规范	道德与职业道德	1）道德与职业道德的内涵	（1）方法：讲授法、案例教学法 （2）重点与难点：职业道德与个人、企业的发展的深刻内涵	1
				2）社会主义核心价值观		
				3）职业道德与个人的发展		
				4）职业道德与企业的发展		
				5）职业道德规范		
	1-3　职业守则	农业经理人职业守则	职业守则	1）遵纪守法，忠诚守信	（1）方法：讲授法、案例教学法 （2）重点与难点：农业经理人职业守则	1
				2）崇尚农业，精技善管		
				3）恪尽职守，团结协作		
				4）保护生态，保障安全		
2．职业愿景	2-1　行业发展趋势	（1）种植业发展趋势 （2）养殖业发展趋势	行业发展趋势	1）种植业发展现状及趋势	（1）方法：讲授法、案例教学法 （2）重点与难点：种植业、养殖业发展现状及趋势	1
				2）养殖业发展现状及趋势		
	2-2　职业成长前景	（1）职业发展前景 （2）职业发展通道	职业成长前景	1）职业发展前景	（1）方法：讲授法、案例教学法 （2）重点：职业发展前景 （3）难点：职业学习重点与上升通道	2
				2）职业发展通道 ①职业成长路径 ②职业学习路径		

续表

2.1.1　职业基本素质培训要求			2.2.1　职业基本素质培训课程规范			
职业基本素质模块（模块）	培训内容（课程）	培训细目	学习单元	课程内容	培训建议	课堂学时
3．农业基础知识	3-1　现代农业新技术	（1）种植新技术 （2）养殖新技术 （3）农业管理新技术 （4）涉农产品销售新技术	（1）种植新技术	1）粮食作物种植新技术	（1）方法：讲授法、演示法 （2）重点与难点：粮食作物、经济作物种植新技术	2
				2）经济作物种植新技术		
				3）饲料及绿肥作物种植新技术		
			（2）养殖新技术	1）畜类养殖新技术	（1）方法：讲授法、演示法 （2）重点与难点：畜禽养殖新技术、水产养殖新技术	2
				2）禽类养殖新技术		
				3）水产养殖新技术		
			（3）种养结合新技术	1）种植与养畜结合新技术	（1）方法：讲授法、演示法 （2）重点与难点：种养结合新技术	2
				2）种植与养禽结合新技术		
				3）种植与水产养殖结合新技术		
			（4）农业管理新技术	1）生产组织管理新技术	（1）方法：讲授法、演示法 （2）重点与难点：农业管理新技术的实施方法和作用	2
				2）设备作业管理新技术		
				3）技术支持管理新技术		
				4）产品加工管理新技术		
				5）产品销售管理新技术		
			（5）涉农产品销售新技术	1）涉农产品营销新技术	（1）方法：讲授法、演示法 （2）重点与难点：涉农产品销售新技术的实施方法和作用	2
				2）涉农产品销售新技术		
	3-2　农产品加工技术	（1）农产品初加工技术 （2）农产品深加工技术	（1）农产品初加工技术	1）种植类产品初加工技术	（1）方法：讲授法、案例教学法、讨论法 （2）重点与难点：农产品初加工技术	2
				2）养殖类产品初加工技术		
			（2）农产品深加工技术	1）种植类产品深加工技术	（1）方法：讲授法、案例教学法、讨论法 （2）重点与难点：农产品深加工技术	2
				2）养殖类产品深加工技术		

续表

2.1.1 职业基本素质培训要求			2.2.1 职业基本素质培训课程规范			
职业基本素质模块（模块）	培训内容（课程）	培训细目	学习单元	课程内容	培训建议	课堂学时
3．农业基础知识	3-3 农产品质量安全知识	（1）农产品质量知识 （2）农产品检测知识	（1）农产品质量知识	1）种植类产品质量	（1）方法：讲授法 （2）重点与难点：农产品质量知识	1
				2）养殖类产品质量		
			（2）农产品检测知识	1）种植类产品检测	（1）方法：讲授法 （2）重点与难点：农产品检测知识	1
				2）养殖类产品检测		
	3-4 农产品仓储物流知识	（1）种植类产品仓储物流知识 （2）养殖类产品仓储物流知识	（1）种植类产品仓储物流知识	1）粮食作物类产品仓储物流	（1）方法：讲授法、案例教学法 （2）重点与难点：种植类产品仓储物流知识	2
				2）经济作物类产品仓储物流		
				3）饲料及绿肥作物类产品仓储物流		
			（2）养殖类产品仓储物流知识	1）畜产品仓储物流	（1）方法：讲授法、案例教学法 （2）重点与难点：养殖类产品仓储物流知识	2
				2）禽产品仓储物流		
				3）水产品仓储物流		
	3-5 农业信息技术	（1）农业信息采集与分析 （2）农业大数据基本知识	（1）农业信息采集知识	1）种植信息采集	（1）方法：讲授法、案例教学法 （2）重点与难点：农业信息采集知识	2
				2）养殖信息采集		
			（2）农业信息分析知识	1）种植信息分析	（1）方法：讲授法、案例教学法 （2）重点与难点：农业信息分析知识	2
				2）养殖信息分析		
			（3）农业信息数据应用知识	1）农业信息数据在生产端的应用	（1）方法：讲授法、案例教学法 （2）重点与难点：信息数据应用方法和作用	2
				2）农业信息数据在销售端的应用		
			（4）农业大数据基本知识	1）大数据知识	（1）方法：讲授法、案例教学法 （2）重点与难点：农业大数据基本知识	2
				2）种植业大数据基本知识		
				3）养殖业大数据基本知识		

续表

<table>
<tr><th colspan="3">2.1.1　职业基本素质培训要求</th><th colspan="4">2.2.1　职业基本素质培训课程规范</th></tr>
<tr><th>职业基本素质模块（模块）</th><th>培训内容（课程）</th><th>培训细目</th><th>学习单元</th><th>课程内容</th><th>培训建议</th><th>课堂学时</th></tr>
<tr><td rowspan="10">3．农业基础知识</td><td rowspan="10">3-6　农业生态与环境保护</td><td rowspan="10">（1）绿色生产方式
（2）农业废弃物综合利用知识</td><td rowspan="2">（1）生态种植知识</td><td>1）科学施肥</td><td rowspan="2">（1）方法：讲授法、案例教学法、讨论法
（2）重点与难点：科学施肥知识、绿色防控知识</td><td rowspan="2">1</td></tr>
<tr><td>2）绿色防控</td></tr>
<tr><td rowspan="2">（2）生态养殖知识</td><td>1）畜禽生态养殖技术</td><td rowspan="2">（1）方法：讲授法、案例教学法、讨论法
（2）重点与难点：畜禽生态养殖技术、水产生态养殖技术</td><td rowspan="2">1</td></tr>
<tr><td>2）水产生态养殖技术</td></tr>
<tr><td rowspan="3">（3）种养结合循环发展知识</td><td>1）种植与养畜结合</td><td rowspan="3">（1）方法：讲授法、案例教学法、讨论法
（2）重点与难点：种养结合循环发展知识</td><td rowspan="3">1</td></tr>
<tr><td>2）种植与养禽结合</td></tr>
<tr><td>3）种植与水产养殖结合</td></tr>
<tr><td rowspan="3">（4）农业废弃物综合利用知识</td><td>1）秸秆综合利用</td><td rowspan="3">（1）方法：讲授法、案例教学法、讨论法
（2）重点：秸秆综合利用知识、农膜回收利用知识
（3）难点：畜禽粪便资源化利用知识</td><td rowspan="3">1</td></tr>
<tr><td>2）畜禽粪便资源化利用</td></tr>
<tr><td>3）农膜回收利用</td></tr>
<tr><td rowspan="3">4．涉农经济组织经营管理知识</td><td rowspan="3">4-1　管理基本知识</td><td rowspan="3">（1）管理的概念和职能
（2）涉农经济组织的基本情况
（3）涉农经济组织的发展环境</td><td rowspan="3">管理基本知识</td><td>1）管理的概念和职能</td><td rowspan="3">（1）方法：讲授法、案例教学法、讨论法
（2）重点：管理的职能、涉农经济组织的特点及分类
（3）难点：涉农经济组织内、外部发展环境</td><td rowspan="3">2</td></tr>
<tr><td>2）涉农经济组织的特点及分类</td></tr>
<tr><td>3）涉农经济组织内、外部发展环境</td></tr>
</table>

续表

2.1.1 职业基本素质培训要求			2.2.1 职业基本素质培训课程规范			
职业基本素质模块（模块）	培训内容（课程）	培训细目	学习单元	课程内容	培训建议	课堂学时
4．涉农经济组织经营管理知识	4-2 农产品质量管理标准	（1）农产品质量管理国家标准 （2）农产品质量管理行业标准 （3）农产品质量管理地方标准 （4）农产品质量管理企业标准	农产品质量管理标准	1）农产品质量管理国家标准	（1）方法：讲授法、案例教学法 （2）重点与难点：农产品质量管理国家标准、行业标准、地方标准、企业标准	2
				2）农产品质量管理行业标准		
				3）农产品质量管理地方标准		
				4）农产品质量管理企业标准		
	4-3 农产品生产过程管理	（1）农产品追溯体系建设 （2）农产品追溯体系智能化管理	农产品生产过程管理	1）农产品全程可追溯	（1）方法：讲授法、案例教学法 （2）重点与难点：农产品全程可追溯知识、农产品生产过程智能化管理知识	2
				2）农产品生产过程智能化管理		
	4-4 农产品市场营销知识	（1）农产品市场营销基本知识 （2）农产品品牌基本知识	（1）农产品市场营销基本知识	1）农产品产品策略	（1）方法：讲授法、案例教学法 （2）重点与难点：农产品市场营销基本知识	2
				2）农产品定价策略		
				3）农产品分销策略		
				4）农产品促销策略		
			（2）农产品品牌基本知识	1）商标设计	（1）方法：讲授法、案例教学法 （2）重点与难点：品牌宣传与推广	1
				2）商标注册		
				3）品牌宣传与推广		

续表

2.1.1　职业基本素质培训要求			2.2.1　职业基本素质培训课程规范			
职业基本素质模块（模块）	培训内容（课程）	培训细目	学习单元	课程内容	培训建议	课堂学时
4．涉农经济组织经营管理知识	4–5　农业金融与保险知识	（1）征信知识 （2）农业金融知识 （3）信用合作知识 （4）农业保险知识	（1）征信知识	1）个人征信 2）涉农经济组织征信	（1）方法：讲授法、案例教学法 （2）重点与难点：涉农经济组织征信	1
			（2）农业金融知识	1）农村金融机构 2）政策性贷款 3）商业性贷款	（1）方法：讲授法、案例教学法 （2）重点：农村金融 （3）难点：政策性贷款	2
			（3）信用合作知识	1）资金互助 2）信用贷款	（1）方法：讲授法、案例教学法 （2）重点与难点：信用合作	2
			（4）农业保险知识	1）涉农保险机构 2）商业性农业保险 3）政策性农业保险	（1）方法：讲授法、案例教学法 （2）重点与难点：农业保险	1
5．创新思维方法的相关知识	5–1　创新思维与方法	创新思维的方法	创新思维与方法	1）创新思维的概念和内涵 2）创新方法的思维模式和应用模式	（1）方法：讲授法 （2）重点与难点：创新思维及相关创新方法和模式	2
	5–2　创新思维的培养	创新思维的培养知识	创新思维的培养	1）创新力的来源 2）创新思维的构成要素及特点 3）创新思维的养成和实现	（1）方法：讲授法、案例教学法 （2）重点与难点：创新思维的养成和实现	2
6．互联网+农业	6–1　智慧农业的发展	（1）智慧农业的功能与价值 （2）智慧农业发展的现状及趋势	（1）智慧农业的功能与价值	1）智慧农业概述 2）智慧农业在农业现代化中的应用	（1）方法：讲授法、演示法、案例教学法 （2）重点与难点：智慧农业在农业现代化中的应用	1
			（2）智慧农业的现状及发展趋势	1）智慧农业的现状 2）智慧农业的发展趋势	（1）方法：讲授法、演示法、案例教学法 （2）重点与难点：智慧农业的发展趋势	2

续表

2.1.1　职业基本素质培训要求			2.2.1　职业基本素质培训课程规范			
职业基本素质模块（模块）	培训内容（课程）	培训细目	学习单元	课程内容	培训建议	课堂学时
6．互联网＋农业	6–2　农业物联网的应用	（1）物联网在种植业的应用 （2）物联网在养殖业的应用	（1）物联网在种植业的应用	1）大田种植物联网应用技术 2）设施农业种植物联网应用技术	（1）方法：讲授法、演示法、案例教学法 （2）重点与难点：物联网在种植业的应用	2
			（2）物联网在养殖业的应用	1）畜禽散养物联网应用技术 2）畜禽圈养物联网应用技术 3）水产养殖物联网应用技术	（1）方法：讲授法、演示法、案例教学法 （2）重点与难点：物联网在养殖业的应用	2
7．农耕文化的传承与发展	7–1　农耕文化的内容	（1）农耕文化的实践原则 （2）农耕文化的体现和作用	农耕文化的内容	1）农耕文化的实践原则 2）农耕文化的体现和作用	（1）方法：讲授法、案例教学法 （2）重点与难点：农耕文化的内容	1
	7–2　农耕文化的传承与发展	（1）农耕文化的传承价值 （2）农耕文化的发展	农耕文化的传承与发展	1）农耕文化的传承价值 2）信息时代农耕文化的发展	（1）方法：讲授法、案例教学法 （2）重点与难点：农耕文化的发展趋势	1
8．相关法律知识	8–1　相关法律知识	（1）《中华人民共和国农业法》相关知识 （2）《中华人民共和国农产品质量安全法》相关知识	相关法律知识	1）《中华人民共和国农业法》相关知识 ①农业生产经营体制 ②农业生产 ③农产品流通与加工 ④粮食安全 ⑤农业投入与支持保护 ⑥农业科技与农业教育 ⑦农业资源与农业环境保护 ⑧农民权益保护 ⑨农村经济发展 ⑩法律责任		

续表

2.1.1　职业基本素质培训要求			2.2.1　职业基本素质培训课程规范			
职业基本素质模块（模块）	培训内容（课程）	培训细目	学习单元	课程内容	培训建议	课堂学时
8．相关法律知识	8-1　相关法律知识	（3）《中华人民共和国农村土地承包法》相关知识 （4）《中华人民共和国劳动法》相关知识	相关法律知识	2）《中华人民共和国农产品质量安全法》相关知识 ①农产品质量安全标准 ②农产品产地 ③农产品生产 ④农产品包装和标识 ⑤监督检查 ⑥法律责任 3）《中华人民共和国农村土地承包法》相关知识 ①家庭承包 ②其他方式承包 ③争议的解决和法律责任 4）《中华人民共和国劳动法》相关知识 ①劳动合同和集体合同 ②工作时间和休息休假 ③工资 ④劳动安全卫生 ⑤女职工和未成年工特殊保护 ⑥职业培训 ⑦社会保险和福利 ⑧劳动争议 ⑨法律责任	（1）方法：讲授法、案例教学法 （2）重点：《中华人民共和国农业法》《中华人民共和国农产品质量安全法》《中华人民共和国农民专业合作社法》相关知识 （3）难点：《中华人民共和国农村土地承包法》《中华人民共和国民法典》相关知识	4

续表

2.1.1 职业基本素质培训要求			2.2.1 职业基本素质培训课程规范			
职业基本素质模块（模块）	培训内容（课程）	培训细目	学习单元	课程内容	培训建议	课堂学时
8．相关法律知识	8-1 相关法律知识	（5）《中华人民共和国劳动合同法》相关知识 （6）《中华人民共和国公司法》相关知识	相关法律知识	5）《中华人民共和国劳动合同法》相关知识 ①劳动合同的订立 ②劳动合同的履行和变更 ③劳动合同的解除和终止 ④集体合同 ⑤劳务派遣 ⑥非全日制用工 ⑦法律责任	（1）方法：讲授法、案例教学法 （2）重点：《中华人民共和国农业法》《中华人民共和国农产品质量安全法》《中华人民共和国农民专业合作社法》相关知识 （3）难点：《中华人民共和国农村土地承包法》《中华人民共和国民法典》相关知识	4
				6）《中华人民共和国公司法》相关知识 ①有限责任公司的设立 ②有限责任公司的股权转让 ③股份有限公司的设立 ④股份有限公司的股份发行和转让 ⑤公司财务、会计 ⑥公司合并、分立、增资、减资 ⑦公司解散和清算		
				7）《中华人民共和国民法典》相关知识 ①物权 ②合同 ③人格权 ④侵权责任		

续表

2.1.1　职业基本素质培训要求			2.2.1　职业基本素质培训课程规范			
职业基本素质模块（模块）	培训内容（课程）	培训细目	学习单元	课程内容	培训建议	课堂学时
8．相关法律知识	8-1　相关法律知识	（7）《中华人民共和国民法典》相关知识 （8）《中华人民共和国农民专业合作社法》相关知识	相关法律知识	8）《中华人民共和国农民专业合作社法》相关知识 ①设立和登记 ②成员 ③组织机构 ④财务管理 ⑤合并、分立、解散和清算 ⑥农民专业合作社联合社 ⑦扶持措施 ⑧法律责任		
课堂学时合计						70

附录 2　四级 / 中级职业技能培训要求与课程规范对照表

2.1.2　四级 / 中级职业技能培训要求				2.2.2　四级 / 中级职业技能培训课程规范			
职业功能模块（模块）	培训内容（课程）	技能目标	培训细目	学习单元	课程内容	培训建议	课堂学时
1．计划制定	1-1　信息收集	1-1-1　能运用信息收集的途径和方法		（1）农业信息化管理概要	1）信息化基础知识 2）农业信息化的概念、特征、内涵及案例分析 3）农业信息化的信息分类、区分标准及作用 ①标准化和非标准化信息 ②直接信息和间接信息 ③静态信息和动态信息	（1）方法：讲授法、案例教学法 （2）重点：信息化管理的概念与思维模式 （3）难点：理解农业信息化的特点和主要内容，初步建立信息化的经营管理思维	1

续表

2.1.2 四级 / 中级职业技能培训要求				2.2.2 四级 / 中级职业技能培训课程规范			
职业功能模块（模块）	培训内容（课程）	技能目标	培训细目	学习单元	课程内容	培训建议	课堂学时
1. 计划制定	1-1 信息收集	1-1-1 能运用信息收集的途径和方法	（1）农业生产组织信息化需求和信息收集 （2）农业设备作业信息化需求和信息收集 （3）农业技术支持信息化需求和信息收集 （4）农业产品加工信息化需求和信息收集 （5）农业市场与销售信息化需求和信息收集	（2）农业生产组织信息化需求和信息收集	1）不同细分行业和经营主体的生产组织信息化需求	（1）方法：讲授法、实训法 （2）重点：不同细分行业和经营主体的生产信息收集 （3）难点：生产组织的信息化需求标准、格式及信息采集表的编制方法	1
					2）不同细分行业和经营主体的生产组织信息的收集渠道		
					3）农业生产组织信息收集的一般性程序和方法		
					4）信息采集表的编制		
				（3）农业生产组织信息收集的发展趋势与创新	1）智慧农业的概念、现状与发展	（1）方法：讲授法、案例教学法 （2）重点：生产组织信息收集的重要性及其发展方向 （3）难点：采用自动化、智能化手段收集生产组织信息	1
					2）农业信息收集模式的创新趋势及案例分析 ①基于信息技术的高速化趋势 ②基于传感器技术的精准化趋势 ③基于物联网、大数据等的智能化趋势		
					3）农业生产组织信息收集的新工具和新模式 ①硬件设备 ②软件系统		
				（4）农业设备作业信息化需求和信息收集	1）不同细分行业和经营主体的设备作业信息化需求	（1）方法：讲授法、实训法 （2）重点：设备类信息的分类标准、作用及其对应的收集渠道和方法 （3）难点：不同细分行业和经营主体设备作业信息的需求重点及其在信息采集表中的呈现方法	1
					2）农业设备类信息的收集渠道和方法		

续表

2.1.2　四级 / 中级职业技能培训要求				2.2.2　四级 / 中级职业技能培训课程规范			
职业功能模块（模块）	培训内容（课程）	技能目标	培训细目	学习单元	课程内容	培训建议	课堂学时
1．计划制定	1-1　信息收集	1-1-1　能运用信息收集的途径和方法		（5）农业技术支持信息化需求和信息收集	1）不同细分行业和经营主体的技术类信息需求及作用	（1）方法：讲授法、实训法 （2）重点与难点：农业技术类信息收集的新技术和新方法	1
					2）农业技术类信息的传统收集渠道和创新方法 ①政府、院校、助农机构、专业书籍及行业会议等传统途径 ②搜索引擎、社交网络和垂直内容平台等高效新途径		
				（6）农业产品加工信息化需求和信息收集	1）不同细分行业和经营主体产品加工过程产生的主要信息及其用途	（1）方法：讲授法、实训法 （2）重点：产品加工类信息在不同细分行业和经营主体的分类及关键内容 （3）难点：现代农业产业化发展对产品加工信息化的要求和发展方向	1
					2）农产品加工类信息的传统收集方法和创新发展		
				（7）农业产业化目标市场和农产品流通模式	1）农业产业化目标市场的概念、分类与特点	（1）方法：讲授法 （2）重点与难点：主要农业目标市场和农产品商贸流通模式的特点及其信息化需求	2
					2）农产品商贸流通模式的分类、特点与发展趋势 ①种植类农产品 ②养殖类农产品 ③其他农业及涉农产品或服务		

续表

2.1.2 四级 / 中级职业技能培训要求				2.2.2 四级 / 中级职业技能培训课程规范			
职业功能模块（模块）	培训内容（课程）	技能目标	培训细目	学习单元	课程内容	培训建议	课堂学时
1．计划制定	1-1 信息收集	1-1-1 能运用信息收集的途径和方法		（8）涉农经济组织商业模式和市场形态	1）不同类型涉农经济组织的商业模式和销售机制	（1）方法：讲授法 （2）重点：不同细分行业和经营主体的销售机制 （3）难点：B 端和 C 端市场的变化趋势及创新模式	2
					2）农产品市场销售端的变化发展趋势 ① B 端市场 ② C 端市场 ③创新市场		
				（9）农业市场与销售信息化需求和信息收集	1）农业市场与销售信息的分类和用途 ①直接信息和间接信息（如市场调查分析结果等） ②静态信息和动态信息	（1）方法：讲授法、实训法 （2）重点：各类市场和销售信息的特点、用途及其收集和呈现方法 （3）难点：目标市场多样化、碎片化等发展趋势对市场和销售类信息收集的影响	1
					2）农产品市场与销售类信息的传统收集渠道、创新收集方法及呈现形式 ①传统及线下商贸流通体系 ②电商、社交平台、互联网直播等新型营销体系		
					3）农业市场与销售大数据的获取及农业电商		

续表

2.1.2　四级 / 中级职业技能培训要求				2.2.2　四级 / 中级职业技能培训课程规范			
职业功能模块（模块）	培训内容（课程）	技能目标	培训细目	学习单元	课程内容	培训建议	课堂学时
1．计划制定	1-1　信息收集	1-1-2　能筛选有用的信息数据	（1）农业生产组织的标准化信息单元建设 （2）农业设备作业的标准化信息单元建设 （3）农业技术支持的标准化信息单元建设 （4）农业产品加工的标准化信息单元建设 （5）农业产品销售和营销的标准化信息单元建设	（10）农业信息标准化作业的内容和流程	1）标准化信息单元在农业信息化管理中的作用和意义	（1）方法：讲授法、实训法 （2）重点：标准化信息单元在农业信息化管理中的作用和意义 （3）难点：建立标准化信息单元及处理非标准化信息的思路和方法	2
					2）农业信息化管理对标准化信息的需求 ①标准化信息单元的筛选维度及数据格式 ②生产、设备、技术、加工、销售等主要职能部门的标准化信息单元建设需求		
					3）信息筛选和数据处理的一般性流程和方法 ①通过生产信息采集表 ②通过软件工具及算法 ③类比、时序、差重等数据处理方法		
					4）信息数据可视化方法		
				（11）农业生产组织的标准化信息单元建设	1）生产组织类标准化信息单元的种类、特点与用途	（1）方法：讲授法、实训法 （2）重点与难点：用于生产组织的各类标准化信息单元及其用途	1
					2）不同细分行业和经营主体生产组织信息筛选和处理		
				（12）农业设备作业的标准化信息单元建设	1）设备类标准化信息单元的种类、特点与用途	（1）方法：讲授法、实训法 （2）重点与难点：用于设备作业的各类标准化信息单元及其用途	1
					2）不同细分行业和经营主体设备类信息筛选和处理		

续表

2.1.2 四级 / 中级职业技能培训要求				2.2.2 四级 / 中级职业技能培训课程规范			
职业功能模块（模块）	培训内容（课程）	技能目标	培训细目	学习单元	课程内容	培训建议	课堂学时
1．计划制定	1–1　信息收集	1–1–2　能筛选有用的信息数据		（13）农业技术支持的标准化信息单元建设	1）技术类标准化信息单元的种类、特点与用途 2）不同细分行业和经营主体技术类信息筛选和处理	（1）方法：讲授法、实训法 （2）重点与难点：用于技术支持的各类标准化信息单元及其用途	1
				（14）农业产品加工的标准化信息单元建设	1）产品加工类标准化信息单元的种类、特点与用途 2）不同细分行业和经营主体的产品加工类信息筛选和数据处理	（1）方法：讲授法、实训法 （2）重点与难点：用于产品加工的各类标准化信息单元及其用途	1
				（15）农业产品销售的标准化信息单元建设	1）产品销售类标准化信息单元的种类、特点与用途 2）不同细分行业和经营主体的产品销售类信息筛选和数据处理	（1）方法：讲授法、实训法 （2）重点：不同细分行业和经营主体对销售类信息的筛选处理需求 （3）难点：产品销售类信息数据和市场导向思维在现代农业产业化发展中的作用	1
				（16）农业信息化营销和销售创新	1）农业产品销售和营销类信息的维度及内在联系 2）基于信息技术的农业信息化营销和销售模式及相关工具 ①自动化信息和数据处理基本知识 ②网络爬虫、数据库、算法模型及相关自动化数据处理工具 ③搭建简单的信息数据收集筛选处理平台	（1）方法：讲授法、实训法 （2）重点：农业产品销售和营销类信息数据间的内在关系及其在信息化工具中的体现 （3）难点：产品销售和营销类信息从收集到筛选处理的整体逻辑关系	2

续表

2.1.2　四级 / 中级职业技能培训要求				2.2.2　四级 / 中级职业技能培训课程规范			
职业功能模块（模块）	培训内容（课程）	技能目标	培训细目	学习单元	课程内容	培训建议	课堂学时
1．计划制定	1-1　信息收集	1-1-3　能设计市场调查问卷	（1）不同细分行业和经营主体生产组织端的市场调查问卷设计及信息处理 （2）不同细分行业和经营主体产品销售端的市场调查问卷设计及信息处理	（17）市场调查与农业信息化管理	1）市场调查的概念、形式及其在农业信息化中的作用和意义 2）农业信息化管理对市场调查的需求、应用及案例 ①生产组织端市场调查 ②市场销售端市场调查 3）市场调查的一般性方法、应用及创新模式 ①常规的市场调查方法 ②互联网 / 移动互联网在市场调查中的创新应用	（1）方法：讲授法、案例教学法 （2）重点与难点：市场调查的一般性方法及其所需条件和主要应用场景	2
				（18）农业生产组织端的市场调查问卷设计及信息处理	1）生产组织端市场调查问卷的整体规划与调研目标设计 2）生产组织端市场调查问卷的问题设计、样本与方式选择、市场调查人员话术设计与培训 3）生产组织端市场调查问卷的信息数据筛选与标准化处理方法	（1）方法：讲授法、实训法 （2）重点与难点：生产组织端市场调查问卷的各项设计操作实务	2
				（19）农业产品销售端的市场调查问卷设计及信息处理	1）产品销售端市场调查问卷的整体规划与调研目标设计 2）产品销售端市场调查问卷的问题设计、样本与方式选择、市场调查人员话术设计与培训 3）产品销售端市场调查问卷的信息数据筛选与标准化处理方法	（1）方法：讲授法、实训法 （2）重点与难点：产品销售端市场调查问卷的各项设计操作实务	2

续表

2.1.2 四级 / 中级职业技能培训要求				2.2.2 四级 / 中级职业技能培训课程规范			
职业功能模块（模块）	培训内容（课程）	技能目标	培训细目	学习单元	课程内容	培训建议	课堂学时
1．计划制定	1–2 目标制定	1–2–1 能根据市场调研进行经营项目可行性分析	（1）不同细分行业和经营主体生产型项目可行性分析 （2）不同细分行业和经营主体销售型项目可行性分析	（1）农业市场调查数据的分析评价	1）农业供求关系体系的划分维度和要素分析 ①生产端三要素（生产力、生产资料、生产关系） ②市场端三要素（商品、买方、卖方） ③销售端三要素（人、货、场）	（1）方法：讲授法、实训法 （2）重点：农业项目的目标市场供求关系变化趋势 （3）难点：基于市场调查数据的分析评价，建立农业项目产—供—销链条的整体逻辑	2
					2）生产端市场调查的定性和定量评价办法		
					3）销售端市场调查的定性和定量评价办法		
					4）农业产—供—销链条内在联系的数据化分析评估		
				（2）农业产业化项目可行性分析的基本理论和方法	1）项目可行性分析的一般性方法	（1）方法：讲授法、案例教学法 （2）重点：农业产业化项目可行性分析的主要方法 （3）难点：结合行业与市场发展趋势，判断并选择适当的项目可行性分析方法	1
					2）农业产业化项目的类型、特点及案例分析		
					3）基于供求关系变化的项目可行性分析		
					4）基于产业链协同的项目可行性分析		
				（3）农业生产型项目可行性分析	1）生产型项目可行性分析的要点	（1）方法：讲授法、实训法 （2）重点与难点：生产型项目可行性分析的方法	2
					2）不同细分行业和经营主体生产型项目可行性分析方法		
				（4）农业销售型项目可行性分析	1）销售型项目可行性分析的要点	（1）方法：讲授法、实训法 （2）重点与难点：基于细分行业、经营主体、目标市场及商业模式等外部要素的销售型项目可行性分析方法	2
					2）不同细分行业和经营主体销售型项目可行性分析方法		
					3）基于新兴目标市场与创新商业模式的项目可行性分析		

续表

<table>
<tr><th colspan="4">2.1.2　四级 / 中级职业技能培训要求</th><th colspan="4">2.2.2　四级 / 中级职业技能培训课程规范</th></tr>
<tr><th>职业功能模块（模块）</th><th>培训内容（课程）</th><th>技能目标</th><th>培训细目</th><th>学习单元</th><th>课程内容</th><th>培训建议</th><th>课堂学时</th></tr>
<tr><td rowspan="9">1．计划制定</td><td rowspan="9">1-2　目标制定</td><td rowspan="7">1-2-2　能制定经营项目实施方案</td><td rowspan="7">（1）农业生产型项目的投资预测
（2）农业销售型项目的投资预测
（3）农业生产型项目的实施方案设计
（4）农业销售型项目的实施方案设计</td><td rowspan="3">（5）农业产业化项目投资及发展趋势</td><td>1）项目投资预测的基本知识</td><td rowspan="3">（1）方法：讲授法
（2）重点：农业经营项目投资预测的一般性方法
（3）难点：市场变化和行业发展对农业项目投资预测模型与方法的影响</td><td rowspan="3">1</td></tr>
<tr><td>2）农业产业化项目投资的类型及一般性投资预测方法</td></tr>
<tr><td>3）农业产业化发展对农业项目投资预测的影响
①供求关系发展变化的影响要素
②产业链协同关系发展变化的影响要素
③财务预测模型发展变化的影响要素</td></tr>
<tr><td rowspan="2">（6）农业生产型项目的投资预测及项目实施方案设计</td><td>1）不同细分行业和经营主体生产型项目的投资预测</td><td rowspan="2">（1）方法：讲授法、实训法
（2）重点与难点：针对不同细分行业和经营主体的实际需求，进行生产型项目的投资预测与实施方案设计</td><td rowspan="2">2</td></tr>
<tr><td>2）不同细分行业和经营主体生产型项目实施方案的设计</td></tr>
<tr><td rowspan="2">（7）农业销售型项目的投资预测及项目实施方案设计</td><td>1）不同细分行业和经营主体销售型项目的投资预测</td><td rowspan="2">（1）方法：讲授法、实训法
（2）重点与难点：针对不同细分行业和经营主体的实际需求，进行销售型项目的投资预测与实施方案设计</td><td rowspan="2">2</td></tr>
<tr><td>2）不同细分行业和经营主体销售型项目实施方案的设计</td></tr>
<tr><td rowspan="2">1-2-3　能制定年度经营目标</td><td rowspan="2">（1）不同细分行业和经营主体年度生产目标的制定
（2）不同细分行业和经营主体年度销售目标的制定</td><td rowspan="2">（8）农业项目经营计划编制</td><td>1）项目经营计划的基本结构、要素和编制重点</td><td rowspan="2">（1）方法：讲授法
（2）重点：农业项目经营计划的一般性编制方法
（3）难点：农业项目经营目标各构成要素在信息化和产业化发展过程中的相互关系</td><td rowspan="2">2</td></tr>
<tr><td>2）农业项目年度经营目标的构成要素及内在关系</td></tr>
</table>

续表

2.1.2　四级/中级职业技能培训要求				2.2.2　四级/中级职业技能培训课程规范			
职业功能模块（模块）	培训内容（课程）	技能目标	培训细目	学习单元	课程内容	培训建议	课堂学时
1. 计划制定	1-2　目标制定	1-2-3　能制定年度经营目标		（9）农业项目年度生产目标制定	1）农业项目生产目标制定的参考指标及其内在关系 2）不同细分行业和经营主体年度生产目标的制定方法	（1）方法：讲授法、实训法 （2）重点与难点：针对不同细分行业和经营主体的实际需求制定年度生产目标	2
				（10）农业项目年度销售目标制定	1）农业项目销售目标制定的参考指标及其内在关系 2）不同细分行业和经营主体年度销售目标的制定方法	（1）方法：讲授法、实训法 （2）重点与难点：针对不同细分行业和经营主体的实际需求制定年度销售目标	2
	1-3　目标分解	1-3-1　能制定年度生产计划	（1）编制农业项目生产计划 （2）动态市场条件下农业项目生产计划的优化	（1）农业项目生产计划编制及信息化管理应用初步	1）生产计划的基本结构、要素和编制重点 2）不同细分行业和经营主体的生产计划编制方法 3）农业项目生产计划在信息化管理中的应用与创新	（1）方法：讲授法、实训法 （2）重点：农业项目生产计划的一般性编制方法 （3）难点：农业项目生产计划表中的各项信息化单元在信息化管理体系中的相互关系	2
				（2）动态市场条件下农业项目生产计划的优化	1）动态市场条件下生产计划的可变条件及案例分析 2）生产计划的优化思路和方法	（1）方法：讲授法、案例教学法 （2）重点与难点：农业项目生产计划动态调整优化的思路和方法	1
		1-3-2　能制定年度销售计划	（1）编制农业项目销售计划 （2）动态市场条件下农业项目营销和销售计划的优化	（3）农业项目销售计划编制及信息化管理应用初步	1）销售计划的基本结构、要素和编制重点 2）不同细分行业和经营主体的销售计划编制方法 3）农业项目销售计划在信息化管理中的应用与创新	（1）方法：讲授法、实训法 （2）重点：农业项目销售计划的一般性编制方法 （3）难点：农业项目销售计划表中的各项信息化单元在信息化管理体系中的相互关系和作用	2

续表

2.1.2　四级 / 中级职业技能培训要求				2.2.2　四级 / 中级职业技能培训课程规范			
职业功能模块（模块）	培训内容（课程）	技能目标	培训细目	学习单元	课程内容	培训建议	课堂学时
1．计划制定	1–3　目标分解	1–3–2　能制定年度销售计划		（4）动态市场条件下农业项目营销和销售计划的优化	1）动态市场条件下营销与销售计划的可变条件分析 2）产销联动、以销定产和订单农业模式对营销与销售计划的影响及案例分析 3）营销与销售计划的优化思路和方法	（1）方法：讲授法、案例教学法 （2）重点与难点：农业项目营销与销售计划动态调整优化的思路和方法	1
		1–3–3　能制定生产经营各岗位工作目标	（1）农业项目经营管理目标分解和责任协调落实 （2）制定农业项目经营各岗位的职责、工作目标及相关考核制度	（5）农业项目经营管理目标分解和责任协调落实	1）农业项目生产经营目标分解的原则、标准及信息化准备工作 ①整分合原则、一致性原则的概念和应用 ②限制性条件和因素的分析和应用 ③协调平衡原则及工作分解结构（WBS）等方法的应用 2）信息化管理在主要职能部门协调落实中的应用案例分析	（1）方法：讲授法、案例教学法 （2）重点：基于信息化管理的经营项目管理目标分解和责任协调落实 （3）难点：在各主要职能部门或职能环节应用信息化管理手段进行目标分解和协调落实的原则和方法	2
				（6）农业项目信息化管理中的岗位目标制定和考核	1）农业项目生产经营岗位目标制定的原则、标准及一般性方法 ①基于职能特点和职能目标分解的以岗定责 ②基于经营性目标分解和加权分配的业绩主导型目标制定和岗位定责 ③基于管理体系效率性目标分解的过程主导型目标制定和岗位定责 2）信息化管理在经营岗位目标优化和考核中的应用案例分析	（1）方法：讲授法、案例教学法 （2）重点与难点：应用信息化管理手段优化农业项目经营岗位考核的意义和方法	2

续表

<table>
<tr><th colspan="4">2.1.2 四级 / 中级职业技能培训要求</th><th colspan="4">2.2.2 四级 / 中级职业技能培训课程规范</th></tr>
<tr><th>职业功能模块（模块）</th><th>培训内容（课程）</th><th>技能目标</th><th>培训细目</th><th>学习单元</th><th>课程内容</th><th>培训建议</th><th>课堂学时</th></tr>
<tr><td rowspan="8">2．组织管理</td><td rowspan="8">2–1 生产要素组织</td><td rowspan="8">2–1–1 能开展农业生产基地状况评估，编制评估报告</td><td rowspan="8">（1）农业生产基地的构成要素和特点分析
（2）中外农业生产基地的发展现状和特点分析
（3）农业产业化发展趋势对农业生产基地的影响及应对
（4）种植类农业生产基地状况评估
（5）养殖类农业生产基地状况评估
（6）综合型农业生产基地及产业带、产业集群状况评估</td><td rowspan="3">（1）农业生产基地概述</td><td>1）农业生产基地、产业集群及产业带的概念、构成要素、政策环境及发展历程</td><td rowspan="3">（1）方法：讲授法
（2）重点与难点：我国农业生产基地的发展历史及面对农业产业化发展方向存在的典型问题</td><td rowspan="3">1</td></tr>
<tr><td>2）我国农业生产基地的特点、困境及破解路径</td></tr>
<tr><td>3）农业生产基地在农业产业化、信息化发展中的角色和作用</td></tr>
<tr><td rowspan="2">（2）中外农业生产基地的发展现状和特点分析</td><td>1）国内农业生产基地、产业集群及产业带的现状、问题、发展趋势及案例分析</td><td rowspan="2">（1）方法：讲授法、案例教学法
（2）重点与难点：中外建设大中型农业生产基地的模式、方法和差异</td><td rowspan="2">2</td></tr>
<tr><td>2）农业发达国家农业生产基地、产业集群及产业带的发展现状、趋势及案例分析</td></tr>
<tr><td rowspan="3">（3）农业产业化发展对生产基地的影响及应对策略</td><td>1）传统农业生产基地在产业化发展趋势中的挑战
①市场化导向的挑战
②经济效益和社会效益并重的挑战
③打造重点产业、核心产品的挑战
④产业链融合的挑战
⑤信息化、智能化、无人化运营管理模式的挑战</td><td rowspan="3">（1）方法：讲授法
（2）重点：农业生产基地应对农业产业化发展趋势的模式、策略和方法
（3）难点：农业生产基地针对快速变化的国内外市场环境，在“大循环”“双循环”发展模式下的发展思路</td><td rowspan="3">2</td></tr>
<tr><td>2）农业生产基地的发展路径及意义
①规模农业发展路径
②精致农业发展路径
③智慧农业、设施农业发展路径
④休闲农业、创意农业等混合业态发展路径</td></tr>
<tr><td>3）“大循环”“双循环”模式对农业生产基地的影响及应对策略</td></tr>
</table>

续表

2.1.2　四级 / 中级职业技能培训要求				2.2.2　四级 / 中级职业技能培训课程规范			
职业功能模块（模块）	培训内容（课程）	技能目标	培训细目	学习单元	课程内容	培训建议	课堂学时
2．组织管理	2–1　生产要素组织	2–1–1　能开展农业生产基地状况评估，编制评估报告		（4）种植类农业生产基地状况评估	1）种植类农业生产基地的特点、运营模式及关键运营指标 ①粮食类作物种植生产基地 ②蔬果类作物种植生产基地 ③其他经济作物种植生产基地	（1）方法：讲授法、实训法 （2）重点与难点：各类种植类农业生产基地的评估要素和评估报告编制方法	2
					2）种植类生产基地评估报告的编制方法		
				（5）养殖类农业生产基地状况评估	1）养殖类农业生产基地的特点、运营模式及关键运营指标 ①畜禽类养殖生产基地 ②水产类养殖生产基地 ③其他特种养殖类生产基地	（1）方法：讲授法、实训法 （2）重点与难点：各类养殖类农业生产基地的评估要素和评估报告编制方法	2
					2）养殖类生产基地评估报告的编制方法		
				（6）综合型农业生产基地及产业集群、产业带状况评估	1）农业产业集群、产业带的类型和特点	（1）方法：讲授法、实训法 （2）重点与难点：各类综合型农业生产基地、产业集群及产业带的评估要素和评估报告编制方法	2
					2）综合型农业生产基地的运营模式和关键运营指标 ①以核心产业产品为主、其他业态配套的运营模式 ②综合型多业态并行发展的运营模式 ③以农企结合为核心的产地扶贫和乡村振兴发展模式		
					3）综合类农业生产基地评估报告的编制方法		

续表

2.1.2　四级 / 中级职业技能培训要求				2.2.2　四级 / 中级职业技能培训课程规范			
职业功能模块（模块）	培训内容（课程）	技能目标	培训细目	学习单元	课程内容	培训建议	课堂学时
2．组织管理	2-1　生产要素组织	2-1-2　能根据农业生产安排配置生产要素，制定生产资料定额标准	（1）农业生产要素的分类及功能分析 （2）农业生产要素的组合效益分析 （3）种植类农业生产要素配置及生产资料定额制定 （4）养殖类农业生产要素配置及生产资料定额制定 （5）综合型农业生产要素配置及生产资料定额制定 （6）农业信息化对生产要素优化配置的影响及应对	（7）农业生产要素的分类及功能分析	1）自然资源要素分析 2）生产资料要素分析 3）劳动力要素分析 4）资本要素分析 5）科技要素分析	（1）方法：讲授法 （2）重点与难点：农业生产要素的构成和特点及其在未来农业产业化发展中功能比重的变化趋势	1
				（8）农业生产要素的组合原理及效益分析	1）农业生产要素的组合模式、原理和规律 ①制度层面的农业生产要素组合 ②技术层面的农业生产要素组合 2）农业生产要素组合的经济效益和社会效益分析 ①规模报酬、边际报酬变化等财务效益指标 ②边际技术替代率、劳动和资本边际替代率等运营效率指标 ③就业率、环境友好度等社会效益评估指标	（1）方法：讲授法 （2）重点：基于制度和技术等多层面的农业生产要素组合配置方法及其优劣势 （3）难点：农业生产要素组合综合效益的定性和定量评估思路和方法	2

续表

2.1.2　四级 / 中级职业技能培训要求				2.2.2　四级 / 中级职业技能培训课程规范			
职业功能模块（模块）	培训内容（课程）	技能目标	培训细目	学习单元	课程内容	培训建议	课堂学时
2. 组织管理	2-1　生产要素组织	2-1-2　能根据农业生产安排配置生产要素，制定生产资料定额标准		(9) 农业生产资料的分类、功能及应用标准	1）农业生产资料的分类、功能及应用标准 ①设备、设施等用于农业生产的劳动资料 ②土地、种子、养殖类种苗等农业生产的劳动对象	(1) 方法：讲授法 (2) 重点与难点：农业生产资料的功能、应用标准及各种新形态的发展趋势	2
					2）新型农业及其生产经营模式的生产资料扩展和特点分析 ①观光 / 休闲农业等新型业态的跨界类生产资料 ②大数据、算法等信息化技术类新型生产资料 ③智能软、硬件产品等新型工具类生产资料 ④细分市场及长尾需求的新型劳动对象类生产资料		
				(10) 种植类农业生产要素配置及生产资料定额制定	1）种植类不同细分行业的生产要素配置和生产资料定额制定	(1) 方法：讲授法、实训法 (2) 重点与难点：种植类不同细分行业和经营主体的生产要素配置、生产资料定额制定方法	2
					2）种植类不同经营主体的生产要素配置和生产资料定额制定		
				(11) 养殖类农业生产要素配置及生产资料定额制定	1）养殖类不同细分行业的生产要素配置和生产资料定额制定	(1) 方法：讲授法、实训法 (2) 重点与难点：养殖类不同细分行业和经营主体的生产要素配置、生产资料定额制定方法	2
					2）养殖类不同经营主体的生产要素配置和生产资料定额制定		

续表

2.1.2 四级 / 中级职业技能培训要求				2.2.2 四级 / 中级职业技能培训课程规范			
职业功能模块（模块）	培训内容（课程）	技能目标	培训细目	学习单元	课程内容	培训建议	课堂学时
2．组织管理	2–1 生产要素组织	2–1–2 能根据农业生产安排配置生产要素，制定生产资料定额标准		（12）综合型农业生产要素配置及生产资料定额制定	1）不同综合型农业生产经营模式的生产要素配置和生产资料定额制定	（1）方法：讲授法、实训法 （2）重点与难点：不同综合型农业生产经营模式和经营主体的生产要素配置、生产资料定额制定方法	2
					2）不同类型的综合型农业经营主体的生产要素配置和生产资料定额制定		
				（13）农业信息化对生产要素优化配置的影响及应对	1）农业产业互联网的发展模式、趋势及案例分析	（1）方法：讲授法、案例教学法 （2）重点与难点：农业生产要素配置及优化的发展方向及其应对策略和方法	3
					2）农业信息化、智能化对生产要素配置模式的影响及应对 ①云技术的应用和影响 ②区块链技术的应用和影响 ③基于大数据的柔性供应链应用、影响及局限性		
		2–1–3 能对一个生产周期的生产记录进行分析总结，编制总结报告	（1）农业生产周期的特点和要素分析 （2）种植类农业生产记录分析及总结报告的编制	（14）农业生产周期的特点和要素分析	1）农业生产周期的概念和特点 ①季节性和周期性特点 ②连续性特点 ③地域性特点	（1）方法：讲授法 （2）重点：农业生产周期的特点、要素及一个生产周期的关键生产运营指标分析 （3）难点：不同农业生产对象与产出物的生产周期特点	2
					2）农业生产周期的要素分析 ①主要种植作物的生产周期要素分析 ②主要养殖产品的生产周期要素分析		
					3）新型生产对象及生产模式的生产周期要素分析		

续表

2.1.2 四级／中级职业技能培训要求				2.2.2 四级／中级职业技能培训课程规范			
职业功能模块（模块）	培训内容（课程）	技能目标	培训细目	学习单元	课程内容	培训建议	课堂学时
2．组织管理	2–1 生产要素组织	2–1–3 能对一个生产周期的生产记录进行分析总结，编制总结报告	（3）养殖类农业生产记录分析及总结报告的编制 （4）综合型农业生产记录分析及总结报告的编制	（15）种植类农业生产记录分析及总结报告编制	1）种植类生产记录的内容、格式、要点及分析整理 ①粮食类作物的生产记录 ②蔬果类作物的生产记录 ③其他经济作物的生产记录 2）农业信息化对种植类电子生产记录的要求和总结报告编制规范	（1）方法：讲授法、实训法 （2）重点与难点：采用适当方法和工具进行作物电子生产记录的分析、整理和编制	2
				（16）养殖类农业生产记录分析及总结报告编制	1）养殖类生产记录的内容、格式、要点及分析整理 ①畜禽类产品的生产记录 ②水产类产品的生产记录 ③其他特种养殖产品的生产记录 2）农业信息化对养殖类电子生产记录的要求和总结报告编制规范	（1）方法：讲授法、实训法 （2）重点与难点：采用适当方法和工具进行养殖类电子生产记录的分析、整理和总结报告编制	2
				（17）综合型农业生产记录分析及总结报告编制	1）综合型农业生产记录的内容、格式、要点及分析整理 2）农业信息化对综合型农业生产电子生产记录的要求和总结报告编制规范	（1）方法：讲授法、实训法 （2）重点与难点：采用适当方法和工具进行综合型农业生产电子生产记录的分析、整理和总结报告编制	2
	2–2 岗位设置	2–2–1 能根据涉农经济组织特点设置岗位，确定基本组织结构	（1）涉农经济组织的组织形式及特点分析	（1）涉农经济组织的组织形式及特点分析	1）涉农经济组织的概念、分类维度、经营模式及职能特点 2）现代企业的组织发展方向及其对涉农经济组织发展的影响 ①生产立体化 ②业态综合化 ③市场多元化与外向化	（1）方法：讲授法 （2）重点与难点：涉农经济组织的组织形式和发展方向	2

续表

2.1.2 四级 / 中级职业技能培训要求				2.2.2 四级 / 中级职业技能培训课程规范			
职业功能模块（模块）	培训内容（课程）	技能目标	培训细目	学习单元	课程内容	培训建议	课堂学时
2．组织管理	2–2 岗位设置	2–2–1 能根据涉农经济组织特点设置岗位，确定基本组织结构	（2）涉农经济组织职能部门及岗位设置 （3）涉农经济组织的组织层级和管理幅度优化	（2）涉农经济组织的职能部门及岗位设置	1）传统职能部门划分、产业化信息化新型职能部门及案例分析 ①生产组织类职能部门 ②设备作业类职能部门 ③技术支持类职能部门 ④产品加工类职能部门 ⑤产品销售类职能部门 ⑥市场品牌类职能部门 ⑦财务、人力、行政等支持类职能部门	（1）方法：讲授法、案例教学法 （2）重点：涉农经济组织部门划分及岗位设置的原则和方法 （3）难点：针对农业信息化、智能化发展趋势的部门划分与岗位设置策略和方法	2
					2）涉农经济组织岗位设置的原则和方法 ①最低数量、有效配合、业务平衡、整体协同等传统设置原则和方法 ②信息化、智能化趋势下的岗位优化配置策略和方法		
				（3）涉农经济组织的组织层级、管理幅度及优化	1）现代企业组织层级和管理幅度设置的一般性原则、方法及其相互关系	（1）方法：讲授法 （2）重点与难点：涉农经济组织层级设计和管理幅度优化	2
					2）涉农经济组织的组织层级和管理幅度设置策略 ①应对核心产业和产品需求 ②应对经营主体特性及局限 ③应对产业化发展与产业链整合 ④应对信息化、智能化发展		

续表

2.1.2　四级 / 中级职业技能培训要求				2.2.2　四级 / 中级职业技能培训课程规范			
职业功能模块（模块）	培训内容（课程）	技能目标	培训细目	学习单元	课程内容	培训建议	课堂学时
2. 组织管理	2-2　岗位设置	2-2-2　能根据岗位需求实施人员招聘	（1）涉农经济组织的人员需求和选择标准分析 （2）涉农经济组织人员招聘 （3）涉农经济组织人才梯队建设	（4）涉农经济组织的人员需求和选择标准	1）现代农业企业发展对人员的要求及选择标准 ①品德要求 ②素质要求 ③技能要求 2）不同细分行业和经营主体的人员需求和选择标准 3）农业信息化管理主要职能部门的人员需求和选择标准	（1）方法：讲授法 （2）重点与难点：农业现代化发展过程中涉农经济组织的人员需求判断及选择标准制定	2
				（5）涉农经济组织人员招聘	1）现代企业实施人员招聘的一般性方法、模式、途径和工具 2）涉农经济组织人员招聘的策略和方法 ①生产组织类人员招聘 ②设备作业类人员招聘 ③技术支持类人员招聘 ④产品加工类人员招聘 ⑤产品销售类人员招聘 ⑥市场品牌类人员招聘 ⑦财务、人力、行政等支持类人员招聘	（1）方法：讲授法、实训法 （2）重点与难点：涉农经济组织实施有效的人员招聘的方法、技巧及工具	2

续表

<table>
<tr><th colspan="4">2.1.2　四级 / 中级职业技能培训要求</th><th colspan="4">2.2.2　四级 / 中级职业技能培训课程规范</th></tr>
<tr><th>职业功能模块（模块）</th><th>培训内容（课程）</th><th>技能目标</th><th>培训细目</th><th>学习单元</th><th>课程内容</th><th>培训建议</th><th>课堂学时</th></tr>
<tr><td rowspan="4">2．组织管理</td><td rowspan="2">2-2　岗位设置</td><td rowspan="2">2-2-2　能根据岗位需求实施人员招聘</td><td rowspan="2"></td><td rowspan="2">（6）涉农经济组织的用工特点与人才梯队建设</td><td>1）涉农经济组织的用工特点及应对策略
①专业人才、复合人才、职业经理人短缺问题
②本地化用工、人才来源多元化需求及人才流动性差问题
③城乡差距及人才工作、生活相关制度配套问题
④收入增长慢、人才结构老龄化问题</td><td rowspan="2">（1）方法：讲授法
（2）重点与难点：针对涉农经济组织的用工特点及发展趋势，实施有效、可持续的人员招聘和人才梯队建设策略</td><td rowspan="2">1</td></tr>
<tr><td>2）涉农经济组织的人才梯队建设策略
①制度和组织体系保障
②现代职业经理人制度
③冗余招聘策略和人员汰换机制</td></tr>
<tr><td rowspan="2">2-3　会务组织</td><td rowspan="2">2-3-1　能根据主题策划和设计会务</td><td rowspan="2">（1）涉农经济组织的会务需求、目标及特点分析
（2）涉农经济组织会务策划设计</td><td rowspan="2">（1）涉农经济组织的会务需求、目标及特点分析</td><td>1）现代企业会务组织的流程、要素分析及注意事项</td><td rowspan="2">（1）方法：讲授法
（2）重点与难点：涉农经济组织根据目标主题及实际需求所要策划实施的各类主要会务的形式、内容和特点</td><td rowspan="2">2</td></tr>
<tr><td>2）涉农经济组织常见的会务形式、会务目的及形式
①生产相关类会务
②销售、市场、品牌相关类会务
③产业链协同整合及异业合作相关类会务</td></tr>
</table>

续表

2.1.2　四级 / 中级职业技能培训要求				2.2.2　四级 / 中级职业技能培训课程规范			
职业功能模块（模块）	培训内容（课程）	技能目标	培训细目	学习单元	课程内容	培训建议	课堂学时
2．组织管理	2-3　会务组织	2-3-1　能根据主题策划和设计会务		（2）涉农经济组织会务策划设计	1）会务策划设计的要素和注意事项 ①会务目标分析确定 ②会务规模、受众及相关资源确定 ③会务筹备及前期各项资源、人员、物料协调准备 ④会务流程设计及各项应急预案备选方案制定 ⑤会务人员安排、责权划分及考核 ⑥会务前期、中期、后期的传播需求确定及传播计划执行 2）涉农经济组织会务执行的要素和注意事项 ①会前执行 ②会中执行 ③会后执行 3）涉农经济组织会务策划、设计案例	（1）方法：讲授法、实训法 （2）重点：涉农经济组织策划、设计和执行会务工作的流程、要素、常见问题和解决方法 （3）难点：涉农经济组织策划、设计会务工作中应对特殊及突发状况的应急预案	2
				（3）涉农类会议及会务组织的发展趋势和创新模式	1）现代企业会议及会务组织的创新发展趋势 ①数据化管理趋势和相关工具应用 ②线上、非接触会议及 AR、VR 等多媒体技术的应用趋势和相关工具应用 2）涉农类会议及会务组织的创新发展、应对策略、工具及相关案例分析	（1）方法：讲授法 （2）重点与难点：涉农经济组织面对现代会议会务形式创新发展趋势的应对策略、方法和工具	1

续表

2.1.2 四级 / 中级职业技能培训要求				2.2.2 四级 / 中级职业技能培训课程规范			
职业功能模块（模块）	培训内容（课程）	技能目标	培训细目	学习单元	课程内容	培训建议	课堂学时
2．组织管理	2-3 会务组织	2-3-2 能进行会务	（1）涉农类会务组织 （2）涉农类会议协调	（4）涉农类会务组织和会议协调	1）现代会议常见问题及解决方法 ①“人”的问题 ②“物”的问题 ③“场”的问题	（1）方法：讲授法、实训法 （2）重点与难点：会务中常见的协调问题及其解决策略和方法	2
					2）会议协调技巧、应用场景及作用 ①人员协调 ②内容协调 ③场地、设备、流程等协调		
				（5）涉农类会务组织降费增效技巧及相关工具使用	1）现代会议会务的成本预算构成及关键指标分析	（1）方法：讲授法、案例教学法 （2）重点与难点：采用信息化手段和工具对会务组织实施降费增效的方法	1
					2）经济高效会务组织执行的技巧、工具及案例分析 ①节约人员成本 ②节约时间成本 ③总体投入产出比预估分析和提升		
3．目标控制	3-1 计划控制	3-1-1 能梳理生产管理流程	（1）农业生产管理的流程、内容和特点分析 （2）农业生产管理流程的梳理	（1）农业生产管理的流程、内容和特点分析	1）流程和生产管理流程的概念、类型、组成部分及内容要素	（1）方法：讲授法 （2）重点与难点：农业生产管理的主要组成部分及其在不同细分行业的流程、内容和特点	1
					2）种植业生产管理的流程、内容和特点分析		
					3）养殖业生产管理的流程、内容和特点分析		
					4）其他涉农行业生产管理的流程、内容和特点分析		

续表

2.1.2　四级 / 中级职业技能培训要求				2.2.2　四级 / 中级职业技能培训课程规范			
职业功能模块（模块）	培训内容（课程）	技能目标	培训细目	学习单元	课程内容	培训建议	课堂学时
3. 目标控制	3-1　计划控制	3-1-1　能梳理生产管理流程		（2）农业生产计划和流程管理的协同要点及实施方法	1）种植业生产计划和流程管理的协同要点及方法	（1）方法：讲授法 （2）重点与难点：不同细分行业生产计划和流程管理的协同要点及实施方法	2
					2）养殖业生产计划和流程管理的协同要点及方法		
					3）其他涉农行业生产计划和流程管理的协同要点及实施方法		
				（3）农业生产组织的形式、要素及其实施和管理方法	1）种植业生产组织的形式、要素及实施和管理方法	（1）方法：讲授法 （2）重点与难点：不同细分行业生产组织的形式、要素及其在实施过程中的常见问题和解决方法	2
					2）养殖业生产组织的形式、要素及实施和管理方法		
					3）其他涉农行业生产组织的形式、要素及实施和管理方法		
				（4）农业生产控制的目标、方式及其管理和优化方法	1）种植业生产控制的目标、方法及其管理和优化方法	（1）方法：讲授法 （2）重点与难点：不同细分行业生产控制的目标、方法及其在管理过程中的常见问题和优化解决方法	2
					2）养殖业生产控制的目标、方法及其管理和优化方法		
					3）其他涉农行业生产控制的目标、方法及其管理和优化方法		

续表

2.1.2 四级 / 中级职业技能培训要求				2.2.2 四级 / 中级职业技能培训课程规范			
职业功能模块（模块）	培训内容（课程）	技能目标	培训细目	学习单元	课程内容	培训建议	课堂学时
3．目标控制	3-1 计划控制	3-1-1 能梳理生产管理流程		（5）农业生产管理流程的梳理方法及创新趋势	1）流程梳理的概念、步骤和常用方法 2）基于三层信息化管理架构的生产流程管理模式创新实施方法及案例分析 ①基于传感器、智能终端等硬件的管理前端创新 ②基于 ERP、MES、PCS 等应用系统的管理中端创新 ③基于大数据、AI 等信息数据技术的管理后端创新	（1）方法：讲授法、案例教学法 （2）重点：农业生产管理流程的信息化发展及其在梳理过程中的注意事项 （3）难点：农业生产管理流程信息化在前、中、后端的发展、应用模式及相关系统工具的使用	2
		3-1-2 能督促部门工作计划执行和落实	（1）涉农经济组织工作计划管理 （2）涉农经济组织工作计划管理信息化和相关工具应用	（6）涉农经济组织工作计划管理的要点和常见问题	1）不同细分行业和经营主体工作计划管理的原则、内容和方法 2）农业信息管理中主要职能部门的工作计划管理 3）涉农经济组织工作计划管理的常见问题、解决方法及案例分析	（1）方法：讲授法、案例教学法 （2）重点：涉农经济组织根据流程管理的原则和特点进行企业及部门工作计划管理的方法 （3）难点：不同细分行业和经营主体在实施工作计划管理过程中的常见问题和解决方法	2
				（7）涉农经济组织工作计划管理信息化和相关工具应用	1）工作计划跟进和管理中的信息化思维、手段和工具应用 2）涉农经济组织工作计划信息化监管的特点、信息化工具选用及案例分析	（1）方法：讲授法、案例教学法 （2）重点与难点：涉农经济组织针对工作计划信息化监管趋势选用适当信息化手段及相关工具的策略和方法	2

续表

2.1.2　四级 / 中级职业技能培训要求				2.2.2　四级 / 中级职业技能培训课程规范			
职业功能模块（模块）	培训内容（课程）	技能目标	培训细目	学习单元	课程内容	培训建议	课堂学时
3．目标控制	3-2　质量控制	3-2-1　能按技术规程指导农业生产	（1）按技术规程指导生产组织 （2）按技术规程指导设备作业 （3）按技术规程指导产品加工 （4）按技术规程指导产品质量控制	（1）涉农经济组织的生产组织技术规程管理与实施	1）技术规程的实施和管理原则 ①组织和制度保障 ②岗位职责设置和考核 ③专人专用、管控分离 ④相关培训机制设置	（1）方法：讲授法 （2）重点：不同细分行业生产组织类技术规程的类型、内容及实施要点 （3）难点：农业生产技术规程的总体分类及作用	2
					2）农业生产技术规程的类型、形式和作用		
					3）不同细分行业生产组织类技术规程的管理要点		
				（2）涉农经济组织的设备作业技术规程管理与实施	1）设备作业技术规程在农业生产中的作用	（1）方法：讲授法 （2）重点与难点：不同细分行业设备作业类技术规程的类型、内容及实施要点	1
					2）不同细分行业设备作业类技术规程的管理要点		
				（3）涉农经济组织的产品加工技术规程管理与实施	1）产品加工技术规程在农业生产中的作用	（1）方法：讲授法 （2）重点与难点：不同细分行业产品加工类技术规程的类型、内容及实施要点	1
					2）不同细分行业产品加工类技术规程的管理要点		
				（4）涉农经济组织的产品质量控制技术规程管理与实施	1）产品质量控制技术规程在农业生产中的作用	（1）方法：讲授法 （2）重点与难点：不同细分行业产品质量控制类技术规程的类型、内容及实施要点	1
					2）不同细分行业产品质量控制类技术规程的管理要点		

续表

2.1.2 四级 / 中级职业技能培训要求				2.2.2 四级 / 中级职业技能培训课程规范			
职业功能模块（模块）	培训内容（课程）	技能目标	培训细目	学习单元	课程内容	培训建议	课堂学时
3. 目标控制	3-2 质量控制	3-2-2 能按照规范化要求制定出生产过程的管理办法	（1）制定涉农经济组织生产组织管理办法 （2）制定涉农经济组织设备作业管理办法 （3）制定涉农经济组织技术支持管理办法 （4）制定涉农经济组织产品加工管理办法 （5）制定涉农经济组织产品质量控制管理办法	（5）涉农经济组织生产流程规范化要求及实施方法	1）生产流程规范化的作用、要求及实施方法 2）不同细分行业实施生产流程规范化的管理要点分析	（1）方法：讲授法 （2）重点与难点：涉农经济组织生产流程规范化要求及实施方法	2
				（6）涉农经济组织生产组织管理办法的制定	1）农业生产组织管理办法的内容、格式及编写注意事项 2）不同细分行业生产组织管理办法的规范化要点分析	（1）方法：讲授法、实训法 （2）重点与难点：不同细分行业生产组织管理办法的规范化要点分析及制定方法	1
				（7）涉农经济组织设备作业管理办法的制定	1）农业设备作业管理办法的内容、格式及编写注意事项 2）不同细分行业设备作业管理办法的规范化要点分析	（1）方法：讲授法、实训法 （2）重点与难点：不同细分行业设备作业管理办法的规范化要点分析及制定方法	1
				（8）涉农经济组织技术支持管理办法的制定	1）农业技术支持管理办法的内容、格式及编写注意事项 2）不同细分行业技术支持管理办法的规范化要点分析	（1）方法：讲授法、实训法 （2）重点与难点：不同细分行业技术支持管理办法的规范化要点分析及制定方法	1
				（9）涉农经济组织产品加工管理办法的制定	1）农业产品加工管理办法的内容、格式及编写注意事项 2）不同细分行业产品加工管理办法的规范化要点分析	（1）方法：讲授法、实训法 （2）重点与难点：不同细分行业产品加工管理办法规范化要点分析及制定方法	1
				（10）涉农经济组织产品质量控制管理办法的制定	1）农业产品质量控制管理办法的内容、格式及编写注意事项 2）不同细分行业产品质量控制管理办法的规范化要点分析	（1）方法：讲授法、实训法 （2）重点与难点：不同细分行业产品质量控制管理办法的规范化要点分析及制定方法	1

续表

2.1.2　四级 / 中级职业技能培训要求				2.2.2　四级 / 中级职业技能培训课程规范			
职业功能模块（模块）	培训内容（课程）	技能目标	培训细目	学习单元	课程内容	培训建议	课堂学时
3．目标控制	3-2　质量控制	3-2-3　能识别农产品质量认证的标识并规范使用	（1）识别农产品质量认证标识 （2）规范使用农产品质量认证标识	（11）农产品质量认证的内容、特点及相关政策法规	1）农产品质量认证的概念、类型、作用及发展历程 2）我国农产品质量认证的特点及相关政策法规 3）“三品一标”质量认证的概念、内容、作用和申请使用规范	（1）方法：讲授法 （2）重点与难点：我国农产品质量认证的特点、政策法规要求和“三品一标”的申请使用规范	2
				（12）农产品质量认证体系的特点、作用及实施方法	1）我国常见农产品及食品质量认证体系的特点、作用和实施要点 2）海外主要市场农产品及食品质量认证体系的特点、作用和实施要点	（1）方法：讲授法 （2）重点与难点：国内外主要农产品及食品质量认证体系的特点、作用和实施方法	2
	3-3　成本控制	3-3-1　能列出涉农经济组织产品成本构成	（1）涉农经济组织产品成本的构成要素及特点分析 （2）农业产业化、市场化创新对产品成本影响的分析	（1）涉农经济组织产品成本的构成要素及特点分析	1）不同细分行业涉农产品成本的概念、分类和特点 2）涉农产品成本的构成要素、关键指标和特点分析 ①生产组织成本构成要素 ②设备作业成本构成要素 ③技术支持成本构成要素 ④产品加工成本构成要素 ⑤质检品控成本构成要素 ⑥产品销售成本构成要素 ⑦品牌营销成本构成要素 ⑧其他成本构成要素	（1）方法：讲授法 （2）重点：涉农经济组织产品成本的分类和构成要素 （3）难点：不同细分行业涉农产品成本的关键指标、差异和特点	2

续表

2.1.2 四级 / 中级职业技能培训要求				2.2.2 四级 / 中级职业技能培训课程规范			
职业功能模块（模块）	培训内容（课程）	技能目标	培训细目	学习单元	课程内容	培训建议	课堂学时
3. 目标控制	3-3 成本控制	3-3-1 能列出涉农经济组织产品成本构成		(2) 农业产业化、市场化创新对产品成本的影响及分析方法	1）现代农业发展对产品成本构成形式与要素的影响及案例分析 ①规模化、集约化发展 ②专业化、标准化发展 ③信息化、智能化发展 ④个性化、定制化发展	(1) 方法：讲授法、案例教学法、实训法 (2) 重点：涉农经济组织产品成本在现代农业发展趋势下的变化 (3) 难点：针对新兴目标市场或采用创新商业模式的涉农经济组织产品成本的分析策略	2
					2）基于新兴目标市场与创新商业模式的涉农产品成本分析策略 ①对比分析法 ②连锁替代法 ③相关分析法		
		3-3-2 能计算产品的直接成本和间接成本	(1) 涉农经济组织产品直接成本和间接成本的构成要素及特点分析 (2) 涉农经济组织产品成本的核算	(3) 涉农经济组织产品直接成本和间接成本的构成要素及特点分析	1）直接成本与间接成本的概念、分类和特点	(1) 方法：讲授法 (2) 重点与难点：涉农经济组织各类成本构成要素中的直接成本和间接成本分析	2
					2）涉农经济组织各类成本构成要素中的直接成本和间接成本		
				(4) 涉农经济组织产品成本的核算方法及常见问题	1）涉农产品成本核算的内容、程序、方法、应用条件及案例分析	(1) 方法：讲授法、案例教学法、实训法 (2) 重点：不同细分行业涉农产品成本核算的内容、程序和方法 (3) 难点：农业信息化对涉农产品成本核算模式的改进及相关工具应用	2
					2）不同细分行业涉农产品成本核算的常见问题和解决方法		
					3）农业信息化对涉农产品成本核算模式的改进及相关工具		

续表

2.1.2　四级 / 中级职业技能培训要求				2.2.2　四级 / 中级职业技能培训课程规范			
职业功能模块（模块）	培训内容（课程）	技能目标	培训细目	学习单元	课程内容	培训建议	课堂学时
3．目标控制	3-4　市场控制	3-4-1　能分析影响农产品营销的环境因素	（1）农产品市场环境构成要素、作用及发展趋势分析 （2）农业产业化、市场化发展对农产品销售的影响及应对	（1）农产品市场环境构成要素、作用及发展趋势	1）农产品宏观和微观市场环境的内容、特点、主导因素及发展趋势 2）农产品长期和短期市场环境的内容、特点、主导因素及发展趋势 3）农产品市场营销环境的分析模型和分析方法 ①环境—威胁矩阵分析 ②市场—机会矩阵分析 ③机会—威胁矩阵分析 4）农产品市场环境对涉农经济组织产品营销的影响及案例分析 ①对合理配置市场营销资源的影响 ②对精准制定市场营销策略的影响 ③对高效推动市场战略决策的影响	（1）方法：讲授法、案例教学法 （2）重点：农产品市场环境构成要素、作用、发展趋势及对涉农经济组织产品营销的影响 （3）难点：常用市场环境分析模型和方法在涉农经济组织市场环境分析中的应用	2
				（2）农业产业化、市场化发展对农产品销售的影响及应对	1）不同细分行业产品销售的常见方法、技巧、适用条件及案例分析 2）农业产业化、市场化发展对销售模式的影响及应对 ①规模化、集约化发展 ②专业化、标准化发展 ③信息化、智能化发展 ④个性化、定制化发展	（1）方法：讲授法、案例教学法、实训法 （2）重点：农产品销售的主要方法、技巧及其适用条件 （3）难点：现代农业发展对农产品销售模式和方法的影响及应对策略	3

续表

2.1.2　四级 / 中级职业技能培训要求				2.2.2　四级 / 中级职业技能培训课程规范			
职业功能模块（模块）	培训内容（课程）	技能目标	培训细目	学习单元	课程内容	培训建议	课堂学时
3．目标控制	3-4　市场控制	3-4-2　能根据农产品市场信息制定营销方案	（1）农产品市场信息的创新应用 （2）涉农经济组织在信息化发展趋势下的营销与销售创新 （3）涉农经济组织市场营销方案的制定、实施及优化	（3）农产品市场信息的创新应用	1）农产品市场信息的分类、内容、特点、处理原则和使用方法	（1）方法：讲授法、案例教学法 （2）重点与难点：涉农经济组织制定市场战略过程中需要掌握的传统与新型农产品市场信息及其使用方法	2
					2）农产品市场信息的内容扩展、创新应用及案例分析		
				（4）涉农经济组织在信息化发展趋势下的营销与销售创新	1）营销创新的主体、分类、作用及一般性的过程和方法	（1）方法：讲授法、案例教学法、实训法 （2）重点：农产品创新营销的思路、方法、作用和发展趋势 （3）难点：涉农经济组织策划和开展创新营销过程中需要掌握的各类信息化工具	3
					2）农产品营销创新的思路、方法、发展趋势及案例分析 ①市场主体和市场战略创新 ②营销策略创新 ③价格策略创新 ④渠道策略创新 ⑤促销策略创新 ⑥品牌传播策略创新		
					3）农产品创新营销的常用工具及使用方法 ①目标市场分析类工具 ②流量和获客类工具 ③客户互动及客户关系维护类工具 ④内容生产类工具 ⑤数据挖掘、洞察及决策类工具		

续表

2.1.2　四级 / 中级职业技能培训要求				2.2.2　四级 / 中级职业技能培训课程规范			
职业功能模块（模块）	培训内容（课程）	技能目标	培训细目	学习单元	课程内容	培训建议	课堂学时
3．目标控制	3-4　市场控制	3-4-2　能根据农产品市场信息制定营销方案		（5）涉农经济组织市场营销方案的制定、实施及优化	1）营销方案的内容、特点、作用和一般性撰写原则与方法 2）不同细分行业和经营主体制定营销方案的模式、方法、注意事项及案例分析 3）基于新兴目标市场与创新商业模式制定营销方案的模式、方法、注意事项及案例分析 4）涉农经济组织市场营销方案的实施、优化及案例分析 ①组织、制度与流程的实施保障和优化方向 ②实施主体的管理模式与协同工作模式的保障和优化方向 ③销量目标导向模式及相关绩效评估机制的实施保障和优化方向	（1）方法：讲授法、案例教学法、实训法 （2）重点：涉农经济组织根据市场信息、结合自身发展需求的营销方案制定方法 （3）难点：涉农经济组织根据市场信息化发展需求对营销方案进行有效执行和持续优化的策略和方法	3

续表

2.1.2 四级 / 中级职业技能培训要求				2.2.2 四级 / 中级职业技能培训课程规范			
职业功能模块（模块）	培训内容（课程）	技能目标	培训细目	学习单元	课程内容	培训建议	课堂学时
4．协调	4–1 内部协调	4–1–1 能与同事进行良好沟通，有效协调内部人际关系	（1）涉农经济组织的内部人际关系分析 （2）涉农经济组织内部人际沟通管理	（1）组织内部人际关系分析	1）现代管理学中的人际关系学说及其对企业管理的影响 ①人际关系学说的发展历史与典型案例 ②现代企业内部人际关系的种类、影响因素及一般性的维护和改善方法 ③经济、社会、技术等外部因素变化对现代企业内部人际关系的影响及应对策略	（1）方法：讲授法、案例教学法 （2）重点：涉农经济组织内部人际关系的构成要素及其常见问题的应对策略 （3）难点：农业信息化、智能化发展趋势对涉农经济组织内部人际关系的影响及应对策略	1
					2）涉农经济组织内部人际关系的构成维度、常见问题及应对策略 ①生产组织、设备作业、技术支持、产品加工和产品销售等不同职能部门的内部人际关系 ②性别、年龄、地域、学历等差异化个体间的内部人际关系 ③信息化、智能化发展过程中的差异化个体及职能部门的内部人际关系		
				（2）组织内部人际沟通管理	1）现代管理学中人际沟通的特点、要素、分类及功能	（1）方法：讲授法 （2）重点与难点：涉农经济组织应对内部复杂人员结构与外部产业发展趋势的沟通管理策略	1
					2）现代企业人际沟通管理的理论基础		
					3）涉农经济组织内部人际沟通管理的策略、技巧和准则		

续表

2.1.2　四级 / 中级职业技能培训要求				2.2.2　四级 / 中级职业技能培训课程规范			
职业功能模块（模块）	培训内容（课程）	技能目标	培训细目	学习单元	课程内容	培训建议	课堂学时
4．协调	4–1　内部协调	4–1–1　能与同事进行良好沟通，有效协调内部人际关系		（3）组织应对内部人际关系发展趋势的管理策略和方法	1）现代企业内部人际关系与人际沟通管理的发展趋势及案例分析 ①战略化趋势 ②信息化趋势 ③人性化趋势 ④弹性化趋势	（1）方法：讲授法、案例教学法 （2）重点与难点：涉农经济组织应对人际关系与人际沟通模式快速变化趋势的管理策略及相关工具	2
					2）涉农经济组织面向新趋势的沟通管理策略、方法和工具 ①基于数据的量化沟通管理 ②以快速决策为目标的导向式沟通管理 ③基于目标与关键成果法（OKR）的人性化和弹性化沟通管理		
		4–1–2　能组织员工培训	（1）涉农经济组织员工培训制度的建立 （2）涉农经济组织员工培训制度的执行	（4）涉农经济组织员工培训制度的建立和执行	1）现代企业员工培训制度的目的、内容和种类	（1）方法：讲授法 （2）重点与难点：涉农经济组织建立员工培训制度与实施员工培训活动的相关制度、资源与人员安排	2
					2）涉农经济组织员工培训制度的建立 ①组织体系化建设 ②不同细分行业、经营主体及职能部门专业性的联系		
					3）组织员工培训 ①财务、师资、日程安排 ②内部培训资源与外部培训资源协调整合 ③信息化时代员工培训内容与形式的创新及实践		

续表

2.1.2 四级 / 中级职业技能培训要求				2.2.2 四级 / 中级职业技能培训课程规范			
职业功能模块（模块）	培训内容（课程）	技能目标	培训细目	学习单元	课程内容	培训建议	课堂学时
4．协调	4–1 内部协调	4–1–3 能够有效开展团队建设，提升团队执行力	（1）涉农经济组织团队建设制度的建立 （2）涉农经济组织团队建设制度的执行 （3）涉农经济组织团队执行力的提升	（5）团队建设制度的建立和执行	1）现代企业团队建设的一般性方法和技巧 2）现代企业团队建设规章制度的形式、内容要点及案例分析 3）涉农经济组织建立与执行团队建设制度的策略和方法 ①目标与适用性 ②类型及要点 ③组织形式、实施维度及人员、设备保障	（1）方法：讲授法 （2）重点与难点：涉农经济组织结合自身行业属性、经营主体条件等限制因素实施有效团队建设的方法	2
				（6）提升团队执行力的策略和方法	1）现代企业高效团队执行力的构成与培养 ①行为要素 ②组织与制度要素 2）涉农经济组织提升团队执行力的策略、方法及案例分析 ①不同细分行业、经营主体及职能部门的团队执行力提升 ②农业信息化、智能化发展趋势下的团队执行力提升 ③组织形式、目标市场与商业模式变化中的团队执行力提升 ④针对性别、年龄、地域、学历等差异化个体的团队执行力提升	（1）方法：讲授法、案例教学法 （2）重点：涉农经济组织团队执行力的构成要素与提升方法 （3）难点：涉农经济组织针对复杂团队构成及快速变化的内外部环境提升团队执行力的策略和方法	2

续表

2.1.2 四级 / 中级职业技能培训要求				2.2.2 四级 / 中级职业技能培训课程规范			
职业功能模块（模块）	培训内容（课程）	技能目标	培训细目	学习单元	课程内容	培训建议	课堂学时
4．协调	4-2　外部协调	4-2-1　能对涉农经济组织的外部环境进行正确的评估	（1）涉农经济组织外部环境分析 （2）涉农经济组织外部环境动态监控	（1）涉农经济组织外部环境的构成与分析评估方法	1）现代企业外部环境的构成、内容及特点分析 ①政治、社会、经济、技术等宏观外部环境 ②产业、市场等微观外部环境 ③企业外部环境分析的常用模型及相关工具	（1）方法：讲授法 （2）重点：涉农经济组织的宏观与微观外部环境要素及其分析评估方法 （3）难点：涉农经济组织进行有效外部环境分析评估的重要经济、社会要素	2
					2）涉农经济组织外部环境分析的基础知识与技能准备 ①“十三五规划”的涉农要点 ②“十四五规划”的涉农要点 ③不同细分行业、经营主体、目标市场变化发展趋势的回顾与展望 ④农业产业化发展对主要职能部门的影响与展望		
					3）涉农经济组织外部环境要素的分析评估方法 ①宏观环境要素的分析评估 ②微观环境要素的分析评估		
				（2）涉农经济组织外部环境动态监控与优化策略	1）现代企业外部环境动态性特征及相关策略优化的案例分析	（1）方法：讲授法、案例教学法 （2）重点与难点：动态外部环境的关键指标对分析评估外部环境及持续优化经营策略的影响与应对方法	2
					2）涉农经济组织针对动态外部环境的监控、反馈与优化策略 ①不同细分行业、经营主体、目标市场的外部环境指标分析 ②人力与组织保障 ③信息化策略与工具保障		

续表

2.1.2 四级 / 中级职业技能培训要求				2.2.2 四级 / 中级职业技能培训课程规范			
职业功能模块（模块）	培训内容（课程）	技能目标	培训细目	学习单元	课程内容	培训建议	课堂学时
4．协调	4–2 外部协调	4–2–2 能建立和维护好客户关系	（1）涉农经济组织客户关系分析 （2）涉农经济组织客户关系管理系统的部署与实施 （3）涉农经济组织客户关系拓展与维护的能力建设 （4）涉农经济组织客户关系拓展与维护的创新	（3）涉农经济组织客户关系的类型与特点分析	1）现代企业客户关系的定义、内容与重点类型	（1）方法：讲授法、案例教学法 （2）重点：涉农经济组织重要的客户关系类型及相互之间的分化与统一 （3）难点：涉农经济组织面对的客户关系及其管理体系的重要发展变化趋势及其对企业经营的影响	2
					2）现代企业客户关系的概念延伸与发展趋势 ①广义的客户关系与狭义的客户关系 ②客户关系、公共关系、媒体关系、政府关系、供应商关系、竞争者关系的分化与统一 ③客户关系的社交化、离散化趋势 ④客户关系管理体系与系统的个性化、平台化、增值化、网络化与细节化趋势		
					3）涉农经济组织客户关系的类型、特点及案例分析 ①不同细分行业和经营主体的客户关系 ②不同目标市场的客户关系 ③创新商业模式的客户关系 ④产业化发展趋势与产业链整合及扁平化趋势下的客户关系		
				（4）涉农经济组织客户关系管理系统的部署与实施	1）客户关系管理 CRM 系统的概念、作用、特点、建立和应用条件及基本框架		
					2）涉农经济组织应用客户关系管理 CRM 系统的条件、要点及案例分析		

续表

2.1.2　四级 / 中级职业技能培训要求				2.2.2　四级 / 中级职业技能培训课程规范			
职业功能模块（模块）	培训内容（课程）	技能目标	培训细目	学习单元	课程内容	培训建议	课堂学时
4．协调	4–2　外部协调	4–2–2　能建立和维护好客户关系		（4）涉农经济组织客户关系管理系统的部署与实施	3）涉农经济组织部署实施客户关系管理 CRM 系统的策略和方法 ①主流第三方 CRM 系统的应用实践 ②自主开发 CRM 系统的条件、预算、周期及其他基本常识 ③不同细分行业和经营主体应用 CRM 系统的条件及案例分析 ④ CRM 系统的应用与农业信息化、产业化发展趋势的联系与结合	（1）方法：讲授法、案例教学法、实训法 （2）重点与难点：涉农经济组织部署应用 CRM 系统的方法和技巧	3
				（5）涉农经济组织客户关系拓展与维护的能力建设	1）现代企业客户关系拓展、管理与维护的能力构成、评价指标及影响因素	（1）方法：讲授法、实训法 （2）重点与难点：涉农经济组织建立高效客户关系管理制度、体系、组织及人员团队的策略和方法	2
					2）涉农经济组织客户关系管理能力建设的组织与制度保障 ①职务与职能部门设置 ②流程设置与优化 ③应对社交化、离散化、个性化与细节化客户关系发展趋势的制度创新		
					3）涉农经济组织客户关系拓展、管理与维护人员的素质建设 ①主要客户关系管理对象的管理与维护流程、礼仪等相关要求 ②正式与非正式环境下的书面和非书面沟通技巧 ③沟通与谈判心理学及其在客户关系管理实践中的应用 ④应对社交化、离散化、个性化与细节化客户关系的常用工具及其使用技巧 ⑤客服流程、话术、注意事项、考核标准及其管理要点		

续表

2.1.2 四级 / 中级职业技能培训要求				2.2.2 四级 / 中级职业技能培训课程规范			
职业功能模块（模块）	培训内容（课程）	技能目标	培训细目	学习单元	课程内容	培训建议	课堂学时
4．协调	4–2 外部协调	4–2–2 能建立和维护好客户关系		(6) 涉农经济组织客户关系拓展与维护的创新思路和方法	1）企业获客途径和模式创新及案例分析 2）企业—客户互动形式创新及案例分析 3）目标客户行为模式变化发展方向的数据化洞察及案例分析 4）客户关系管理技术和工具创新及案例分析	(1) 方法：讲授法、案例教学法 (2) 重点与难点：涉农经济组织可采用的创新客户关系管理手段、工具及其未来发展趋势	3
课堂学时合计							180

附录 3 三级 / 高级职业技能培训要求与课程规范对照表

2.1.3 三级 / 高级职业技能培训要求				2.2.3 三级 / 高级职业技能培训课程规范			
职业功能模块（模块）	培训内容（课程）	技能目标	培训细目	学习单元	课程内容	培训建议	课堂学时
1．计划制定	1–1 信息收集	1–1–1 能检索和选择信息	(1) 农业生产组织信息的检索和选择 (2) 农业设备作业信息的检索和选择	(1) 农业项目信息的分类和选择	1）农业项目信息中的标准化信息和非标准化信息 2）农业项目信息化管理对不同类型信息的选择标准 ①生产组织类信息 ②设备作业类信息 ③技术支持类信息 ④产品加工类信息 ⑤产品销售类信息	(1) 方法：讲授法 (2) 重点：农业项目标准化信息、非标准化信息的差异和用途 (3) 难点：农业项目信息化管理对不同类型信息的需求及选择标准	1

续表

2.1.3 三级 / 高级职业技能培训要求				2.2.3 三级 / 高级职业技能培训课程规范			
职业功能模块（模块）	培训内容（课程）	技能目标	培训细目	学习单元	课程内容	培训建议	课堂学时
1．计划制定	1-1 信息收集	1-1-1 能检索和选择信息	（3）农业技术支持信息的检索和选择 （4）农业产品加工项目信息的检索和选择 （5）农业产品销售信息的检索和选择	（2）农业项目标准化信息的检索途径和方法	1）信息检索的原理、工具和常用方法	（1）方法：讲授法、实训法 （2）重点：农业项目标准化信息的传统及电子化检索途径和方法 （3）难点：不同类型信息在检索途径和方法上的差异及相关注意事项	2
					2）农业项目标准化信息检索的一般性途径和方法 ①书籍、文献、档案等传统检索途径和方法 ②行业标准化数据库等电子化检索途径和方法		
					3）不同类型标准化信息的检索方法及注意事项		
				（3）农业项目非标准化信息的检索途径和方法	1）现代搜索引擎技术的发展历史、类型及原理	（1）方法：讲授法、实训法 （2）重点：基于现代信息技术的农业项目非标准化信息检索和选择 （3）难点：不同类型信息在检索途径和方法上的差异及注意事项	2
					2）农业项目非标准化信息检索的一般性途径和方法 ①全文索引型搜索引擎在农业项目非标准化信息检索中的应用 ②信息检索算法、自然语义分析等技术在农业项目信息智能化检索和选择中的应用		
					3）不同类型标准化信息的检索方法及注意事项		

续表

2.1.3 三级 / 高级职业技能培训要求				2.2.3 三级 / 高级职业技能培训课程规范			
职业功能模块（模块）	培训内容（课程）	技能目标	培训细目	学习单元	课程内容	培训建议	课堂学时
1．计划制定	1-1 信息收集	1-1-2 能用不同格式呈现信息	（1）农业项目信息数据的标准化、结构化呈现 （2）农业项目信息数据的可视化呈现	（4）农业项目信息数据的标准化、结构化呈现	1）电子表格的类型、结构及一般性的创建和应用方法	（1）方法：讲授法、实训法 （2）重点：各类电子表格在农业项目信息化管理中的应用场景及用途 （3）难点：根据农业项目信息化管理中不同职能部门的需求，将信息数据以适当的电子表格形式呈现	1
					2）农业项目信息化管理中主要电子表格的类型及创建使用方法 ①生产组织管理类 ②设备作业管理类 ③技术支持管理类 ④产品加工管理类 ⑤产品销售管理类		
				（5）农业项目信息数据的可视化呈现	1）数据可视化的概念、应用及相关工具	（1）方法：讲授法、案例教学法、实训法 （2）重点：数据可视化的主要实现方法及其在农业项目信息化管理中的应用 （3）难点：农业项目信息数据可视化的应用场景和用途	2
					2）农业项目信息数据可视化的应用场景和用途 ①生产组织类信息 ②设备作业类信息 ③技术支持类信息 ④产品加工类信息 ⑤产品销售类信息		
					3）农业项目信息数据可视化的实现方法 ①传统静态可视化方法 ②基于程序的动态可视化方法		

续表

2.1.3　三级 / 高级职业技能培训要求				2.2.3　三级 / 高级职业技能培训课程规范			
职业功能模块（模块）	培训内容（课程）	技能目标	培训细目	学习单元	课程内容	培训建议	课堂学时
1．计划制定	1-1　信息收集	1-1-3　能进行数据整理	（1）农业生产组织信息数据整理 （2）农业设备作业信息数据整理 （3）农业技术支持信息数据整理 （4）农业产品加工信息数据整理 （5）农业产品销售信息数据整理	（6）农业项目信息数据整理	1）数据整理、数据结构与数据模型的基本知识 2）不同类型非标准化信息的标准化处理方法 3）农业项目信息数据整理的一般性方法和步骤 ①归纳法和演绎法在农业项目信息数据整理中的应用 ②农业项目信息数据的收集、检索、选择、审核、分组、汇总、统计和保管流程	（1）方法：讲授法 （2）重点：应用标准化信息建立农业项目信息化管理的数据结构和数据模型 （3）难点：农业项目非标准化信息的标准化处理流程与方法	2
				（7）农业项目信息数据整理模式与应用创新	1）信息整理与管理软件及相关技术 ① EXCEL 等关系型二维表 ②数据整理算法与关系型数据库 2）农业项目信息数据管理模式与创新应用 ①针对农业物联网等海量动态数据的多维数据处理技术 ②针对智慧农业智能信息数据处理的机器学习算法等技术 ③其他基于农业物联网、大数据的 AI、BI 应用及创新趋势	（1）方法：讲授法、案例教学法 （2）重点：电子表格、数据库及相关算法在农业项目信息化管理中的应用 （3）难点：农业项目信息化管理过程中海量、实时信息和数据的整理、检索和呈现	2

续表

2.1.3　三级 / 高级职业技能培训要求				2.2.3　三级 / 高级职业技能培训课程规范			
职业功能模块（模块）	培训内容（课程）	技能目标	培训细目	学习单元	课程内容	培训建议	课堂学时
1．计划制定	1-1　信息收集	1-1-4　能设计市场调查方案	（1）农业项目生产端市场调查方案设计 （2）农业项目销售端市场调查方案设计	（8）农业项目市场调查的目标及信息数据需求	1）市场调查方案的设计目标和研究分析模型 ①着重宏观趋势的定性研究及案例分析 ②着重运营透视的定量研究及案例分析 2）不同类型农业项目市场调查的目标及信息数据需求 ①生产端市场调查 ②销售端市场调查 3）农业项目市场调查方法的优化及相关影响 ①对产品及品牌升级的优化 ②对运营流程改进的优化 ③对财务指标改善的优化	（1）方法：讲授法、案例教学法 （2）重点：农业项目信息化管理对市场调查方案及其研究分析模型的需求和相应的应用方法 （3）难点：农业项目市场调查对生产、销售、产品、运营及财务等重要经营要素的影响及优化方法	2
				（9）农业生产端市场调查方案设计	1）生产端市场调查方案的目标、要素和设计方法 2）不同细分行业和经营主体市场调查方案的设计方法 3）生产端市场调查信息数据在农业项目信息化管理中的应用	（1）方法：讲授法、实训法 （2）重点与难点：根据不同细分行业和经营主体的实际需求，设计生产端市场调查方案与数据研究分析模型	2
				（10）农业销售端市场调查方案设计	1）销售端市场调查方案的目标、要素和设计方法 2）不同细分行业和经营主体销售端市场调查方案的设计方法 3）销售端市场调查信息数据在农业项目信息化管理中的应用	（1）方法：讲授法、实训法 （2）重点与难点：根据不同细分行业和经营主体的实际需求，设计销售端市场调查方案与数据研究分析模型	2

续表

2.1.3　三级 / 高级职业技能培训要求				2.2.3　三级 / 高级职业技能培训课程规范			
职业功能模块（模块）	培训内容（课程）	技能目标	培训细目	学习单元	课程内容	培训建议	课堂学时
1．计划制定	1–2　目标制定	1–2–1　能进行市场调研和销售预测	（1）各类农业项目目标市场的调研分析 （2）各类农业项目目标市场的竞争性分析 （3）各类农业项目销售模式的销售预测 （4）不同农业细分行业和经营主体的销售预测	（1）农业项目市场调研和竞争市场分析	1）市场调研与竞争市场分析的一般性模型和方法 ①行业内竞品和竞品企业分析 ②新入侵者竞争分析 ③替代品竞争分析 ④供应商威胁要素分析 ⑤购买者威胁要素分析 ⑥市场调研与市场竞争的价格因素和非价格因素	（1）方法：讲授法、案例教学法 （2）重点：主要农业项目目标市场的需求调研和竞争性分析 （3）难点：根据不同细分行业和经营主体的实际需求，进行针对性的目标市场调研和竞争市场分析	2
					2）农业项目目标市场的基本分类及调研分析方法 ①针对 B 端用户的目标市场 ②针对 C 端用户的目标市场		
					3）不同细分行业和经营主体在市场调研与竞争市场分析上的差异		
				（2）农业项目销售预测的策略和方法	1）销售预测的一般性模型和方法	（1）方法：讲授法、实训法 （2）重点：主要农业项目销售模式、未来创新销售模式的关键要素及其内在逻辑 （3）难点：根据不同细分行业和经营主体的实际需求进行销售预测	2
					2）主要农业项目销售模式及其关键要素分析 ①传统销售模式 ②创新销售模式		
					3）不同细分行业和经营主体的销售预测特征和方法		

续表

2.1.3 三级 / 高级职业技能培训要求				2.2.3 三级 / 高级职业技能培训课程规范			
职业功能模块（模块）	培训内容（课程）	技能目标	培训细目	学习单元	课程内容	培训建议	课堂学时
1. 计划制定	1-2 目标制定	1-2-2 能拟定项目实施任务书	农业项目实施任务书的拟定	（3）农业项目实施的组织和计划	1）农业项目实施的一般性规划思路和方法 2）以销定产模式在农业项目实施规划中的应用案例分析 3）信息化管理在农业项目实施规划中的应用案例	（1）方法：讲授法、案例教学法 （2）重点：农业项目实施在准备、计划、控制、执行环节的规划要点 （3）难点：以销定产模式和信息化管理思维在农业项目实施规划中的应用	2
				（4）农业项目实施任务书的拟定	1）农业项目实施任务书中的信息化管理要素及其拟定方法 ①生产组织管理要素 ②设备作业管理要素 ③技术支持管理要素 ④产品加工管理要素 ⑤产品销售管理要素 2）不同细分行业和经营主体项目实施任务书编制	（1）方法：讲授法、实训法 （2）重点：农业项目实施任务书中的信息化管理思维及相关要素拟定方法 （3）难点：根据不同细分行业和经营主体的实际需求拟定农业项目实施任务书	2
		1-2-3 能制定年度工作目标和中期经营目标		（5）农业项目的生命周期和经营管理节点	1）产品和项目生命周期的概念、特征与判断标准 2）不同细分行业和经营主体的项目生命周期特征与经营管理节点 3）不同细分行业和经营主体项目全生命周期信息化管理策略	（1）方法：讲授法、案例教学法 （2）重点与难点：根据不同细分行业和经营主体并结合目标市场与经营模式特点，分析农业项目生命周期及在关键节点的经营管理策略	2

续表

2.1.3　三级 / 高级职业技能培训要求				2.2.3　三级 / 高级职业技能培训课程规范			
职业功能模块（模块）	培训内容（课程）	技能目标	培训细目	学习单元	课程内容	培训建议	课堂学时
1．计划制定	1-2　目标制定	1-2-3　能制定年度工作目标和中期经营目标	（1）农业项目中期工作目标的制定 （2）农业项目年度工作目标的制定 （3）在动态市场环境中监控、考核和优化农业项目经营目标	（6）农业项目经营管理节点的目标制定	1）流程管理与节点管理的一般性思路和方法 ①经营管理目标制定中 SMART 法则及其应用实例 ②基于信息化管理思维及相关工具制定经营管理目标与策略	（1）方法：讲授法、实训法 （2）重点：基于信息化管理思维和工具制定农业项目的中期和年度经营目标 （3）难点：根据不同细分行业和经营主体的实际需求制定中期和年度经营目标	2
					2）不同细分行业和经营主体的年度工作目标制定和信息化管理		
					3）不同细分行业和经营主体的中期经营目标制定和信息化管理		
				（7）农业项目经营管理流程的监控、考核和优化	1）项目管理中的复盘思维和一般性方法	（1）方法：讲授法 （2）重点：农业项目目标制定和管理中的复盘思维与实现方法 （3）难点：基于动态市场环境和信息化管理思维，调整优化农业项目经营节点的管理策略	2
					2）动态市场环境对不同细分行业和经营主体项目节点管理的影响		
					3）农业项目信息化管理对流程与节点的监控、考核和优化 ①生产组织管理流程与节点 ②设备作业管理流程与节点 ③技术支持管理流程与节点 ④产品加工管理流程与节点 ⑤产品销售管理流程与节点		
				（8）农业项目目标制定和管理的创新模式与辅助工具	1）现代企业项目目标与流程管理模式及主流信息化工具	（1）方法：讲授法、实训法 （2）重点与难点：基于农业项目的特点与信息化管理需求，运用适当的目标制定和管理模式与工具	2
					2）单人单机类信息化工具在农业项目目标管理中的应用		
					3）各类线上协同工具在农业项目目标管理中的应用		

续表

<table>
<tr><th colspan="4">2.1.3 三级 / 高级职业技能培训要求</th><th colspan="4">2.2.3 三级 / 高级职业技能培训课程规范</th></tr>
<tr><th>职业功能模块（模块）</th><th>培训内容（课程）</th><th>技能目标</th><th>培训细目</th><th>学习单元</th><th>课程内容</th><th>培训建议</th><th>课堂学时</th></tr>
<tr><td rowspan="9">1．计划制定</td><td rowspan="9">1-3 目标分解</td><td rowspan="7">1-3-1 能根据涉农经济组织目标确定工作任务</td><td rowspan="7">（1）涉农经济组织的工作分析与规划
（2）涉农经济组织工作计划的资料收集和内容编制
（3）涉农经济组织工作任务的确定及模块化管理</td><td rowspan="2">（1）涉农经济组织的工作分析和规划</td><td>1）企业岗位工作分析和规划的一般性方法</td><td rowspan="2">（1）方法：讲授法
（2）重点与难点：根据不同细分行业和经营主体的实际情况进行岗位工作分析和规划</td><td rowspan="2">2</td></tr>
<tr><td>2）不同细分行业和经营主体的岗位工作分析与规划</td></tr>
<tr><td rowspan="3">（2）涉农经济组织工作计划的资料收集和内容编制</td><td>1）企业工作计划的主体结构、内容及编制方法</td><td rowspan="3">（1）方法：讲授法、实训法
（2）重点与难点：根据不同细分行业和经营主体的实际情况编制企业工作计划及分配岗位工作任务</td><td rowspan="3">2</td></tr>
<tr><td>2）信息化管理对不同类型工作内容要素的资料收集与选择</td></tr>
<tr><td>3）不同细分行业和经营主体工作计划编制和工作任务分配</td></tr>
<tr><td rowspan="2">（3）涉农经济组织工作任务与企业资源的模块化管理</td><td>1）企业工作任务与相关资源的模块化管理模式及作用</td><td rowspan="2">（1）方法：讲授法、案例教学法
（2）重点与难点：根据不同细分行业和经营主体的实际需求，制定适当的模块化分工管理和资源管理模式</td><td rowspan="2">2</td></tr>
<tr><td>2）不同细分行业和经营主体的企业资源模块化管理及案例分析</td></tr>
<tr><td rowspan="2">1-3-2 能分配工作任务和相关资源</td><td rowspan="2">（1）涉农经济组织的任务分配和资源调度
（2）涉农经济组织应用 ERP 管理
（3）涉农经济组织工作计划评价</td><td rowspan="2">（4）涉农经济组织任务分配和资源调度</td><td>1）企业职能部门任务分配与资源调度的一般性模式和方法</td><td rowspan="2">（1）方法：讲授法
（2）重点：现代企业基于信息化管理的职能部门任务分配和资源调度方法
（3）难点：不同经营主体的关键职能划分及其任务分配和资源调度</td><td rowspan="2">2</td></tr>
<tr><td>2）涉农经济组织不同职能部门任务分配和资源调度的信息化管理模式
①生产组织类职能部门
②设备作业类职能部门
③技术支持类职能部门
④产品加工类职能部门
⑤产品销售类职能部门
⑥品牌营销类职能部门
⑦财务管理类职能部门
⑧人力资源及其他支持类职能部门</td></tr>
</table>

续表

2.1.3　三级 / 高级职业技能培训要求				2.2.3　三级 / 高级职业技能培训课程规范			
职业功能模块（模块）	培训内容（课程）	技能目标	培训细目	学习单元	课程内容	培训建议	课堂学时
1．计划制定	1-3　目标分解	1-3-2　能分配工作任务和相关资源		（5）涉农经济组织的 ERP 管理系统应用	1）ERP 管理思想的概念、发展历史及案例分析 2）主流 ERP 管理系统的结构、布局和操作 3）涉农经济组织的 ERP 管理系统应用案例 ①基于不同规模经营主体 ②基于不同目标市场的业务类型 ③基于传统和创新商业模式	（1）方法：讲授法、案例教学法 （2）重点：涉农经济组织应用 ERP 管理思想和管理系统的策略和方法 （3）难点：根据经营主体、目标市场或商业模式的差异采用适当的 ERP 管理系统	2
				（6）涉农经济组织工作计划的效果评价及改进	1）现代企业工作或经营计划的效果评价与改进方法 2）不同细分行业和经营主体工作计划的效果评价和改进方法	（1）方法：讲授法 （2）重点：现代企业工作计划评价和改进方法在涉农经济组织经营管理中的应用 （3）难点：根据不同细分行业和经营主体的实际情况，对企业工作计划进行评价和改进	2
		1-3-3　能编制经费使用计划	（1）涉农经济组织的经费管理 （2）涉农经济组织的经费使用计划编制	（7）涉农经济组织的经费类型与管理	1）企业经费的主要项目构成与管理方法 2）涉农经济组织的各类型经费管理策略及注意事项 ①生产组织类经费 ②设备作业类经费 ③技术支持类经费 ④产品加工类经费 ⑤产品销售类经费 ⑥品牌建设和营销类经费 ⑦人力资源及其他后勤类经费	（1）方法：讲授法 （2）重点与难点：现代企业经费管理模式和方法在涉农经济组织经营管理中的应用	2

续表

2.1.3 三级 / 高级职业技能培训要求				2.2.3 三级 / 高级职业技能培训课程规范			
职业功能模块（模块）	培训内容（课程）	技能目标	培训细目	学习单元	课程内容	培训建议	课堂学时
1．计划制定	1–3 目标分解	1–3–3 能编制经费使用计划		(8) 涉农经济组织的经费使用计划编制	1）企业经费使用计划编制的一般性思路和方法 2）不同细分行业和经营主体企业经费使用计划编制	(1) 方法：讲授法、实训法 (2) 重点与难点：根据不同细分行业和经营主体的实际需求编制企业经费使用计划	2
2．组织管理	2–1 生产要素组织	2–1–1 能按照土地流转的程序，规范、有效地进行土地流转	(1) 农业产业化发展中的土地流转模式、内容及特点分析 (2) 农村土地流转对涉农经济组织商业模式创新的影响及应对	(1) 农业产业化的土地流转模式、内容及特点分析	1）土地流转的概念、背景和改革发展历程 2）土地流转的主要模式、内容及特点 3）土地流转对农业现代化、产业化发展的作用和意义	(1) 方法：讲授法 (2) 重点与难点：土地流转的主要模式、内容和特点及其在我国农业现代化、产业化发展中的作用和意义	2
				(2) 农村土地流转的政策法规沿革、办理程序及注意事项	1）农村土地流转涉及的主要政策、法律法规 2）农村土地流转的办理程序及注意事项 ①种植业土地流转 ②养殖业土地流转 ③综合及异业混合经营的土地流转 3）农村土地流转的区域差异、常见纠纷和解决方法 ①区域差异相关问题 ②所有权、经营权相关问题 ③产业升级相关问题 ④环保相关问题 ⑤产业扶贫与乡村振兴相关问题	(1) 方法：讲授法、案例教学法 (2) 重点：不同类型涉农经济组织在进行土地流转过程中须遵守的相关政策、法律法规和办理程序 (3) 难点：涉农经济组织进行土地流转的常见问题、纠纷及解决方法	2

续表

2.1.3　三级 / 高级职业技能培训要求				2.2.3　三级 / 高级职业技能培训课程规范			
职业功能模块（模块）	培训内容（课程）	技能目标	培训细目	学习单元	课程内容	培训建议	课堂学时
2．组织管理	2-1　生产要素组织	2-1-1　能按照土地流转的程序，规范、有效地进行土地流转		（3）农村土地流转对商业模式创新的影响及应对	1）基于土地流转模式创新的商业模式创新 ①生产管理模式创新 ②信贷金融模式创新 ③运营和销售模式创新 ④跨界经营模式创新 2）涉农经济组织经营发展战略与土地布局实施方向 ①规模化、集约化、标准化 ②专业化、特色化、精致化 ③产业融合和产业链增值	（1）方法：讲授法、案例教学法 （2）重点与难点：涉农经济组织根据市场发展方向和自身发展策略进行土地流转的策略和方法	2
		2-1-2　能制定农业生产经营用地及其他生产资料管理方案	（1）农业生产基地建设中的生产经营用地类型和特点分析 （2）种植类农业生产基地的选择、规划和生产资料管理 （3）养殖类农业生产基地的选择、规划和生产资料管理 （4）综合型农业生产基地的选择、规划和生产资料管理	（4）农业生产基地建设中的生产经营用地类型和特点分析	1）农业生产经营用地的类型和特点 ①直接农业生产经营用地 ②间接农业生产经营用地 2）农业生产基地建设中的土地规划和管理 ①用地指标和规划手续办理 ②高标准农用地的规划建设 ③设施用地的规划建设和管理 ④土地规划建设管理与环保政策实施	（1）方法：讲授法 （2）重点与难点：农业生产基地选择与建设中的农业生产经营用地规划、建设和管理	2
				（5）种植类农业生产基地的选择、规划和生产资料管理	1）种植类生产基地生产经营用地的选择、规划、建设策略和方法 ①粮食作物类 ②蔬果作物类 ③其他经济作物类 2）种植类生产基地核心生产资料的规划管理策略及管理方案制定	（1）方法：讲授法、实训法 （2）重点与难点：不同类型种植类生产基地基于自身现状和发展需求的土地及核心生产资料管理方案制定方法	2

续表

2.1.3 三级 / 高级职业技能培训要求				2.2.3 三级 / 高级职业技能培训课程规范			
职业功能模块（模块）	培训内容（课程）	技能目标	培训细目	学习单元	课程内容	培训建议	课堂学时
2．组织管理	2-1 生产要素组织	2-1-2 能制定农业生产经营用地及其他生产资料管理方案		(6) 养殖类农业生产基地的选择、规划和生产资料管理	1）养殖类生产基地生产经营用地的选择、规划、建设策略和方法 ①畜禽类 ②水产类 ③其他特种养殖类	(1) 方法：讲授法、实训法 (2) 重点与难点：不同类型养殖类生产基地基于自身现状和发展需求的土地及核心生产资料管理方案制定方法	2
					2）养殖类生产基地核心生产资料的规划管理策略及管理方案制定		
				(7) 综合型农业生产基地的选择、规划和生产资料管理	1）综合型农业生产基地生产经营用地的选择、规划、建设策略和方法 ①异业混合经营型 ②产业融合、产业链延展增值类	(1) 方法：讲授法、实训法 (2) 重点与难点：不同类型综合型农业生产基地基于自身现状和发展需求的土地及核心生产资料管理方案制定方法	2
					2）综合型农业生产基地核心生产资料的规划管理策略及管理方案制定		
		2-1-3 能制定涉农经济组织原材料采购及库管制度		(8) 涉农经济组织原材料采购的内容、途径及特点	1）农业生产资料、原材料的类型和特点 ①种植类 ②养殖类 ③综合型	(1) 方法：讲授法 (2) 重点与难点：农业生产资料和原材料的类型、采购途径、采购模式及相关注意事项	1
					2）农业生产资料、原材料的采购途径、模式及特点分析 ①传统采购途径、模式、特点及注意事项 ②互联网及其他新型采购途径、模式、特点及注意事项		

续表

2.1.3　三级 / 高级职业技能培训要求				2.2.3　三级 / 高级职业技能培训课程规范			
职业功能模块（模块）	培训内容（课程）	技能目标	培训细目	学习单元	课程内容	培训建议	课堂学时
2. 组织管理	2-1　生产要素组织	2-1-3　能制定涉农经济组织原材料采购及库管制度	（1）涉农经济组织原材料采购的内容、途径及特点分析 （2）种植类农业生产资料和原材料采购与库管制度制定 （3）养殖类农业生产资料和原材料采购与库管制度制定 （4）综合型农业生产资料和原材料采购与库管制度制定	（9）涉农经济组织库存管理模式、特点及信息化发展趋势	1）现代企业采购、仓储协同管理的模式、特点及相关系统工具 ①ERP 系统与仓储管理系统（WMS）相结合的管理思想及相关系统应用 ②基于数据化、信息化的库存预警和智能采购模式及相关系统应用 2）涉农经济组织生产资料、原材料采购的智能化发展趋势及应对策略 ①耐用型生产资料、原材料的信息化管理和智能化采购 ②易耗型生产资料、原材料的信息化管理和智能化采购	（1）方法：讲授法、实训法 （2）重点与难点：农业生产资料和原材料的信息化库存管理与智能化采购的发展趋势及相关应对策略、方法和工具应用	2
				（10）种植类生产资料和原材料采购与库管制度制定	1）种植类生产资料、原材料采购与库管制度的内容及制定方法 ①粮食作物类生产资料、原材料 ②蔬果作物类生产资料、原材料 ③其他经济作物类生产资料、原材料 2）种植类生产资料、原材料采购与库管制度的调整、优化及案例分析 ①针对不同类型经营主体的调整和优化 ②针对不同目标市场经营策略的调整和优化 ③针对产业链不同定位的调整和优化	（1）方法：讲授法、案例教学法、实训法 （2）重点与难点：种植类农业经济组织根据自身特点和发展需求，建立经济高效可持续发展的采购、库管制度的方法	2

续表

2.1.3 三级 / 高级职业技能培训要求				2.2.3 三级 / 高级职业技能培训课程规范			
职业功能模块（模块）	培训内容（课程）	技能目标	培训细目	学习单元	课程内容	培训建议	课堂学时
2．组织管理	2-1 生产要素组织	2-1-3 能制定涉农经济组织原材料采购及库管制度		（11）养殖类生产资料和原材料采购与库管制度制定	1）养殖类生产资料、原材料采购与库管制度的内容及制定方法 ①畜禽养殖类生产资料、原材料 ②水产养殖类生产资料、原材料 ③其他特种养殖类生产资料、原材料 2）养殖类生产资料、原材料采购与库管制度的调整、优化及案例分析	（1）方法：讲授法、案例教学法、实训法 （2）重点与难点：养殖类农业经济组织根据自身特点和发展需求，建立经济高效可持续发展的采购、库管制度的方法	2
				（12）综合型生产资料和原材料采购与库管制度制定	1）综合型农业生产资料、原材料采购与库管制度的内容及制定方法 ①异业混合经营型 ②产业融合、产业链延展增值类 2）综合型农业生产资料、原材料采购与库管制度的调整、优化及案例分析	（1）方法：讲授法、案例教学法、实训法 （2）重点与难点：综合型农业经济组织根据自身特点和发展需求，建立经济高效可持续发展的采购、库管制度的方法	2
	2-2 岗位设置	2-2-1 能根据涉农经济组织特点进行组织设计，绘制组织结构图	（1）涉农经济组织的组织设计 （2）涉农经济组织的组织结构图绘制 （3）农业产业化、信息化对组织架构的影响及组织设计创新	（1）涉农经济组织的组织设计	1）涉农经济组织的组织设置和组织管理特性分析 ①生产要素配合型组织形式 ②生产流程、产业链协同型组织形式 ③目标市场共建型组织形式 ④品牌市场资源共享型组织形式 2）涉农经济组织设计原理和方法 ①职责设计 ②职权设计 ③部门设计 ④层级设计 3）涉农经济组织设计的优化策略及案例分析 ①种植类农业经济组织 ②养殖类农业经济组织 ③综合型农业经济组织	（1）方法：讲授法、案例教学法、实训法 （2）重点与难点：涉农经济组织基于生产要素构成与经营模式发展进行组织设计和优化的方法	2

续表

2.1.3　三级 / 高级职业技能培训要求				2.2.3　三级 / 高级职业技能培训课程规范			
职业功能模块（模块）	培训内容（课程）	技能目标	培训细目	学习单元	课程内容	培训建议	课堂学时
2．组织管理	2-2　岗位设置	2-2-1　能根据涉农经济组织特点进行组织设计，绘制组织结构图		（2）涉农经济组织的组织结构图绘制	1）现代企业组织结构图的绘制方法和工具 2）涉农经济组织结构图的绘制方法、技巧及注意事项	（1）方法：讲授法、实训法 （2）重点与难点：不同类型涉农经济组织的组织结构图绘制方法及相关工具	2
				（3）农业产业化、信息化对组织架构的影响及组织设计创新	1）农业生产经营组织结构创新的形式、内容、特点及案例分析 ①事业部制组织结构创新 ②矩阵式组织结构创新 ③虚拟型组织结构创新 2）涉农经济组织应对组织结构创新的策略和方法 ①信息共享与数据驱动策略 ②业务目标协同策略 ③财务统一管理策略 ④项目生命周期管理策略	（1）方法：讲授法、案例教学法、实训法 （2）重点与难点：涉农经济组织针对农业产业化、信息化发展趋势，在组织结构优化调整与组织设计创新层面的应对策略和方法	2
		2-2-2　能根据岗位需求及人员的个人特征对人员进行必要的分工，对各层管理人员进行适当授权		（4）涉农经济组织岗位分工及管理授权的标准和原则	1）现代农业企业岗位分工的特点和发展趋势 2）现代农业企业职位设置与人员匹配的标准和原则 ①生产端职位 ②销售端职位 3）涉农经济组织管理岗位层级与管理授权设置的标准和原则 ①生产端管理岗位 ②销售端管理岗位 ③企业高级管理岗位	（1）方法：讲授法 （2）重点与难点：涉农经济组织岗位设置、分工与管理岗位层级和授权的一般性标准和原则	2

续表

2.1.3 三级 / 高级职业技能培训要求				2.2.3 三级 / 高级职业技能培训课程规范			
职业功能模块（模块）	培训内容（课程）	技能目标	培训细目	学习单元	课程内容	培训建议	课堂学时
2．组织管理	2-2 岗位设置	2-2-2 能根据岗位需求及人员的个人特征对人员进行必要的分工，对各层管理人员进行适当授权	（1）种植类农业经济组织岗位需求分析及人员分工和管理授权 （2）养殖类农业经济组织岗位需求分析及人员分工和管理授权 （3）综合型农业经济组织岗位需求分析及人员分工和管理授权	（5）种植类农业经济组织岗位需求分析、人员分工和管理授权	1）种植类不同细分行业和经营主体岗位分工、设置的策略和方法	（1）方法：讲授法、实训法 （2）重点与难点：种植类不同细分行业和经营主体进行岗位分工和管理岗位层级与授权设置的策略和方法	1
					2）种植类不同细分行业和经营主体组织管理岗位层级与管理授权的设置策略和方法		
				（6）养殖类农业经济组织岗位需求分析、人员分工和管理授权	1）养殖类不同细分行业和经营主体岗位分工、设置的策略和方法	（1）方法：讲授法、实训法 （2）重点与难点：养殖类不同细分行业和经营主体进行岗位分工和管理岗位层级与授权设置的策略和方法	1
					2）养殖类不同细分行业和经营主体管理岗位层级与管理授权的设置策略和方法		
				（7）综合型农业经济组织岗位需求分析、人员分工和管理授权	1）综合型不同细分行业和经营主体岗位分工、设置的策略和方法	（1）方法：讲授法、实训法 （2）重点与难点：综合型不同细分行业和经营主体进行岗位分工和管理岗位层级与授权设置的策略和方法	1
					2）综合型不同细分行业和经营主体管理岗位层级与管理授权的设置策略和方法		
	2-3 流程开发	2-3-1 能绘制生产管理流程图		（1）农业生产流程的基本要素和特点分析	1）农业生产流程的基本要素、划分维度、特点及功能分析	（1）方法：讲授法、实训法 （2）重点与难点：生产管理流程图的一般性结构、内容要素、绘制方法和相关工具	2
					2）农业生产管理流程图的一般性结构、内容要素、绘制方法和相关工具		
					3）农业生产管理流程图的优化及其意义 ①数据化优化 ②精益化优化 ③可视化及动态化优化		

续表

2.1.3　三级 / 高级职业技能培训要求				2.2.3　三级 / 高级职业技能培训课程规范			
职业功能模块（模块）	培训内容（课程）	技能目标	培训细目	学习单元	课程内容	培训建议	课堂学时
2．组织管理	2-3　流程开发	2-3-1　能绘制生产管理流程图	（1）农业生产流程的基本要素和特点分析 （2）种植类农业经济组织生产管理流程图绘制 （3）养殖类农业经济组织生产管理流程图绘制 （4）综合型农业经济组织生产管理流程图绘制	（2）种植类农业经济组织生产管理流程图绘制	1）种植类不同细分行业和经营主体生产流程的要素和特点分析 2）种植类不同细分行业和经营主体生产管理流程图的绘制方法和生产流程优化策略	（1）方法：讲授法、实训法 （2）重点与难点：种植类不同细分行业和经营主体生产流程的要素特点分析、优化策略及生产管理流程图绘制方法	2
				（3）养殖类农业经济组织生产管理流程图绘制	1）养殖类不同细分行业和经营主体生产流程的要素和特点分析 2）养殖类不同细分行业和经营主体生产管理流程图的绘制方法和生产流程优化策略	（1）方法：讲授法、实训法 （2）重点与难点：养殖类不同细分行业和经营主体生产流程的要素特点分析、优化策略及生产管理流程图绘制方法	2
				（4）综合型农业经济组织生产管理流程图绘制	1）综合型不同细分行业和经营主体生产流程的要素和特点分析 2）综合型不同细分行业和经营主体生产管理流程图的绘制方法和生产流程优化策略	（1）方法：讲授法、实训法 （2）重点与难点：综合型不同细分行业和经营主体生产流程的要素特点分析、优化策略及生产管理流程图绘制方法	2
		2-3-2　能拟定绩效考核标准		（5）农业生产经营绩效评估的标准、内容及特点分析	1）现代农业企业生产经营绩效评估的原则、标准、内容和特点 2）涉农经济组织信息化绩效考核策略、方法和相关工具 ①生产效率考核 ②产品质量考核 ③生产成本、安全及可靠性考核 ④产品生命周期、技术指标等市场适用性考核	（1）方法：讲授法 （2）重点：涉农经济组织生产经营绩效评估的原则、标准及相关内容的制定方法 （3）难点：涉农经济组织基于农业信息化管理需求持续监测和优化绩效考核指标与标准的策略和方法	2

续表

2.1.3 三级 / 高级职业技能培训要求				2.2.3 三级 / 高级职业技能培训课程规范			
职业功能模块（模块）	培训内容（课程）	技能目标	培训细目	学习单元	课程内容	培训建议	课堂学时
2. 组织管理	2-3 流程开发	2-3-2 能拟定绩效考核标准	（1）农业生产经营绩效评估的标准、内容及特点分析 （2）种植类农业生产经营绩效考核标准编制 （3）养殖类农业生产经营绩效考核标准编制 （4）综合型农业生产经营绩效考核标准编制	（6）种植类农业经济组织生产经营绩效考核标准的编制	1）种植类不同细分行业和经营主体生产经营关键指标分析及相关绩效考核标准的制定	（1）方法：讲授法、实训法 （2）重点与难点：种植类不同细分行业和经营主体应用信息化管理思维、方法和工具，制定、实施、监测和优化生产经营绩效考核标准的策略和方法	2
					2）种植类主要职能部门绩效考核指标和标准的监测、优化策略及相关信息化工具 ①生产组织类职能部门 ②设备作业类职能部门 ③技术支持类职能部门 ④产品加工类职能部门 ⑤产品销售类职能部门 ⑥市场品牌类职能部门 ⑦财务、人力、行政等支持类职能部门		
				（7）养殖类农业经济组织生产经营绩效考核标准的编制	1）养殖类不同细分行业和经营主体生产经营关键指标分析及相关绩效考核标准的制定	（1）方法：讲授法、实训法 （2）重点与难点：养殖类不同细分行业和经营主体应用信息化管理思维、方法和工具，制定、实施、监测和优化生产经营绩效考核标准的策略和方法	2
					2）养殖类主要职能部门绩效考核指标和标准的监测、优化策略及相关信息化工具		
				（8）综合型农业经济组织生产经营绩效考核标准的编制	1）综合型不同细分行业和经营主体生产经营关键指标分析及相关绩效考核标准的制定	（1）方法：讲授法、实训法 （2）重点与难点：综合型不同细分行业和经营主体应用信息化管理思维、方法和工具，制定、实施、监测和优化生产经营绩效考核标准的策略和方法	2
					2）综合型主要职能部门绩效考核指标和标准的监测、优化策略及相关信息化工具		

续表

2.1.3　三级 / 高级职业技能培训要求				2.2.3　三级 / 高级职业技能培训课程规范			
职业功能模块（模块）	培训内容（课程）	技能目标	培训细目	学习单元	课程内容	培训建议	课堂学时
3．目标控制	3-1　计划控制	3-1-1　能进行工作追踪，掌握各部门工作进展情况	（1）涉农经济组织有效工作追踪 （2）农业信息化、智能化发展过程中高效工作追踪的模式和相关工具应用	（1）涉农经济组织工作追踪的策略和方法	1）现代企业进行工作追踪的目标、原则和方法	（1）方法：讲授法 （2）重点与难点：不同细分行业和经营主体进行工作追踪的目标、原则、策略和方法	2
					2）不同细分行业和经营主体进行有效工作追踪的关键要素和实施方法		
					3）主要职能部门的信息化工作追踪模式		
				（2）农业信息化、智能化工作追踪	1）现代企业工作追踪信息化工具的部署应用及案例分析 ①电子表格类工具的应用 ②OA 系统及其他协同办公类工具的应用 ③第三方工具的应用	（1）方法：讲授法、案例教学法、实训法 （2）重点：涉农经济组织采用信息化工具进行高效工作追踪的方法 （3）难点：涉农经济组织不同职能部门根据自身特点和计划目标进行信息化工作追踪的模式和方法	3
					2）涉农经济组织各职能部门的信息化工作追踪要点、工具及其差异 ①生产组织类部门 ②设备作业类部门 ③产品加工类部门 ④产品销售类部门 ⑤市场品牌类部门 ⑥财务、人事、行政等支持类部门		
		3-1-2　能及时发现工作执行与计划偏差		（3）涉农经济组织工作偏差评估的原则和策略	1）现代企业工作执行偏差的常见类型、特点、诱因、影响及案例分析	（1）方法：讲授法、案例教学法 （2）重点与难点：涉农经济组织识别、发现、分析和评估工作执行偏差及其相关影响的原则和方法	2
					2）不同细分行业和经营主体工作执行偏差的主要类型及分析评估		

续表

2.1.3 三级 / 高级职业技能培训要求				2.2.3 三级 / 高级职业技能培训课程规范			
职业功能模块（模块）	培训内容（课程）	技能目标	培训细目	学习单元	课程内容	培训建议	课堂学时
3．目标控制	3-1 计划控制	3-1-2 能及时发现工作执行与计划偏差	（1）生产组织类工作偏差评估 （2）设备作业类工作偏差评估 （3）技术支持类工作偏差评估 （4）产品加工类工作偏差评估 （5）产品销售类工作偏差评估 （6）品牌营销类工作偏差评估	（4）生产组织类工作偏差的评估	1）生产组织类工作的常见偏差、危害评估及案例分析 ①工作进度类偏差 ②成本费用类偏差 ③资源协同与整合类偏差 2）生产组织类工作执行偏差的监控方法及相关信息化工具应用	（1）方法：讲授法、案例教学法、实训法 （2）重点与难点：涉农经济组织生产组织类工作偏差的常见类型、危害及其相关信息化监控和评估方法	2
				（5）设备作业类工作偏差的评估	1）设备作业类工作的常见偏差、危害评估及案例分析 ①功能效率类偏差 ②运维可靠性类偏差 ③成本费用类偏差 2）设备作业类工作执行偏差的监控方法及相关信息化工具应用	（1）方法：讲授法、案例教学法、实训法 （2）重点与难点：涉农经济组织设备作业类工作偏差的常见类型、危害及其相关信息化监控和评估方法	2
				（6）技术支持类工作偏差的评估	1）技术支持类工作的常见偏差、危害评估及案例分析 ①工作目标类偏差 ②工作效率类偏差 ③成本费用类偏差 2）技术支持类工作执行偏差的监控方法及相关信息化工具应用	（1）方法：讲授法、案例教学法、实训法 （2）重点与难点：涉农经济组织技术支持类工作偏差的常见类型、危害及其相关信息化监控和评估方法	2

续表

2.1.3　三级 / 高级职业技能培训要求				2.2.3　三级 / 高级职业技能培训课程规范			
职业功能模块（模块）	培训内容（课程）	技能目标	培训细目	学习单元	课程内容	培训建议	课堂学时
3．目标控制	3-1　计划控制	3-1-2　能及时发现工作执行与计划偏差		（7）产品加工类工作偏差的评估	1）产品加工类工作的常见偏差、危害评估及案例分析 ①加工质量类偏差 ②加工效率类偏差 ③成本费用类偏差	（1）方法：讲授法、案例教学法、实训法 （2）重点与难点：涉农经济组织产品加工类工作偏差的常见类型、危害及其相关信息化监控和评估方法	2
					2）产品加工类工作执行偏差的监控方法及相关信息化工具应用		
				（8）产品销售类工作偏差的评估	1）产品销售类工作的常见偏差、危害评估及案例分析 ①销售目标类偏差 ②销售效率类偏差 ③成本费用类偏差	（1）方法：讲授法、案例教学法、实训法 （2）重点与难点：涉农经济组织产品销售类工作偏差的常见类型、危害及其相关信息化监控和评估方法	2
					2）产品销售类工作执行偏差的监控方法及相关信息化工具应用		
				（9）品牌营销类工作偏差的评估	1）品牌营销类工作的常见偏差、危害评估及案例分析 ①工作目标类偏差 ②工作效率类偏差 ③成本费用类偏差	（1）方法：讲授法、案例教学法、实训法 （2）重点与难点：涉农经济组织品牌营销类工作偏差的常见类型、危害及其相关信息化监控和评估方法	2
					2）品牌营销类工作执行偏差的监控方法及相关信息化工具应用		

续表

2.1.3 三级 / 高级职业技能培训要求				2.2.3 三级 / 高级职业技能培训课程规范			
职业功能模块（模块）	培训内容（课程）	技能目标	培训细目	学习单元	课程内容	培训建议	课堂学时
3．目标控制	3-1 计划控制	3-1-3 能纠正工作计划执行中出现的偏差	（1）涉农经济组织工作计划执行控制 （2）工作计划执行偏差的信息化预防、控制和优化	（10）涉农经济组织工作计划执行的控制	1）现代企业工作计划执行控制的一般性流程、方法及案例分析 2）不同细分行业和经营主体工作计划执行控制的内容、要点和实施方法 3）农业信息化管理中主要职能部门的工作计划执行控制	（1）方法：讲授法、案例教学法、实训法 （2）重点与难点：涉农经济组织根据自身情况和实际需求实施工作计划执行控制的策略和方法	2
				（11）工作计划执行偏差的信息化预防、控制和优化	1）现代企业管控和纠正工作计划执行偏差的一般性原则、方法及案例分析 ①生产端偏差纠正 ②销售端偏差纠正 ③各业务支持端偏差纠正 2）涉农经济组织有效管控和纠正工作计划执行偏差的方法 ①基于数据化分析预测的前馈控制、预防和纠偏 ②基于信息化管理调度的同期控制、预防和纠偏 ③基于弹性及冗余管理的反馈控制、预防和纠偏	（1）方法：讲授法、案例教学法、实训法 （2）重点与难点：涉农经济组织应用信息化方法及相关工具进行高效工作计划执行控制和偏差纠正的方法	3

续表

2.1.3 三级 / 高级职业技能培训要求				2.2.3 三级 / 高级职业技能培训课程规范			
职业功能模块（模块）	培训内容（课程）	技能目标	培训细目	学习单元	课程内容	培训建议	课堂学时
3．目标控制	3-2 质量控制	3-2-1 能按照“三品一标”认证的规范要求进行质量管理	（1）“三品一标”质量认证体系实施规范及关键要素分析 （2）组织实施“三品一标”规范化质量管理	（1）“三品一标”质量认证体系实施规范及关键要素分析	1）无公害农产品认证的实施规范、关键要素及案例	（1）方法：讲授法、案例教学法 （2）重点与难点：“三品一标”质量认证体系的标准、规范及各项实施要素	2
					2）绿色食品认证的实施规范、关键要素及案例		
					3）有机食品认证的实施规范、关键要素及案例		
					4）农产品地理标志认证的实施规范、关键要素及案例		
				（2）“三品一标”规范化质量管理的组织实施	1）“三品一标”认证体系的质量管理要素分析	（1）方法：讲授法 （2）重点与难点：涉农经济组织根据自身情况和实际需求，采用“三品一标”认证体系进行质量管理的方法	2
					2）不同细分行业和经营主体实施“三品一标”认证规范化质量管理的条件、模式和方法		
		3-2-2 能按照标准化生产要求对生产过程进行质量安全监控	（1）涉农经济组织生产过程标准化管理 （2）涉农经济组织生产过程质量安全监控	（3）涉农经济组织生产过程标准化管理	1）现代企业生产过程标准化的主要领域、工作内容及要点 ①生产流程标准化 ②生产制度标准化 ③设备养护标准化 ④原材料管理标准化 ⑤工作环境标准化 ⑥工作时间标准化	（1）方法：讲授法、实训法 （2）重点：涉农类生产过程标准化管理的实施范围和实施要点	2

续表

2.1.3 三级 / 高级职业技能培训要求				2.2.3 三级 / 高级职业技能培训课程规范			
职业功能模块（模块）	培训内容（课程）	技能目标	培训细目	学习单元	课程内容	培训建议	课堂学时
3. 目标控制	3-2 质量控制	3-2-2 能按照标准化生产要求对生产过程进行质量安全监控		(3) 涉农经济组织生产过程标准化管理	2）涉农经济组织生产过程标准化管理的关键指标分析和管理策略 ①产品质量类指标 ②生产安全类指标 ③生产效率类指标 ④环境保护和劳动者保障类指标	(3) 难点：涉农经济组织实施标准化生产流程中的关键指标及其管理策略和方法	2
				(4) 涉农经济组织生产过程质量安全监控	1）不同细分行业和经营主体质量安全监控的要点、特性、常见问题及案例分析 2）涉农经济组织主要职能部门实施信息化质量安全监控的方法及相关工具 ①生产组织类质量安全监控 ②设备作业类质量安全监控 ③技术支持类质量安全监控 ④产品加工类质量安全监控 ⑤产品销售类质量安全监控	(1) 方法：讲授法、案例教学法、实训法 (2) 重点与难点：涉农经济组织主要业务环节及职能部门实施信息化质量安全监控的方法	2
		3-2-3 能组织农产品质量安全检测	(1) 涉农经济组织产品质量安全检测 (2) 涉农经济组织质量安全检测的发展趋势与应对	(5) 涉农经济组织产品质量安全检测的原则、方法和作用	1）不同类型农产品质量安全检测的概念、方式和作用 2）不同细分行业和经营主体实施农产品质量安全检测的工作原则和组织管理方法 3）基于新兴目标市场与创新商业模式的农产品质量安全检测及案例分析	(1) 方法：讲授法、案例教学法、实训法 (2) 重点与难点：涉农经济组织根据自身情况和实际需求实施农产品质量安全检测的方法及注意事项	2

续表

2.1.3 三级/高级职业技能培训要求				2.2.3 三级/高级职业技能培训课程规范			
职业功能模块（模块）	培训内容（课程）	技能目标	培训细目	学习单元	课程内容	培训建议	课堂学时
3．目标控制	3-2　质量控制	3-2-3　能组织农产品质量安全检测		（6）涉农经济组织质量安全检测的发展趋势与应对	1）农产品质量安全的政策法规、市场需求变化趋势及案例分析 ①强制类和非强制类需求 ②目标市场细分化和消费偏好个性化需求 ③理化指标类和非理化指标类需求	（1）方法：讲授法、案例教学法 （2）重点：农产品质量安全不断提升的内外部需求及应对策略 （3）难点：涉农经济组织建设快速、精准、可持续的质检能力的相关机制、模式和方法	1
					2）涉农经济组织实施质量安全检测的模式与方法创新 ①支持快速反应的组织和制度保障 ②支持精准管控的信息化管理流程及相关工具应用保障 ③支持质检能力不断提升的人员团队建设保障		
		3-2-4　能引进生态农业的新模式	（1）组织实施生态友好型生产模式 （2）组织实施清洁生产模式	（7）生态友好型生产模式和清洁生产模式	1）农业清洁生产模式的概念、作用及案例分析	（1）方法：讲授法、案例教学法 （2）重点与难点：涉农经济组织发展以清洁生产模式为代表的各类型生态农业的意义及相关利益分析	2
					2）生态农业的类型、特点和发展历程		
					3）不同细分行业的生态农业政策、法规、市场发展策略及资源利用模式		

续表

2.1.3 三级 / 高级职业技能培训要求				2.2.3 三级 / 高级职业技能培训课程规范			
职业功能模块（模块）	培训内容（课程）	技能目标	培训细目	学习单元	课程内容	培训建议	课堂学时
3．目标控制	3-2 质量控制	3-2-4 能引进生态农业的新模式		（8）生态农业的发展路径、策略和方法	1）涉农经济组织引进生态农业模式的关键评估指标与阶段性实施策略 ①市场竞争力相关指标 ②品牌影响力相关指标 ③产业资源整合与价值链延伸和增值相关指标 ④各项相关财务指标	（1）方法：讲授法、实训法 （2）重点：涉农经济组织从各职能层面引进生态农业模式的操作方法与注意事项 （3）难点：涉农经济组织递进实施生态农业模式的预评估策略、评估方法	2
					2）涉农经济组织主要职能部门实施生态农业模式的方法及注意事项 ①生产组织类部门 ②设备作业类部门 ③技术支持类部门 ④产品加工类部门 ⑤质检品控类部门		
	3-3 成本控制	3-3-1 能掌握成本控制的基本过程	（1）生产组织环节的成本控制 （2）设备作业环节的成本控制	（1）涉农经济组织成本控制的原则、目标及实施方法	1）现代企业产品成本控制的概念、一般步骤、方法及案例分析	（1）方法：讲授法、案例教学法、实训法 （2）重点与难点：涉农经济组织产品成本控制的一般性目标、过程和方法	1
					2）不同细分行业和经营主体成本控制的原则、目标、实施策略和方法		

续表

2.1.3　三级 / 高级职业技能培训要求				2.2.3　三级 / 高级职业技能培训课程规范			
职业功能模块（模块）	培训内容（课程）	技能目标	培训细目	学习单元	课程内容	培训建议	课堂学时
3．目标控制	3-3　成本控制	3-3-1　能掌握成本控制的基本过程	（3）技术支持环节的成本控制 （4）产品加工环节的成本控制 （5）质检品控环节的成本控制 （6）产品销售环节的成本控制 （7）品牌营销环节的成本控制	（2）涉农经济组织关键环节的成本控制	1）现代农业产业化发展对产品成本控制的要求、应对策略及案例分析 ①基于产业链价值分析的产前、产中和产后成本控制 ②基于生产过程信息化、智能化的绝对成本控制和相对成本控制 ③基于财务收益最大化的产品成本控制和质量成本控制 2）农业生产关键环节的成本控制要素及实施成本控制的过程和方法 ①生产组织环节 ②设备作业环节 ③技术支持环节 ④产品加工环节 ⑤质检品控环节 ⑥产品销售环节 ⑦品牌营销环节	（1）方法：讲授法、案例教学法、实训法 （2）重点：涉农经济组织各主要环节及职能部门的产品成本控制方法及注意事项 （3）难点：农业产业化发展对产品成本控制的要求及应对策略	2
		3-3-2　能分析产品成本控制中存在的风险	（1）涉农经济组织成本控制目标和模式对生产经营的影响及应对 （2）涉农经济组织实施成本控制和优化的潜在风险及应对	（3）成本控制目标和模式对生产经营的影响及应对	1）农业目标市场与需求变化对产品成本的影响、监控评估方法及案例分析 ①成本构成要素变化的影响 ②成本概念与内容持续泛化的影响 ③成本与收入转化模式改变的影响 ④成本中心主体变化的影响 ⑤成本转化效率变化的影响 2）涉农经济组织生产经营中的成本驱动因素及优化调整策略 ①产品成本驱动 ②订单成本驱动 ③作业成本驱动 ④全面成本驱动	（1）方法：讲授法、案例教学法 （2）重点与难点：涉农经济组织生产经营中的产品成本控制要素及其相关影响和潜在风险	2

续表

2.1.3 三级 / 高级职业技能培训要求				2.2.3 三级 / 高级职业技能培训课程规范			
职业功能模块（模块）	培训内容（课程）	技能目标	培训细目	学习单元	课程内容	培训建议	课堂学时
3．目标控制	3-3 成本控制	3-3-2 能分析产品成本控制中存在的风险		（4）涉农经济组织成本控制和优化的潜在风险及应对	1）农业生产三要素的成本控制风险及案例分析 2）不同细分行业和经营主体实施成本控制的不确定因素及其来源分析 3）涉农经济组织评估产品成本控制风险的方法和相关工具 ①用于外部成本分析预测的模型及第三方工具 ②用于内部成本控制的 ERP 系统工具及其他信息化工具	（1）方法：讲授法、案例教学法、实训法 （2）重点与难点：涉农经济组织基于信息化管理及相关工具实施成本风险预警、识别、控制及优化调整的方法	2
	3-4 市场控制	3-4-1 能进行农产品销售渠道评价及控制	（1）农产品销售渠道的类型、特点及运作模式分析 （2）传统农产品销售渠道的发展趋势及优劣势分析 （3）新型农产品销售渠道的特点、运作方法与管理模式创新	（1）农产品销售渠道的类型、特点及运作模式分析	1）不同类型农产品的主要销售渠道、运作模式和特点分析 2）主要农产品销售渠道的控制策略及案例分析	（1）方法：讲授法、案例教学法 （2）重点与难点：涉农经济组织主要的产品销售渠道类型、特征、运作模式及控制策略	1
				（2）传统农产品销售渠道的发展趋势及优劣势分析	1）面向 B 端市场的销售渠道发展趋势、优劣势及案例分析 2）面向 C 端市场的销售渠道发展趋势、优劣势及案例分析 3）不同细分行业和经营主体渠道评估的关键指标与控制要点	（1）方法：讲授法、案例教学法、实训法 （2）重点与难点：涉农经济组织根据自身情况和实际需求评估和控制传统销售渠道的要点和方法	3

续表

2.1.3 三级 / 高级职业技能培训要求				2.2.3 三级 / 高级职业技能培训课程规范			
职业功能模块（模块）	培训内容（课程）	技能目标	培训细目	学习单元	课程内容	培训建议	课堂学时
3．目标控制	3-4　市场控制	3-4-1　能进行农产品销售渠道评价及控制		（3）新型农产品销售渠道的特点、运作方法与管理模式创新	1）新型农产品销售渠道的类型、特点、发展历程和运作模式 ①基于 S2B2C 模式的虚拟供应链 / 供应平台型销售渠道 ②基于 S2B2B 模式的产业互联网撮合与分销渠道 ③基于 B2C+O2O 模式的渠道融合型新零售渠道 ④基于 C2F 和 F2F 模式的订单农业销售渠道 2）涉农经济组织针对新型销售渠道的信息化管控策略及案例分析 ①生产组织层面 ②产品加工层面 ③产品销售层面 ④质检品控层面	（1）方法：讲授法、案例教学法、实训法 （2）重点：新型农产品销售渠道的特点、运作模式和注意事项 （3）难点：涉农经济组织有效管控新型销售渠道的策略	3
		3-4-2　能进行农产品销售模式选择及控制	（1）涉农经济组织常见销售模式的选择、实施与优化 （2）涉农经济组织销售模式创新	（4）涉农经济组织常见销售模式的选择、实施与优化	1）农产品销售模式的类型、特点、实施条件及案例分析 ①线上和线下展示型销售模式 ②线上和线下体验型销售模式 ③线上和线下服务型销售模式 2）涉农经济组织评估和控制销售模式的要点、方法及注意事项 ①与展示相关的物料质量管理、流量目标管理及互动目标管理 ②与体验相关的互动目标管理、满意度目标管理及转化率目标管理 ③与服务相关的客群精准度、效率和效费比管理	（1）方法：讲授法、案例教学法、实训法 （2）重点：涉农经济组织常见销售模式的特点和评估方法 （3）难点：涉农经济组织对销售模式进行针对性管控的关键指标、操作方法和注意事项	3

续表

2.1.3 三级 / 高级职业技能培训要求				2.2.3 三级 / 高级职业技能培训课程规范			
职业功能模块（模块）	培训内容（课程）	技能目标	培训细目	学习单元	课程内容	培训建议	课堂学时
3．目标控制	3-4 市场控制	3-4-2 能进行农产品销售模式选择及控制		（5）涉农经济组织销售模式创新	1）农产品销售模式的创新发展方向、特征及案例分析 ①持续降低获客和转化成本的发展方向 ②持续提升复购和单用户产值的发展方向 ③持续提升精细化与全场景销售的发展方向 2）涉农经济组织针对销售模式创新的管理策略、方法和信息化工具 ①数据化、智能化流量购买与管理 ②公域转私域的用户关系强化管理 ③生产—销售端到端信息化管理与资源整合管理	（1）方法：讲授法、案例教学法、实训法 （2）重点与难点：涉农经济组织新型销售模式的特点、实施方法、管控策略和信息化工具	4
4．内外协调	4-1 内部协调	4-1-1 能协调各部门间的工作，能有效处理团队中的冲突	（1）涉农经济组织运营管理中的协调职能与协调能力建设 （2）涉农经济组织内部冲突应对 （3）涉农经济组织冲突预防与冲突管理机制的建立与实施	（1）涉农经济组织部门协作与人员协同的特点和难点	1）现代企业部门协作与人员协同的形式与特点 ①知识、资源及相关能力的共享与协同 ②产品、价格及市场战略的协同与配合 ③垂直一体化、虚拟团队等组织模式协同配合 ④创新业务的协同开发与运营管理 2）涉农经济组织部门协作与人员协同涉及的问题及应对 ①不同细分行业和经营主体差异化 ②部门组织与管理模式差异化 ③部门信息化水平差异化 ④人员性别、年龄、地域、学历等个体差异化	（1）方法：讲授法 （2）重点与难点：涉农经济组织部门协作与人员协同问题的认知和解决方法	1

续表

2.1.3 三级 / 高级职业技能培训要求				2.2.3 三级 / 高级职业技能培训课程规范			
职业功能模块（模块）	培训内容（课程）	技能目标	培训细目	学习单元	课程内容	培训建议	课堂学时
4．内外协调	4-1 内部协调	4-1-1 能协调各部门间的工作，能有效处理团队中的冲突		（2）涉农经济组织的协调职能与协调能力建设	1）现代企业协调职能与协调能力	（1）方法：讲授法 （2）重点与难点：涉农经济组织建立协调职能的相关组织化、制度化、信息化保障	1
					2）涉农经济组织协调职能与协调能力的建设 ①不同细分行业、经营主体、职能部门的协调范围和协调内容 ②涉农经济组织内部协调机制的组织化、制度化、信息化保障措施 ③人际沟通能力、人际交往能力和员工激励能力的评价标准与养成技巧		
				（3）涉农经济组织内部冲突应对	1）现代管理学中冲突的定义、种类和特点	（1）方法：讲授法、案例教学法、实训法 （2）重点与难点：涉农经济组织基于现代冲突管理理论和信息化手段进行冲突应对和化解的方法	2
					2）现代企业冲突管理的类型、方法、技巧、作用及案例分析		
					3）涉农经济组织内部冲突的类型、特点及应对策略 ①不同细分行业、经营主体、职能部门的内部冲突 ②跨行业、跨地域以及跨国涉农经济组织的内部冲突 ③传统业务部门与创新业务部门的内部冲突 ④成本中心与利润中心的内部冲突		

续表

<table>
<tr><th colspan="4">2.1.3 三级 / 高级职业技能培训要求</th><th colspan="4">2.2.3 三级 / 高级职业技能培训课程规范</th></tr>
<tr><th>职业功能模块（模块）</th><th>培训内容（课程）</th><th>技能目标</th><th>培训细目</th><th>学习单元</th><th>课程内容</th><th>培训建议</th><th>课堂学时</th></tr>
<tr><td rowspan="4">4．内外协调</td><td rowspan="4">4-1 内部协调</td><td rowspan="2">4-1-1 能协调各部门间的工作，能有效处理团队中的冲突</td><td rowspan="2"></td><td rowspan="2">（4）涉农经济组织冲突预防与冲突管理机制的建立与实施</td><td>1）现代管理学中预防冲突的理论、模型与工具</td><td rowspan="2">（1）方法：讲授法
（2）重点与难点：涉农经济组织基于产业化发展思维和信息化手段进行冲突预防和管理的机制</td><td rowspan="2">2</td></tr>
<tr><td>2）涉农经济组织预防与管理冲突的体系、制度和工具保障
①基于量化管理计划的冲突发现和预警机制
②基于信息化管理流程与工具的实时和半实时冲突发现和预警机制
③基于生产三要素分析的冲突发现和预警机制
④基于产业链责任与价值分配的内外部冲突发现和预警机制</td></tr>
<tr><td rowspan="2">4-1-2 能有效运用冲突提升团队创新能力</td><td rowspan="2">（1）涉农经济组织团队创新力的来源及提升要素分析
（2）涉农经济组织基于冲突化解的团队创新力提升</td><td rowspan="2">（5）涉农经济组织团队创新力的来源及提升要素分析</td><td>1）现代企业团队创新力的内容、创建和影响因素</td><td rowspan="2">（1）方法：讲授法、案例教学法
（2）重点与难点：涉农经济组织面对行业、市场、管理模式和人力资源等内外部环境变化的团队创新力来源及提升策略</td><td rowspan="2">1</td></tr>
<tr><td>2）涉农经济组织团队创新力的构成要素、提升策略、培养机制及案例分析
①信息获取、共享、分析能力
②市场导向、目标导向能力
③量化分析评估、信息化工具应用能力
④产业化、价值链分析能力</td></tr>
</table>

续表

2.1.3　三级 / 高级职业技能培训要求				2.2.3　三级 / 高级职业技能培训课程规范			
职业功能模块（模块）	培训内容（课程）	技能目标	培训细目	学习单元	课程内容	培训建议	课堂学时
4．内外协调	4-1　内部协调	4-1-2　能有效运用冲突提升团队创新能力		(6) 涉农经济组织基于冲突化解的团队创新力提升	1）现代管理学中冲突与创新的辩证与转化关系 2）涉农经济组织团队创新力的来源及其与传统体制和模式的关系 ①不同细分行业应对目标市场变化中的冲突和创新 ②不同经营主体应对内部人际关系变化中的冲突和创新 ③不同职能部门应对信息化变革中的冲突与创新 ④传统业务与新业务、传统商业模式与新商业模式并行及转化中的冲突与创新	(1) 方法：讲授法 (2) 重点与难点：涉农经济组织根据自身冲突来源与冲突管理情况，实现从冲突预防、发现、化解到团队创新力提升的策略和方法	1
	4-2　外部协调	4-2-1　能建立和维护好媒介关系	(1) 涉农经济组织公共关系的构成要素及特点分析 (2) 涉农经济组织媒介关系的建立和维护 (3) 涉农经济组织媒介关系管理与品牌建设的联动、融合	(1) 涉农经济组织公共关系的构成要素及特点分析	1）公共关系的定义、构成要素、特征、功能及案例分析 2）涉农经济组织公共关系的类型、特点及应用实例 ①广义公共关系和狭义公共关系 ②传统公共关系和网络公共关系 ③农业产业化发展趋势下的公共关系 ④“大循环”“双循环”模式下的公共关系	(1) 方法：讲授法、案例教学法 (2) 重点与难点：涉农经济组织在外部环境发生巨大变化情况下公共关系的构成及特点变化	2

续表

2.1.3 三级 / 高级职业技能培训要求				2.2.3 三级 / 高级职业技能培训课程规范			
职业功能模块（模块）	培训内容（课程）	技能目标	培训细目	学习单元	课程内容	培训建议	课堂学时
4．内外协调	4–2 外部协调	4–2–1 能建立和维护好媒介关系		（2）涉农经济组织媒介关系的建立和维护	1）现代企业媒介关系的内容、特点以及媒介关系管理的意义和案例分析	（1）方法：讲授法、案例教学法 （2）重点：涉农经济组织建立、维护和管理媒介关系的策略和方法 （3）难点：涉农经济组织针对不同媒介类型建立媒介关系管理制度及针对性培养媒介关系管理人员技能的方法	2
					2）涉农经济组织媒介关系的建立		
					3）媒介价值评估、选择与合作策略及中长期维护管理技巧		
					4）媒介关系管理的组织制度化设计与媒介关系管理人员的技能培养		
					5）跨区域、跨国界的媒介关系建立和维护		
				（3）涉农经济组织应对媒体形式与环境创新的策略和方法	1）大众传播形式与专业传播形式的发展变化	（1）方法：讲授法 （2）重点与难点：涉农经济组织应对大众传播与专业传播环境的巨大变化，建立和实施高效媒介关系管理的形式和方法	2
					2）现代企业与大众媒介、专业媒介及个人媒介的关系变化		
					3）企业内容化、人格化发展趋势与企业媒介关系的联动和发展趋势		
					4）涉农经济组织建立创新媒介关系的策略和方法 ①传播策略方面 ②传播形式与传播工具方面 ③品牌策略与营销策略方面 ④从单向广播模式向双向讨论、多向社区交流转化方面		

续表

2.1.3　三级 / 高级职业技能培训要求				2.2.3　三级 / 高级职业技能培训课程规范			
职业功能模块（模块）	培训内容（课程）	技能目标	培训细目	学习单元	课程内容	培训建议	课堂学时
4．内外协调	4–2　外部协调	4–2–1　能建立和维护好媒介关系		（4）涉农经济组织媒介关系与品牌形象的联动与融合	1）现代企业品牌形象的构成要素、特征及其与大众传播媒介的关系	（1）方法：讲授法、案例教学法 （2）重点与难点：涉农经济组织根据自身情况和实际需求，通过媒介关系管理实现准确、高效、经济的品牌形象传播的策略和方法	2
					2）涉农经济组织运用媒介关系提升品牌形象的策略、方法及案例分析 ①提升行业、市场与用户口碑 ②增强企业品牌人格化、IP 化 ③获得品牌公众形象反馈及危机预警 ④降低传播成本和提升传播效果		
		4–2–2　能建立和维护好社区关系	（1）涉农经济组织社区关系的建立和维护 （2）涉农经济组织企业社会责任的实施 （3）基于社区关系的涉农业务流程再造和商业模式创新	（5）涉农经济组织社区关系的建立和维护	1）现代企业社区关系的定义、内容、意义和建立方法	（1）方法：讲授法 （2）重点与难点：涉农经济组织根据自身发展状况建立和维护社区关系的策略和方法	2
					2）涉农经济组织建立和维护社区关系的策略和方法 ①基于不同细分行业和经营主体 ②基于 B 端和 C 端不同目标市场 ③基于跨行业、跨地域及跨国界的组织形式 ④基于“大循环”“双循环”的宏观政经环境		
				（6）涉农经济组织企业社会责任的实施	1）现代企业社会责任的内容、分类和特点	（1）方法：讲授法、案例教学法 （2）重点与难点：涉农经济组织根据自身发展状况选择和实施企业社会责任的策略和方法	1
					2）涉农经济组织企业社会责任的实施策略和方法		
					3）反应型企业社会责任和战略型企业社会责任		
					4）涉农经济组织履行企业社会责任的能力建设及案例分析		

续表

2.1.3 三级 / 高级职业技能培训要求				2.2.3 三级 / 高级职业技能培训课程规范			
职业功能模块（模块）	培训内容（课程）	技能目标	培训细目	学习单元	课程内容	培训建议	课堂学时
4．内外协调	4–2 外部协调	4–2–2 能建立和维护好社区关系		(7) 基于社区关系的涉农业务流程再造和商业模式创新	1）社区关系、企业公民、企业社会责任对现代企业经营发展的作用和意义 2）基于社区关系的涉农经济组织业务流程再造和商业模式创新 ①社区支持农业 CSA 等生产和流通端模式创新 ②社区团购、社区新零售等流通和零售端模式创新 ③基于社区生活圈的本地生活服务类模式创新 ④基于社区网格化的市场分析模式创新	(1) 方法：讲授法、案例教学法 (2) 重点与难点：涉农经济组织根据自身发展状况利用社区关系改造业务流程或发展创新业务的思路和方法	2
课堂学时合计							180

附录 4 二级 / 技师职业技能培训要求与课程规范对照表

2.1.4 二级 / 技师职业技能培训要求				2.2.4 二级 / 技师职业技能培训课程规范			
职业功能模块（模块）	培训内容（课程）	技能目标	培训细目	学习单元	课程内容	培训建议	课堂学时
1．计划制定	1–1 目标评价	1–1–1 能对涉农经济组织发展趋势进行分析、评估	(1) 农业项目经营发展目标的分析和评价 (2) 农业项目经营发展目标的选择	(1) 涉农经济组织发展的内外部要素分析及发展趋势	1）不同细分行业和经营主体发展的内外部要素和发展趋势 2）不同目标市场与商业模式发展的内外部要素和发展趋势	(1) 方法：讲授法、案例教学法 (2) 重点：内外部要素及其发展趋势对涉农经济组织发展目标的影响 (3) 难点：新兴目标市场及创新商业模式的发展趋势对涉农经济组织发展目标的影响	1

续表

2.1.4 二级 / 技师职业技能培训要求				2.2.4 二级 / 技师职业技能培训课程规范			
职业功能模块（模块）	培训内容（课程）	技能目标	培训细目	学习单元	课程内容	培训建议	课堂学时
1. 计划制定	1-1 目标评价	1-1-1 能对涉农经济组织发展趋势进行分析、评估		（2）农业项目经营发展目标的分析、评价和选择	1）农业项目经营发展目标的确立原则和程序 ①经营目标的分解和评价 ②阶段性经营目标的选择和构建 ③总体目标与阶段性目标的协同发展策略	（1）方法：讲授法、案例教学法 （2）重点与难点：针对变化的市场环境和创新的行业趋势，在农业项目中应用适当的目标分析评价和决策的方法	2
					2）农业项目经营目标的选择方法及评价工具 ①目标决策理论和模型 ②SWOT、KT 等目标评价决策工具		
					3）农业项目经营目标决策的创新发展趋势 ①从粗放经营向精益运营的发展 ②从流通模式向定制模式的发展 ③从渠道思维向用户思维的发展		
		1-1-2 能提供目标制定分析报告	（1）农业项目经营目标的分解 （2）涉农经济组织目标制定分析报告的编制	（3）农业项目目标管理的理论和方法	1）企业发展目标管理的基本知识	（1）方法：讲授法、实训法 （2）重点与难点：针对快速发展的外部市场环境和内部创新模式，采用适当的方法进行目标制定和目标管理	1
					2）不同细分行业和经营主体项目目标制定和目标管理的策略和方法		
					3）农业领域创新商业模式的目标制定和目标管理		

续表

2.1.4　二级 / 技师职业技能培训要求				2.2.4　二级 / 技师职业技能培训课程规范			
职业功能模块（模块）	培训内容（课程）	技能目标	培训细目	学习单元	课程内容	培训建议	课堂学时
1．计划制定	1-1　目标评价	1-1-2　能提供目标制定分析报告		（4）农业项目经营目标的分解实施策略和方法	1）企业经营目标分解实施的一般性原则和方法 ①要求和形式 ②方法及其作用和意义 2）不同细分行业和经营主体项目经营目标的分解与整合 3）基于创新商业模式的项目经营目标分解与整合	（1）方法：讲授法、实训法 （2）重点：农业项目经营目标的分解与整合方法 （3）难点：针对新兴目标市场和创新商业模式，采用适当的方法分解和整合经营目标	1
				（5）涉农经济组织目标制定分析报告的编制	1）经营项目目标制定分析报告编制的原则和方法 2）不同细分行业和经营主体项目目标制定分析报告的编制方法及差异分析 3）基于创新商业模式编制项目目标制定分析报告	（1）方法：讲授法、实训法 （2）重点：农业项目目标制定分析报告的编制方法和注意事项 （3）难点：针对新兴目标市场和创新商业模式，采用适当方法编制经营项目目标制定分析报告	2
		1-1-3　能评价和选择目标方案	（1）农业项目目标方案的评估 （2）农业项目目标方案的选择和优化	（6）农业项目目标方案的评估	1）项目目标方案评估的一般性原则和方法 2）不同细分行业和经营主体项目目标方案的分析解读和评估方法 3）基于创新商业模式评估项目目标方案	（1）方法：讲授法、实训法 （2）重点与难点：针对不同农业项目的实际情况进行目标方案的分析解读和评估	2
				（7）农业项目目标方案的选择和优化	1）项目目标方案选择和优化的一般性原则和方法 2）不同细分行业和经营主体项目目标方案选择和优化 3）基于新兴目标市场和创新商业模式选择和优化项目目标方案	（1）方法：讲授法、实训法 （2）重点与难点：针对不同农业项目的实际情况进行项目目标方案的选择和优化	1

续表

2.1.4　二级 / 技师职业技能培训要求				2.2.4　二级 / 技师职业技能培训课程规范			
职业功能模块（模块）	培训内容（课程）	技能目标	培训细目	学习单元	课程内容	培训建议	课堂学时
1. 计划制定	1–1　目标评价	1–1–4　能分析论证投资项目的可行性	（1）农业项目的风险要素评估 （2）涉农经济组织的项目论证和投资可行性分析	（8）农业项目的内外部风险要素评估	1）项目论证的一般性内容、方法和风险要素分析 2）不同细分行业和经营主体项目内外部风险要素评估方法 3）基于新兴目标市场和创新商业模式评估项目内外部风险要素	（1）方法：讲授法、实训法 （2）重点与难点：针对不同农业项目的实际情况进行内外部风险要素识别和评估	1
				（9）涉农经济组织的项目论证和投资可行性分析	1）项目投资可行性分析的一般性内容、方法和注意事项 2）不同细分行业和经营主体经营性项目的项目论证和投资可行性分析 3）基于新兴目标市场和创新商业模式进行项目论证与投资可行性分析	（1）方法：讲授法、实训法 （2）重点：农业经营性项目的投资可行性分析要点 （3）难点：针对不同农业项目的实际情况进行项目论证和投资可行性分析	2
	1–2　计划制定	1–2–1　能制定组织资源配置计划	（1）农业项目和产品立项的关键要素及优化组合 （2）涉农经济组织企业资源配置及信息化管理 （3）涉农经济组织企业资源配置管理计划的编制	（1）农业项目和产品立项的关键要素及优化组合	1）项目立项和产品立项的一般性参考与决策要素 2）项目资源优化组合知识 3）不同细分行业和经营主体项目和产品立项的资源优化组合策略与实施方法 4）基于新兴目标市场和创新商业模式进行项目、产品立项并配置资源	（1）方法：讲授法、实训法 （2）重点：农业项目立项和产品立项过程及其相关的资源优化组合策略 （3）难点：基于新兴目标市场和创新商业模式项目的资源优化组合策略和实施方法	1
				（2）涉农经济组织企业资源配置及信息化管理	1）企业资源计划（ERP）思维及工具在资源配置和优化管理中的应用及案例分析 2）不同细分行业和经营主体应用 ERP 管理思维与相关工具的方法	（1）方法：讲授法、案例教学法、实训法 （2）重点与难点：针对涉农经济组织的实际需求部署和实施 ERP 管理策略	1

续表

2.1.4 二级 / 技师职业技能培训要求				2.2.4 二级 / 技师职业技能培训课程规范			
职业功能模块（模块）	培训内容（课程）	技能目标	培训细目	学习单元	课程内容	培训建议	课堂学时
1．计划制定	1–2 计划制定	1–2–1 能制定组织资源配置计划		（3）涉农经济组织企业资源配置管理计划的编制	1）企业资源配置管理计划编制的一般性原则和方法	（1）方法：讲授法、案例教学法、实训法 （2）重点：涉农经济组织在农业信息化管理基础上的企业资源配置管理计划编制 （3）难点：针对新兴目标市场和创新商业模式的企业资源配置管理计划编制	1
					2）不同细分行业和经营主体企业资源配置管理的策略和方法		
					3）基于新兴目标市场和创新商业模式的企业资源配置管理策略及计划实施		
		1–2–2 能监督土地、材料和设备使用，提出相关计划的风险控制方案	（1）涉农经济组织生产资料的管理和风险控制 （2）涉农经济组织生产要素的管理和风险控制	（4）农业项目风险控制体系、策略和实施方法	1）经营性项目风险评估和控制体系知识	（1）方法：讲授法、案例教学法、实训法 （2）重点与难点：根据涉农经济组织的实际情况制定适当的风险控制方案	2
					2）不同细分行业和经营主体的风险控制体系、策略和方案制定方法		
					3）基于新兴目标市场和创新商业模式的经营性项目风险控制策略与方案制定		
				（5）涉农经济组织生产资料和生产要素的管理和风险控制	1）农业生产三要素的内在联系、变化趋势及风险要素	（1）方法：讲授法、案例教学法、实训法 （2）重点：影响涉农经济组织发展的生产资料和生产要素风险分析和监督管理 （3）难点：针对新兴目标市场和创新商业模式的生产资料和生产要素风险管理	1
					2）涉农经济组织生产发展的核心指标及其与生产资源各要素的风险关系		
					3）不同细分行业、经营主体生产资料和生产要素的风险监督管理策略和实施方法		
					4）基于新兴目标市场和创新商业模式的生产资料和生产要素风险监督管理		

续表

<table>
<tr><th colspan="4">2.1.4　二级 / 技师职业技能培训要求</th><th colspan="4">2.2.4　二级 / 技师职业技能培训课程规范</th></tr>
<tr><th>职业功能模块（模块）</th><th>培训内容（课程）</th><th>技能目标</th><th>培训细目</th><th>学习单元</th><th>课程内容</th><th>培训建议</th><th>课堂学时</th></tr>
<tr><td rowspan="9">1．计划制定</td><td rowspan="9">1-3　计划指导</td><td rowspan="9">1-3-1　能提供农产品开发的市场导向信息和制定新产品策略</td><td rowspan="9">（1）农业项目商业模式的策划、开发与市场导入
（2）农产品市场拓展的创新模式及运营</td><td rowspan="3">（1）农产品生命周期理论、要素、应对策略及发展趋势</td><td>1）农产品生命周期理论、要素、原则及发展趋势
①按类型划分的农产品
②按市场属性划分的农产品</td><td rowspan="3">（1）方法：讲授法、案例教学法
（2）重点：不同领域的农产品生命周期分解和阶段性应对与优化策略
（3）难点：延长农产品生命周期及提升其阶段性价值的创新模式和方法</td><td rowspan="3">2</td></tr>
<tr><td>2）农产品生命周期分解及阶段性应对和优化策略</td></tr>
<tr><td>3）基于新兴目标市场和创新商业模式的农产品生命周期特点及案例分析</td></tr>
<tr><td rowspan="3">（2）农业目标市场发展趋势及其对产品生命周期的影响</td><td>1）农产品目标市场发展的特殊性及其产业根源特性</td><td rowspan="3">（1）方法：讲授法、案例教学法
（2）重点与难点：增强和提升农产品生命周期中市场价值和用户价值的策略与方法</td><td rowspan="3">1</td></tr>
<tr><td>2）农产品目标市场的发展对产品生命周期的影响要素</td></tr>
<tr><td>3）农产品生命周期中的市场创新和模式创新</td></tr>
<tr><td rowspan="3">（3）农业项目商业模式的策划、开发与市场导入</td><td>1）农产品生命周期和供需发展趋势变化对商业模式的影响</td><td rowspan="3">（1）方法：讲授法
（2）重点与难点：基于产品生命周期和供需发展趋势，对不同涉农经济组织的项目和产品实施适当的市场导入策略</td><td rowspan="3">2</td></tr>
<tr><td>2）农业项目商业模式的策划及关键指标评估
①产品指标
②供需关系指标
③产业链协同效应指标
④投入产出比和盈利模式指标</td></tr>
<tr><td>3）不同细分行业和经营主体的项目和产品市场导入策略</td></tr>
</table>

续表

2.1.4　二级 / 技师职业技能培训要求				2.2.4　二级 / 技师职业技能培训课程规范			
职业功能模块（模块）	培训内容（课程）	技能目标	培训细目	学习单元	课程内容	培训建议	课堂学时
1．计划制定	1–3　计划指导	1–3–1　能提供农产品开发的市场导向信息和制定新产品策略		（4）农产品市场拓展的创新模式及运营策略	1）农产品市场拓展的创新模式分析 ①传统模式的现状与弊端 ② C 端市场拓展 ③ B 端市场拓展 ④市场拓展中的信息化工具与大数据应用案例分析	（1）方法：讲授法、案例教学法 （2）重点：基于供应链、数据、用户和内容等的农产品市场拓展创新模式与方法 （3）难点：针对涉农经济组织目标市场的实际需求，应用适当的新产品导入和新市场拓展策略	3
					2）农产品市场拓展及运营策略 ①供应链运营策略 ②数据运营策略 ③用户运营策略 ④内容运营策略		
		1–3–2　能组织制定财务预算计划	（1）涉农经济组织经营项目的财务预算制度设计 （2）涉农经济组织经营项目财务预算计划的组织制定	（5）涉农经济组织的财务管理策略和预算制度	1）财务管理策略和预算管理制度的概念与应用	（1）方法：讲授法、实训法 （2）重点与难点：针对不同细分行业和经营主体的实际情况实施适当的财务和预算管理制度	2
					2）不同细分行业和经营主体财务管理和预算制度的设计和实施		
				（6）涉农经济组织经营项目财务预算计划的组织制定	1）财务预算计划的编制依据	（1）方法：讲授法、实训法 （2）重点与难点：涉农经济组织基于现代管理制度和信息化管理策略制定经营项目财务预算计划的方法	2
					2）现代企业财务预算计划编制的一般性原则和方法		
					3）不同细分行业和经营主体项目财务预算计划的编制方法		

续表

2.1.4　二级 / 技师职业技能培训要求				2.2.4　二级 / 技师职业技能培训课程规范			
职业功能模块（模块）	培训内容（课程）	技能目标	培训细目	学习单元	课程内容	培训建议	课堂学时
1．计划制定	1–3　计划指导	1–3–2　能组织制定财务预算计划		（6）涉农经济组织经营项目财务预算计划的组织制定	4）涉农经济组织制定财务预算计划的组织和协同工作方法 ①整体、部门及项目的经营与财务目标确定 ②信息数据的收集整理和标准化 ③专业操作人员的组织和管理 ④内容分工与协同配合 ⑤过程监控与目标结果检验 ⑥线上协同工具的应用		
		1–3–3　能组织制定农产品品牌计划和经营策略	（1）农产品品牌计划的制定、监控、评价和优化 （2）农产品品牌推广与运营的创新	（7）农产品品牌打造和品牌营销策略	1）品牌、品牌价值、品牌资产及品牌建设知识	（1）方法：讲授法、案例教学法 （2）重点：品牌策略的制定及品牌营销和品牌运营策略的实施 （3）难点：农产品品牌成功案例背后可复用的有效元素及其应用方法	2
					2）农产品品牌建设的内容、目的和意义		
					3）农产品品牌打造案例及关键要素分析		
					4）农产品品牌营销策略的制定和实施		
				（8）农产品品牌运营的内外部要素及发展趋势	1）品牌运营知识	（1）方法：讲授法、案例教学法、实训法 （2）重点：品牌建设、营销和运营的各类要素及其作用 （3）难点：农产品品牌运营的创新发展趋势及其在经营过程中的应用	2
					2）农产品品牌运营的内外部要素分析与策略实施 ①内部品牌与外部品牌 ②品牌资产管理的内部要素和外部要素 ③品牌营销的内部动力和外部动力		
					3）农产品品牌运营的创新与发展 ①品牌数字化 ②品牌 IP 化 ③品牌社会化		

续表

2.1.4　二级 / 技师职业技能培训要求				2.2.4　二级 / 技师职业技能培训课程规范			
职业功能模块（模块）	培训内容（课程）	技能目标	培训细目	学习单元	课程内容	培训建议	课堂学时
1．计划制定	1-3　计划指导	1-3-3　能组织制定农产品品牌计划和经营策略		（9）农产品品牌计划的制定、监控、评价和优化	1）现代企业品牌计划的内容、要素和编制、管理方法 2）农产品品牌计划的制定、监督和管理 3）农产品品牌计划实施的调研、评价和优化 4）信息化、智能化工具在农业品牌计划制定和管理过程中的应用	（1）方法：讲授法、案例教学法、实训法 （2）重点：品牌计划的制定和管理方法 （3）难点：在动态市场环境下基于信息化管理思维，对农产品品牌计划的实施进行持续监控和优化	2
				（10）农产品品牌推广与运营的创新	1）面向 C 端市场的农产品品牌推广与运营创新模式和方法 2）面向 B 端市场的农产品品牌推广与运营创新模式和方法	（1）方法：讲授法、案例教学法、实训法 （2）重点与难点：农产品品牌推广中的数据化思维与智能化工具应用	2
		1-3-4　能组织制定人才培训计划	（1）涉农经济组织人才培训计划的制定 （2）组织制定人才培训计划	（11）涉农经济组织构建学习型组织的策略和方法	1）现代企业学习型组织建立和发展的原理与方法 2）现代企业学习型组织案例分析 3）不同细分行业和经营主体建立、发展学习型组织的策略和方法	（1）方法：讲授法、案例教学法 （2）重点与难点：针对涉农经济组织的实际情况和需求建立和发展学习型组织	2

续表

<table>
<tr><th colspan="4">2.1.4　二级 / 技师职业技能培训要求</th><th colspan="4">2.2.4　二级 / 技师职业技能培训课程规范</th></tr>
<tr><th>职业功能模块（模块）</th><th>培训内容（课程）</th><th>技能目标</th><th>培训细目</th><th>学习单元</th><th>课程内容</th><th>培训建议</th><th>课堂学时</th></tr>
<tr><td rowspan="4">1．计划制定</td><td rowspan="4">1-3　计划指导</td><td rowspan="4">1-3-4　能组织制定人才培训计划</td><td rowspan="4"></td><td rowspan="4">（12）涉农经济组织人才培训计划的制定</td><td>1）现代企业制定人才培训计划的一般性原则和方法</td><td rowspan="4">（1）方法：讲授法、案例教学法、实训法
（2）重点与难点：涉农经济组织基于现代管理制度和信息化管理策略制定人才培训计划的方法</td><td rowspan="4">2</td></tr>
<tr><td>2）不同细分行业和经营主体人才培训计划制定策略和方法</td></tr>
<tr><td>3）基于新兴目标市场和创新商业模式的人才培训计划制定</td></tr>
<tr><td>4）涉农经济组织制定人才培训计划的组织和协同工作方法
①整体、部门及项目的组织协同
②内外部培训资源的组织协同
③线上、线下的组织协同
④过程监控与目标结果检验</td></tr>
<tr><td rowspan="2">2．组织管理</td><td rowspan="2">2-1　组织建设</td><td rowspan="2">2-1-1　能根据组织战略进行部门设置和调整，组建领导团队</td><td rowspan="2">（1）涉农经济组织的组织战略类型和特点分析
（2）农业信息化、智能化发展对涉农经济组织领导模式的影响及应对
（3）涉农经济组织领导团队组建与领导力建设</td><td rowspan="2">（1）涉农经济组织的组织战略类型和特点分析</td><td>1）现代企业组织战略的内容和特性</td><td rowspan="2">（1）方法：讲授法、案例教学法
（2）重点与难点：涉农经济组织的组织战略类型和特点</td><td rowspan="2">1</td></tr>
<tr><td>2）涉农经济组织总体组织战略的类型、特点及案例
①基于时间维度的发展型、稳定型和紧缩型战略
②基于竞争模式维度差异化、集中化成本领先战略
③基于产业链维度的复合型以及联盟战略</td></tr>
</table>

续表

2.1.4 二级 / 技师职业技能培训要求				2.2.4 二级 / 技师职业技能培训课程规范			
职业功能模块（模块）	培训内容（课程）	技能目标	培训细目	学习单元	课程内容	培训建议	课堂学时
2．组织管理	2-1 组织建设	2-1-1 能根据组织战略进行部门设置和调整，组建领导团队		（2）组织职能定位与部门设置	1）现代企业组织职能定位和部门设置的原则、标准和内容 ①强化治理结构的维度 ②提升经营效率的维度 ③促进财务稳健的维度 2）涉农经济组织规划组织职能定位及部门划分的策略与方法 ①生产导向型组织 ②销售导向型组织 ③产业融合与产业链价值延伸型组织	（1）方法：讲授法 （2）重点与难点：涉农经济组织规划组织职能定位和部门设置与优化调整的策略和方法	1
				（3）涉农经济组织的组织结构选择、构建与优化	1）广义和狭义组织结构在现代企业中的呈现形式及案例分析 2）组织结构功能性要素的选择、构建与优化 ①专业化、部门化、正规化等组织要素 ②命令链、控制跨度、集权与分权等管理要素 3）组织结构框架与业务流程的选择、构建与优化 ①传统树状结构和网状结构 ②新型矩阵结构和分布式结构	（1）方法：讲授法、案例教学法 （2）重点与难点：涉农经济组织构建灵活高效组织结构的策略和方法	2

续表

2.1.4　二级 / 技师职业技能培训要求				2.2.4　二级 / 技师职业技能培训课程规范			
职业功能模块（模块）	培训内容（课程）	技能目标	培训细目	学习单元	课程内容	培训建议	课堂学时
2．组织管理	2-1　组织建设	2-1-1　能根据组织战略进行部门设置和调整，组建领导团队		（4）农业产业化对组织结构和部门划分的影响及应对	1）基于产业化发展的新型组织结构及案例分析 ①适应市场快速变化的流程型组织结构 ②适应传统大型农业市场化方向的模拟分权组织结构 ③适应大型企业和混业经营的超事业部制组织结构 ④适应中小企业共同应对行业变化的知识共享型组织结构	（1）方法：讲授法、案例教学法、实训法 （2）重点：涉农经济组织实施及优化组织结构和部门设置的策略与方法 （3）难点：组织结构创新趋势及其适用、实施条件和优劣势	1
					2）涉农经济组织的组织结构创新 ①组织结构扁平化 ②组织界限模糊化 ③组织运营信息化 ④组织管理知识化		
				（5）涉农经济组织领导团队组建与领导力建设	1）现代企业领导团队和领导力建设的概念、内容和一般性方法 ①领导力的内涵、形态、表现形式、提升及变革方向 ②领导力评测模型、方法及工具 ③领导风格与组织职能定位、组织结构类型的联动	（1）方法：讲授法、案例教学法 （2）重点与难点：涉农经济组织根据自身情况和发展需求，从领导者选择、领导力建设到组建领导团队的策略和方法	2

续表

2.1.4 二级 / 技师职业技能培训要求				2.2.4 二级 / 技师职业技能培训课程规范			
职业功能模块（模块）	培训内容（课程）	技能目标	培训细目	学习单元	课程内容	培训建议	课堂学时
2．组织管理	2–1 组织建设	2–1–1 能根据组织战略进行部门设置和调整，组建领导团队		（5）涉农经济组织领导团队组建与领导力建设	2）涉农经济组织领导团队和领导力建设的层级、方法和案例分析 ①管理级领导者 ②总监级领导者 ③业务单元领导者 ④决策运营层领导者 ⑤集团领导者 ⑥企业领袖		
				（6）农业信息化、智能化对领导模式的影响及应对	1）信息时代管理者及领导角色的变化和案例分析 ①人际关系方面 ②信息传递和分享方面 ③决策制定的模式和范围方面	（1）方法：讲授法、案例教学法 （2）重点与难点：涉农经济组织在农业信息化、智能化发展过程中优化领导力和领导团队建设的策略和方法	1
					2）基于信息化发展需求组建领导团队及优化领导模式的策略 ①融入式管理模式 ②契约式管理和激励模式 ③“他管理”模式和“自管理”模式 ④信息掌控和舆论引导模式		

续表

2.1.4　二级 / 技师职业技能培训要求				2.2.4　二级 / 技师职业技能培训课程规范			
职业功能模块（模块）	培训内容（课程）	技能目标	培训细目	学习单元	课程内容	培训建议	课堂学时
2．组织管理	2-1　组织建设	2-1-2　能制定涉农经济组织各部门的工作标准、职权职责	（1）涉农经济组织部门工作标准和人员职权职责制定 （2）农业产业化、信息化对涉农经济组织人员权责的影响及应对 （3）涉农经济组织团队能力建设、发展及优化升级	（7）涉农经济组织部门人员配置的原则、形式和管理方法	1）现代企业部门人员配置的内容、原理和形式 ①个人与岗位的固定和动态匹配 ②个人与组织发展的动态匹配	（1）方法：讲授法、案例教学法、实训法 （2）重点与难点：涉农经济组织主要职能部门人员配置的策略和方法	1
					2）涉农经济组织部门人员配置策略、方法及案例分析 ①根据生产效率配置部门人员 ②根据业务数据分析和目标配置部门人员 ③根据同行业、同业态及同等规模经营主体数据配置部门人员 ④根据财务分析和预算配置部门人员 ⑤根据部门职能定位和业务流程配置部门人员		
				（8）涉农经济组织部门工作标准和职权、职责制定	1）工作标准的内容、作用、制定原则及其与岗位职权、职责的关系	（1）方法：讲授法 （2）重点与难点：涉农经济组织制定各部门工作标准和职权、职责的策略和方法	2
					2）涉农经济组织部门及员工工作标准和职权、职责的制定方法 ①基于业务流程的角色定位与协同工作需求 ②基于成本中心、利润中心划分及相关投入产出和效费比目标 ③基于组织职能与组织结构的发展革新目标		

续表

2.1.4 二级 / 技师职业技能培训要求				2.2.4 二级 / 技师职业技能培训课程规范			
职业功能模块（模块）	培训内容（课程）	技能目标	培训细目	学习单元	课程内容	培训建议	课堂学时
2．组织管理	2–1 组织建设	2–1–2 能制定涉农经济组织各部门的工作标准、职权职责		(9) 农业产业化、信息化对人员权责的影响及应对	1）产业化发展趋势对主要部门职能和人员权责的影响及应对	(1) 方法：讲授法 (2) 重点与难点：现代农业发展模式对涉农经济组织人员工作标准和权责的影响及应对方法	1
					2）信息化管理模式对主要部门职能和人员权责的影响及应对		
				(10) 涉农经济组织团队能力建设、发展及优化升级	1）团队能力的内容、作用和建设、提升方法	(1) 方法：讲授法、案例教学法、实训法 (2) 重点与难点：涉农经济组织结合自身实际情况和发展需求，制定和执行适当高效的团队能力建设的策略和方法	2
					2）涉农经济组织团队能力建设的原则、类型、方法及案例分析 ①专业能力建设 ②协作、协同能力建设 ③信息化、数据化分析、沟通及管理能力建设 ④产业化发展思维与目标驱动能力建设 ⑤团队创新能力建设		
					3）涉农经济组织团队能力建设制度的设计和优化 ①针对经营实体的规模、组织结构、人员数量和质量及目标预算的设计和优化 ②针对目标市场特性的设计和优化 ③针对组织职能定位和商业模式的设计和优化		

续表

2.1.4　二级 / 技师职业技能培训要求				2.2.4　二级 / 技师职业技能培训课程规范			
职业功能模块（模块）	培训内容（课程）	技能目标	培训细目	学习单元	课程内容	培训建议	课堂学时
2．组织管理	2-2　制度建设	2-2-1　能制定涉农经济组织内部供应链制度	（1）涉农经济组织内部供应链构成要素、特点分析及制度制定 （2）农业信息化、智能化对涉农经济组织内部供应链的影响及应对	（1）涉农经济组织内部规章、规程的编制	1）现代企业内部规章制度的类型、特点、作用及编写要点 ①业务流程管理类 ②内部人员管理类 ③财务纪律管理类 ④守法合规类	（1）方法：讲授法、案例教学法、实训法 （2）重点与难点：涉农经济组织制定和编写各类内部规章、规程的方法、技巧和注意事项	2
					2）涉农经济组织内部规章、规程的编写技巧及案例分析 ①基于组织结构和管理层级的 5W2H 方法 ②基于组织职能和业务流程的 SMART 原则 ③基于岗位需求和考核标准的目标导向原则		
				（2）涉农经济组织内部供应链制度制定	1）企业内部供应链的定义、内容、类型、特点和作用	（1）方法：讲授法、实训法 （2）重点：涉农经济组织内部供应链制度的制定策略和方法 （3）难点：涉农经济组织以业务流程优化、效率提升、减费增效为核心，制定适当高效的内部供应链管理制度的方法	2
					2）现代企业内部供应链管理制度的内容和制定方法		
					3）涉农经济组织内部供应链的构成要素和特点		
					4）涉农经济组织内部供应链管理制度制定策略和方法 ①提升核心业务流程各要素协同运行效率的策略 ②提升业务各环节能力和减少业务环节的策略 ③以信息化、智能化技术优化改造业务各环节协同方式的策略 ④以目标为导向多业务协调并行的策略		

续表

2.1.4 二级 / 技师职业技能培训要求				2.2.4 二级 / 技师职业技能培训课程规范			
职业功能模块（模块）	培训内容（课程）	技能目标	培训细目	学习单元	课程内容	培训建议	课堂学时
2. 组织管理	2-2 制度建设	2-2-1 能制定涉农经济组织内部供应链制度		（3）农业信息化、智能化对内部供应链管理的影响及应对	1）信息化、智能化技术对企业内部供应链管理的影响及案例分析 ①对采购、生产、仓储、销售等业务流程各环节的影响 ②内部供应链信息化管理系统的部署和应用 ③内部供应链管理流程的动态化、一体化、柔性化和开放性 2）面向智慧农业的企业内部供应链管理应对策略和优化方法 ①量化管理模式的应用 ② ERP 管理理念的应用 ③大数据、云技术及 BI 等管理技术和工具的应用	（1）方法：讲授法、案例教学法、实训法 （2）重点与难点：涉农经济组织应对农业信息化、智能化发展的内部供应链管理制度制定方法	3
		2-2-2 能编制劳动纠纷等突发事件的解决方案	（1）产品质量、生产事故等安全类突发事件的处理流程及应急预案和解决方案制定 （2）劳动纠纷、违法违规等管理类突发事件的处理流程及应急预案和解决方案制定 （3）自然类及其他突发事件的处理流程及应急预案和解决方案制定	（4）涉农经济组织突发事件的类型及危害	1）现代企业日常经营中突发事件的类型、危害及预防、解决方法 ①自然性突发事件 ②社会性突发事件 2）涉农经济组织日常纠纷及突发事件的类型、特点及案例分析 ①产品质量、生产事故等安全类突发事件 ②劳动纠纷、违法、违规等管理类突发事件 ③自然类及其他突发事件	（1）方法：讲授法、案例教学法 （2）重点与难点：涉农经济组织日常经营中可能遭遇的各类纠纷及突发事件的类型、特点、危害、预防及解决方法	2

续表

2.1.4　二级 / 技师职业技能培训要求				2.2.4　二级 / 技师职业技能培训课程规范			
职业功能模块（模块）	培训内容（课程）	技能目标	培训细目	学习单元	课程内容	培训建议	课堂学时
2．组织管理	2-2　制度建设	2-2-2　能编制劳动纠纷等突发事件的解决方案		(5) 突发事件处理流程、应急预案及解决方案制定	1）涉农经济组织突发事件的处理原则和处理流程 2）突发事件应急预案和解决方案的编制	(1) 方法：讲授法、实训法 (2) 重点与难点：涉农经济组织针对劳动纠纷及各类突发事件的应急预案和解决方案	2
		2-2-3　能制定绩效考核制度	(1) 涉农经济组织绩效评估和考核制度制定 (2) 涉农经济组织绩效考核制度的优化创新	(6) 涉农经济组织绩效评估和考核制度制定	1）企业绩效评估和绩效考核制度的内容、原则和建立方法 2）涉农经济组织绩效评估、考核制度的主要内容和制定方法 ①基于周期性的评估、考核 ②基于管理层级的评估、考核 ③基于业务关键目标的评估、考核	(1) 方法：讲授法、实训法 (2) 重点与难点：涉农经济组织根据日常经营需求制定多维度绩效考核制度的方法	2
				(7) 涉农经济组织绩效考核制度的优化创新	1）信息化绩效考核的内容、特点、方法、工具及案例分析 ①绩效指标量化和绩效复盘过程数据化 ②绩效与核心业务目标的量化关系模型 2）涉农经济组织绩效考核制度的信息化 ①绩效考核指标的标准化、数据化 ②绩效考核系统的部署和应用 ③移动管理工具在信息化绩效考核中的日常应用	(1) 方法：讲授法、案例教学法 (2) 重点与难点：涉农经济组织绩效考核制度在信息化管理趋势下的创新方向、应用方法及相关工具	1

续表

2.1.4 二级 / 技师职业技能培训要求				2.2.4 二级 / 技师职业技能培训课程规范			
职业功能模块（模块）	培训内容（课程）	技能目标	培训细目	学习单元	课程内容	培训建议	课堂学时
3. 目标控制	3-1 执行控制	3-1-1 能处理计划实施中的问题	（1）涉农经济组织业务流程信息化管理 （2）涉农经济组织计划实施中常见问题的解决	（1）涉农经济组织业务流程管理信息化需求和实现方法	1）现代企业业务流程实现、运作和管理的一般性概念和方法 2）涉农经济组织业务流程管理需求分析、常见形式及案例分析 ①生产流程管理 ②职能运作流程管理 ③业务运营计划流程管理 ④企业战略实施流程管理 3）信息化业务流程管理及工具对计划实施的影响 ①生产层各类监控传感系统工具的应用 ②运作层 MES 等系统工具的应用 ③计划层 ERP 等系统工具的应用 ④战略层 DSS 等系统工具的应用	（1）方法：讲授法、案例教学法、实训法 （2）重点：业务流程管理的要点及其在计划实施控制中的作用 （3）难点：涉农经济组织应用信息化工具提升业务流程管理水平与计划实施管理效率的策略和方法	2
				（2）涉农经济组织计划实施中常见问题和解决方法	1）现代企业计划实施的主要过程、要素及其对计划目标的影响 ①生产资料的准备、分配、实施和管理 ②生产工艺 / 技术的准备、分配、实施和管理 ③生产者 / 生产组织的准备、分配、授权和管理 ④生产日程 / 时间的计划、实施和管理	（1）方法：讲授法、案例教学法	2

续表

2.1.4　二级 / 技师职业技能培训要求				2.2.4　二级 / 技师职业技能培训课程规范			
职业功能模块（模块）	培训内容（课程）	技能目标	培训细目	学习单元	课程内容	培训建议	课堂学时
3. 目标控制	3-1　执行控制	3-1-1　能处理计划实施中的问题		（2）涉农经济组织计划实施中常见问题和解决方法	2）涉农经济组织计划实施中的常见问题、解决方法及案例分析 ①内部供应链运作效率、运作效果和运行成本问题 ②工艺 / 技术的经济性、匹配度、弹性、前瞻性问题 ③业务人员 / 团队的管理效率和管理成本相关问题 ④业务时程管理相关问题	（2）重点与难点：涉农经济组织计划实施中的常见问题及其预防策略和解决方法	2
		3-1-2　能调整计划并进行信息反馈	（1）涉农经济组织计划实施的控制和调整 （2）涉农经济组织生产类计划执行的目标控制和优化调整 （3）涉农经济组织销售类计划执行的目标控制和优化调整	（3）涉农经济组织计划实施的目标控制模式、策略和方法	1）涉农经济组织计划实施中目标控制的关键要素和方法 ①成本、质量、效率等生产端目标控制要素 ②毛利率、投入产出比、黏性 / 复购率、市场占有率等销售端目标控制要素 ③商誉、口碑等无形资产目标控制要素 2）涉农经济组织计划实施的目标控制策略和方法 ①总体目标控制法 ②阶段目标控制法	（1）方法：讲授法、实训法 （2）重点与难点：涉农经济组织基于目标控制模式对计划执行过程的要素进行管理和调整的策略和方法	2

续表

2.1.4 二级 / 技师职业技能培训要求				2.2.4 二级 / 技师职业技能培训课程规范			
职业功能模块（模块）	培训内容（课程）	技能目标	培训细目	学习单元	课程内容	培训建议	课堂学时
3．目标控制	3-1 执行控制	3-1-2 能调整计划并进行信息反馈		（4）涉农经济组织生产类计划执行的目标控制和优化调整	1）生产类计划的监控、管理和优化要素及案例分析 ①基于生产三要素 ②基于行业特性 ③基于目标市场特性 ④基于商业模式特性	（1）方法：讲授法、案例教学法、实训法 （2）重点与难点：涉农经济组织应用信息化管理思维和工具对生产类计划进行管控和优化的模式和方法	1
					2）涉农经济组织生产类计划管控、优化及信息化工具 ①针对生产资料 ②针对生产工艺 / 流程 ③针对生产人员 ④针对生产时程 / 效率		
				（5）涉农经济组织销售类计划执行的目标控制和优化调整	1）销售类计划的监控、管理和调优要素及案例分析 ①基于市场三要素 ②基于行业特性 ③基于目标市场特性 ④基于商业模式特性	（1）方法：讲授法、案例教学法、实训法 （2）重点与难点：涉农经济组织应用信息化管理思维和工具对销售类计划进行管控和调整的模式和方法	1
					2）涉农经济组织销售类计划的管控、调优及信息化工具 ①针对销售模式 ②针对销售渠道 ③针对销售人员 ④针对销售时程 / 效率		

续表

2.1.4 二级 / 技师职业技能培训要求				2.2.4 二级 / 技师职业技能培训课程规范			
职业功能模块（模块）	培训内容（课程）	技能目标	培训细目	学习单元	课程内容	培训建议	课堂学时
3．目标控制	3-1 执行控制	3-1-3 能实施与改进工作流程	（1）涉农经济组织工作流程数据化与可视化管理 （2）涉农经济组织生产类工作流程的实施和改进 （3）涉农经济组织销售类工作流程的实施和改进	（6）涉农经济组织工作流程数据化与可视化管理	1）工作流程数据化、可视化管理的模式、工具及案例 ①工作流程图解 / 图示模型 ②工作流程可视化管理平台 2）涉农经济组织工作流程数据化、可视化管理策略和方法 ①图解 / 图示模型工具 ②第三方数据化、可视化流程管理平台 ③数据化、可视化流程管理平台的搭建、部署及应用	（1）方法：讲授法、案例教学法、实训法 （2）重点与难点：涉农经济组织应用数据化、可视化工具实施工作流程管理的模式、方法和注意事项	2
				（7）涉农经济组织生产类工作流程的实施和改进	1）生产类工作流程的实施、改进要点及案例分析 ①基于产前、产中、产后 ②基于行业特性 ③基于目标市场特性 ④基于商业模式特性 2）生产类工作流程的信息化改进方法及相关工具 ①内外部供应链改进 ②技术 / 工艺实施效果改进 ③人效及劳动力替代率改进 ④资金成本、时间成本及其投入产出比改进	（1）方法：讲授法、案例教学法、实训法 （2）重点与难点：涉农经济组织应用信息化管理思维和工具对生产类工作流程进行管理和改进的模式和方法	2

续表

2.1.4　二级 / 技师职业技能培训要求				2.2.4　二级 / 技师职业技能培训课程规范			
职业功能模块（模块）	培训内容（课程）	技能目标	培训细目	学习单元	课程内容	培训建议	课堂学时
3．目标控制	3-1　执行控制	3-1-3　能实施与改进工作流程		(8) 涉农经济组织销售类工作流程的实施和改进	1）销售类工作流程的实施、改进要点及案例分析 ①基于售前、售中、售后 ②基于行业特性 ③基于目标市场特性 ④基于商业模式特性	(1) 方法：讲授法、案例教学法、实训法 (2) 重点与难点：涉农经济组织应用信息化管理思维和工具对销售类工作流程进行管理和改进的模式和方法	2
					2）销售类工作流程的信息化改进方法及相关工具 ①目标客群 / 流量资源获取过程改进 ②销售转化过程改进 ③客户关系管理及价值深度挖掘过程改进 ④销售效率改进		
		3-1-4　能进行生产过程控制	涉农经济组织生产过程信息化、智能化控制	(9) 农业项目生产过程控制的原则、方法及信息化发展趋势	1）生产过程控制的原则、内容和目的	(1) 方法：讲授法、案例教学法 (2) 重点与难点：农业项目生产的基本过程控制模式、要素及信息化过程控制的实施方法和工具	1
					2）常用管理工具及案例分析 ①生产资料动态量化管理 ②生产进度和绩效指标的看板管理 ③生产现场 6S 现场管理 ④生产质检品控动态管理 ⑤生产成本动态管理		

续表

2.1.4　二级 / 技师职业技能培训要求				2.2.4　二级 / 技师职业技能培训课程规范			
职业功能模块（模块）	培训内容（课程）	技能目标	培训细目	学习单元	课程内容	培训建议	课堂学时
3．目标控制	3-1　执行控制	3-1-4　能进行生产过程控制		（10）涉农经济组织生产过程智能化控制的内容、方法及相关工具	1）智能生产系统架构在农业领域的应用条件、效果及案例分析 ①数据仓库 + 知识仓库 +DSS 等基础层模块 ② DCS+MES+ERP 等应用层模块 ③ CRM+SRM+EDS 等业务层模块	（1）方法：讲授法、案例教学法、实训法 （2）重点：涉农经济组织应用信息化、智能化工具进行生产过程控制的实施条件、要点和方法 （3）难点：各类信息化、智能化过程控制模式和工具在涉农经济组织各生产环节的作用、目的及匹配方法	4
					2）涉农经济组织生产过程控制的常见问题及信息化发展趋势 ①供应链弹性和可靠性控制问题 ②从备料到备货的库存冗余度控制问题 ③生产成本优化与市场行情匹配度控制问题 ④人效控制问题 ⑤生产优良率 / 合格率控制问题		
	3-2　质量控制	3-2-1　能组织“三品一标”的认证申请工作	（1）农产品“三品一标”的认证申请 （2）涉农经济组织申请“三品一标”认证的常见问题处理	（1）农产品“三品一标”的认证申请	1）无公害农产品认证的申报条件、流程和方法	（1）方法：讲授法 （2）重点与难点：涉农经济组织进行“三品一标”认证申请的条件、流程和方法	1
					2）绿色食品认证的申报条件、流程和方法		
					3）有机食品认证的申报条件、流程和方法		
					4）农产品地理标志认证的申报条件和方法		

续表

2.1.4 二级 / 技师职业技能培训要求				2.2.4 二级 / 技师职业技能培训课程规范			
职业功能模块（模块）	培训内容（课程）	技能目标	培训细目	学习单元	课程内容	培训建议	课堂学时
3．目标控制	3-2 质量控制	3-2-1 能组织“三品一标”的认证申请工作		（2）申请“三品一标”认证的组织管理模式及常见问题	1）组织申请“三品一标”认证的工作内容和方法 ①申报流程、标准和程序培训 ②相关人员、资料的准备 ③申报对接机构的情况分析 ④申报日程的安排和优化	（1）方法：讲授法、案例教学法、实训法 （2）重点与难点：组织申请“三品一标”认证的常见问题、解决方法及相关注意事项	1
					2）申请无公害农产品认证的常见问题、解决方法及相关案例		
					3）申请绿色食品认证的常见问题、解决方法及相关案例		
					4）申请有机食品认证的常见问题、解决方法及相关案例		
					5）申请农产品地理标志认证的常见问题、解决方法及相关案例		
		3-2-2 能按照农产品冷链物流的标准组织运输		（3）农产品冷链物流的标准、作用及发展趋势	1）不同类型农产品冷链物流的标准、作用和发展趋势	（1）方法：讲授法、案例教学法 （2）重点：各类型农产品实施冷链物流的方法及注意事项 （3）难点：农产品电商发展对冷链物流的需求及涉农经济组织的应对策略	2
					2）冷链物流与农产品电商结合的发展趋势、应对策略及相关案例分析		

续表

2.1.4　二级 / 技师职业技能培训要求				2.2.4　二级 / 技师职业技能培训课程规范			
职业功能模块（模块）	培训内容（课程）	技能目标	培训细目	学习单元	课程内容	培训建议	课堂学时
3．目标控制	3-2　质量控制	3-2-2　能按照农产品冷链物流的标准组织运输	（1）现代企业实施冷链物流的关键要素分析 （2）涉农经济组织冷链物流的实施 （3）农产品冷链物流的信息化管理	（4）涉农经济组织实施冷链物流的条件、策略和方法	1）现代企业实施冷链物流的关键要素及案例分析 ①地理空间和交通便利度 ②行业特性和市场需求度 ③成本 ④人员专业度 ⑤第三方采购与自建模式优劣势 2）涉农经济组织实施冷链物流运输的策略、方法及案例分析 ①市场竞争力提升策略 ②投入回收周期优化策略 ③第三方资源整合策略 ④产业链延伸增值策略	（1）方法：讲授法、案例教学法、实训法 （2）重点与难点：涉农经济组织实施农产品标准化冷链物流运输的策略和方法	2
				（5）农产品冷链物流的信息化管理模式与创新趋势	1）现代冷链物流智能化发展的主要技术方向及案例 ①移动制冷、保温等基础应用技术 ②冷链物联网等智能管控技术 ③端到端智能控温的智慧冷链技术 2）基于冷链物流技术的商业模式创新及案例分析 ①跨区域、跨境等涉及空间因素的商业模式 ②反季销售等涉及时间因素的商业模式 ③海鲜熟冻、NFC 果汁等涉及产品新形态因素的商业模式	（1）方法：讲授法、案例教学法 （2）重点：涉农经济组织采用信息化、智能化冷链物流技术提升运营能力的策略和方法 （3）难点：信息化、智能化冷链物流技术的发展趋势、创新要素及其对涉农经济组织商业模式创新的影响	2

续表

2.1.4 二级 / 技师职业技能培训要求				2.2.4 二级 / 技师职业技能培训课程规范			
职业功能模块（模块）	培训内容（课程）	技能目标	培训细目	学习单元	课程内容	培训建议	课堂学时
3．目标控制	3-2 质量控制	3-2-3 能使用农产品质量安全可追溯平台	农产品质量安全可追溯平台的发展及应用	（6）农产品溯源的标准、作用及发展趋势	1）农产品溯源的概念、标准、发展历程及相关政策、法规 2）农产品溯源的类型、标准和内容 ①初级农产品的种植生产溯源 ②加工农产品和食品的产地、原料溯源 ③农产品食品的全供应链溯源 3）农产品溯源信息化系统平台的构成要素、作用及案例分析	（1）方法：讲授法、案例教学法 （2）重点与难点：农产品溯源应用状况以及未来发展趋势	1
				（7）农产品质量安全可追溯平台的发展及应用	1）农产品电商发展对溯源系统平台的需求及应用分析 ①软、硬件技术 ②关键指标及其呈现形式 ③溯源大数据的应用模式 ④溯源要素在销售端的呈现和作用 2）追溯平台与信息化管理体系的结合及案例分析 ①与生产端管理结合 ②与各类运营管理系统结合 ③与销售端及客户关系管理系统结合 3）应用第三方溯源平台的准备、实施及管理要点 ①主要的第三方系统 / 平台特点分析 ②数据标准化等性能指标分析	（1）方法：讲授法、案例教学法、实训法 （2）重点与难点：涉农经济组织采用标准化、信息化的溯源数据及溯源平台提升运营能力的策略和方法	4

续表

2.1.4　二级 / 技师职业技能培训要求				2.2.4　二级 / 技师职业技能培训课程规范			
职业功能模块（模块）	培训内容（课程）	技能目标	培训细目	学习单元	课程内容	培训建议	课堂学时
3．目标控制	3-2　质量控制	3-2-3　能使用农产品质量安全可追溯平台		（7）农产品质量安全可追溯平台的发展及应用	4）涉农经济组织自建溯源系统 / 平台的要点分析 ①需求的普适性和个性化分析 ②成本经济性、投入产出比及回收周期分析 ③人员素质技术水平分析 ④产业链延伸价值分析 ⑤外部资源整合利用难易度分析		
	3-3　成本控制	3-3-1　能对农产品成本进行综合分析	农业产业化发展的综合成本分析	（1）农业产业化发展的综合成本分析策略和方法	1）现代企业产品综合成本构成、分析原则和分析方法	（1）方法：讲授法、案例教学法、实训法 （2）重点与难点：涉农经济组织在现代化、产业化发展过程中的产品综合成本分析和常见问题处理	3
					2）农产品成本综合分析的思路、方法和注意事项 ①成本构成分析法 ②回归分析法 ③数据包络分析法		
					3）产业化发展对成本的扰动因素、分析处理方法及案例分析 ①原料市场价格扰动因素 ②技术、设备更替运维成本扰动因素 ③劳动力市场价格扰动因素 ④产品品控标准、生命周期成本扰动因素 ⑤产业链协同成本扰动因素		

续表

2.1.4 二级 / 技师职业技能培训要求				2.2.4 二级 / 技师职业技能培训课程规范			
职业功能模块（模块）	培训内容（课程）	技能目标	培训细目	学习单元	课程内容	培训建议	课堂学时
3．目标控制	3-3 成本控制	3-3-1 能对农产品成本进行综合分析		（2）涉农经济组织成本费用日常控制及信息化管理	1）涉农经济组织成本费用日常控制要点、考核指标及案例分析 ①研发成本的分摊与回收 ②生产制造成本的全生命周期转化 ③业务支持成本 / 管理成本的直接和间接投入产出比 ④财务成本的优化控制 ⑤资本成本的利用率	（1）方法：讲授法、案例教学法、实训法 （2）重点：涉农经济组织日常成本费用的管控要点、方法和注意事项 （3）难点：涉农经济组织应用信息化工具进行日常成本费用管理的模式和方法	3
					2）涉农经济组织综合成本的信息化管控模式及相关工具应用 ①基于基础 OA 的成本控制与核算表格体系 ②基于独立的成本管理系统 CST ③基于 ERP 系统的成本管理系统 CST		
		3-3-2 能组织编制降低农产品成本的方案	（1）涉农经济组织产品成本的控制和压缩 （2）涉农经济组织成本控制和压缩方案编制的组织管理	（3）涉农经济组织合理压缩、节省成本的常见模式和技巧	1）现代企业优化、压缩成本的内容、方法及案例	（1）方法：讲授法、案例教学法、实训法 （2）重点与难点：涉农经济组织降低产品成本的工作要点和主要方法	1
					2）涉农经济组织降低成本的途径、策略、方法及注意事项 ①优化生产资料获取成本 ②优化生产流程 ③优化现场管理和减小现场浪费 ④优化劳动力使用模式和效率 ⑤优化质量管理 ⑥优化仓库物流模式和效率 ⑦优化销售模式		

续表

2.1.4　二级 / 技师职业技能培训要求				2.2.4　二级 / 技师职业技能培训课程规范			
职业功能模块（模块）	培训内容（课程）	技能目标	培训细目	学习单元	课程内容	培训建议	课堂学时
3．目标控制	3-3　成本控制	3-3-2　能组织编制降低农产品成本的方案		（4）涉农经济组织成本控制和压缩方案编制的组织管理	1）组织编制成本控制和压缩方案的步骤和工作要点 ①成本信息收集和标准化 ②成本数据信息化管理工具的应用和相关数据仓库的建立与维护 ③业务流程、职能部门或工作节点、管理层级的梳理与目标量化 ④成本优化策略和方法的培训与实施 ⑤成本优化和压缩目标的实施监控、反馈和调整 2）涉农经济组织实施成本控制和压缩的常见问题与解决方法 ①业务流程节点的取舍 ②内部供应链的暂时性与结构性改造 ③外部供应链的暂时性与结构性改造 ④个人、部门及其他管理层级的权责与利益协调	（1）方法：讲授法、案例教学法、实训法 （2）重点与难点：涉农经济组织根据自身业务特性与重点组织编制成本控制与压缩方案	2

续表

2.1.4 二级 / 技师职业技能培训要求				2.2.4 二级 / 技师职业技能培训课程规范			
职业功能模块（模块）	培训内容（课程）	技能目标	培训细目	学习单元	课程内容	培训建议	课堂学时
3．目标控制	3-4 市场控制	3-4-1 能制定新产品开发策略及方案	（1）农产品新品开发和营销策划 （2）涉农经济组织新产品开发与营销策划方案的编制	（1）农产品新品开发和营销策划的一般性策略和方法	1）现代企业新产品开发的常用策略及相关案例分析 ①进攻型策略 ②防卫型策略 ③风险型策略 ④反应型策略 ⑤预测型策略 2）涉农经济组织新产品开发的主要动因、工作内容及常见问题的应对方法 ①竞品及竞品行业的生命周期 ②目标市场的需求变化 ③产品形态、创新力度及成本结构性优势 ④经营目标及相关的财务与资本目标 ⑤开发与上市时机 ⑥业务流程配合和产业链资源配合	（1）方法：讲授法、案例教学法 （2）重点：农业新产品开发的动因、策略和常用方法 （3）难点：涉农经济组织进行新产品开发的工作要点及注意事项	2
				（2）涉农经济组织新产品开发与营销策划方案的编制	1）新产品开发及市场策略方案的形式、结构和内容 2）新产品开发策略制定与实施的阶段、信息化工具及案例分析 ①市场需求分析阶段 ②技术应用分析阶段 ③最小可行性产品 MVP 阶段 ④产品市场反馈盲测阶段 ⑤产品营销销售全生命周期的经营指标预测	（1）方法：讲授法、案例教学法、实训法 （2）重点：农业新产品开发策划方案的制定方法和常见问题 （3）难点：涉农经济组织应用信息化手段和工具辅助新产品开发策划的方法和技巧	3

续表

2.1.4　二级 / 技师职业技能培训要求				2.2.4　二级 / 技师职业技能培训课程规范			
职业功能模块（模块）	培训内容（课程）	技能目标	培训细目	学习单元	课程内容	培训建议	课堂学时
3．目标控制	3–4　市场控制	3–4–2　能选择品牌模式并实施品牌战略	（1）涉农经济组织品牌模式和品牌战略的构成要素与实施要点分析 （2）涉农经济组织品牌模式的选择和制定 （3）涉农经济组织品牌战略创新	（3）涉农经济组织品牌模式和品牌战略分析	1）主要品牌模式的概念、内容、特点及案例分析 2）现代企业品牌战略的主要类型、内容构成及案例 3）涉农经济组织常见的品牌模式、品牌战略及其实施效果分析	（1）方法：讲授法、案例教学法、实训法 （2）重点与难点：涉农经济组织在农业现代化发展趋势下主要采用的品牌模式和品牌战略	2
				（4）涉农经济组织选择和制定品牌模式的策略和方法	1）选择品牌模式的关键指标、分析要点及案例分析 ①所在行业规模 ②目标市场成熟度 ③企业组织形式与产品线构成 ④产品核心受众及其消费模式 ⑤产品核心价值和附加价值 2）涉农经济组织确定和实施品牌模式的工作要点及常见问题 ①品牌属性与品牌结构的可行性和针对性 ②品牌识别的难易度 ③品牌与产品和组织文化的匹配度 ④品牌的同业和跨界延伸与价值变现模式	（1）方法：讲授法、案例教学法、实训法 （2）重点与难点：涉农经济组织选择及实施品牌模式过程中的工作要点和常见问题的解决方法	2

续表

2.1.4　二级 / 技师职业技能培训要求				2.2.4　二级 / 技师职业技能培训课程规范			
职业功能模块（模块）	培训内容（课程）	技能目标	培训细目	学习单元	课程内容	培训建议	课堂学时
3. 目标控制	3-4　市场控制	3-4-2　能选择品牌模式并实施品牌战略		(5) 涉农经济组织实施品牌战略创新的思路和方法	1）农业新型目标市场的品牌战略创新案例分析 2）农业新型商业模式的品牌战略创新案例分析 3）农业品牌战略创新方向及品牌战略实施要点 ①产品即服务方向 ②混业经营的体验式农业方向 ③定制农业方向 ④共享农业方向	(1) 方法：讲授法、案例教学法 (2) 重点与难点：涉农经济组织在农业创新领域的品牌战略实施策略和方法	3
4. 内外协调	4-1　内部协调	4-1-1　能建立内部激励和约束机制	(1) 涉农经济组织内部激励机制的建立和实施 (2) 涉农经济组织内部约束机制的建立和实施 (3) 涉农经济组织内部激励与约束机制的管理联动	(1) 涉农经济组织内部激励机制的建立和实施	1）现代企业内部激励机制的内容、作用和运行模式 2）现代企业薪酬制度的类型、设计思路、激励与奖惩效果比较及案例分析 3）涉农经济组织建立高效内部激励机制的策略和方法 ①建立以薪酬体系为核心、显性和隐性奖励相结合的内部激励机制 ②信息化管理在内部激励机制中的角色和作用 ③建立以目标管理为导向的激励文化	(1) 方法：讲授法、案例教学法 (2) 重点与难点：涉农经济组织建立高效内部激励机制的策略和方法	1

续表

2.1.4　二级 / 技师职业技能培训要求				2.2.4　二级 / 技师职业技能培训课程规范			
职业功能模块（模块）	培训内容（课程）	技能目标	培训细目	学习单元	课程内容	培训建议	课堂学时
4．内外协调	4-1　内部协调	4-1-1　能建立内部激励和约束机制		（2）涉农经济组织内部约束机制的建立和实施	1）现代企业内部约束机制的构成要素、种类、实施形式及案例分析 2）涉农经济组织内部约束机制 ①所有权约束 ②管理权和管理流程约束 ③预算约束 ④信息化管理中的信息隔离与控制约束	（1）方法：讲授法、案例教学法 （2）重点与难点：涉农经济组织建立和实施内部约束机制的范围、对象、重点领域及实施方法	1
				（3）涉农经济组织内部激励与约束机制的管理联动	1）现代企业激励、约束机制的构建基础、法律环境、重点对象及表现形式 2）涉农经济组织针对重点对象的激励—约束机制及实施方法 ①针对股东 ②针对高管及高管团队 ③针对生产和技术骨干 ④针对重要业务部门及新业务部门负责人	（1）方法：讲授法 （2）重点与难点：涉农经济组织建立面向重点对象的激励—约束机制的形式和方法	1
		4-1-2　能对涉农经济组织内部部门进行协调与维护	（1）涉农经济组织的组织体系构建与跨部门协调 （2）涉农经济组织的部门构建与维护发展机制的建立和实施	（4）涉农经济组织的组织体系构建与跨部门协调机制	1）组织体系构建与协调运行的关键指标及案例分析 ①以生产要素为核心 ②以产业价值链为核心 ③以降费增效为核心 ④以建设共同市场或共同品牌为核心	（1）方法：讲授法、案例教学法 （2）重点：涉农经济组织实施高效的组织和部门协调、协同工作的形式、特点	1

续表

2.1.4 二级 / 技师职业技能培训要求				2.2.4 二级 / 技师职业技能培训课程规范			
职业功能模块（模块）	培训内容（课程）	技能目标	培训细目	学习单元	课程内容	培训建议	课堂学时
4. 内外协调	4-1 内部协调	4-1-2 能对涉农经济组织内部部门进行协调与维护		(4) 涉农经济组织的组织体系构建与跨部门协调机制	2）涉农经济组织跨部门协调与协同工作机制的建立和实施 ①跨部门协同目标的规划和实施 ②组织架构与工作流程设计 ③信息化管理模式与管理工具的部署和应用 ④部门负责人及关键人员的激励—约束机制	(3) 难点：涉农经济组织在信息化管理基础上实现高效的跨部门协调与协同工作的制度和方法	1
				(5) 涉农经济组织的部门构建与维护发展机制	1）现代企业部门构建、维护与优化的模式和方法	(1) 方法：讲授法 (2) 重点与难点：涉农经济组织基于自身情况和激励—约束机制，维护、优化和发展内部职能部门的制度和方法	1
					2）涉农经济组织部门维护、优化及发展的策略和方法 ①针对工作目标、内容和流程 ②针对人员素质、能力和部门人力资源配置合理性 ③针对部门工作效率、氛围、作风及经营效费比 ④针对部门维护发展中的负责人及关键人员 ⑤针对创新业务部门		

续表

2.1.4　二级 / 技师职业技能培训要求				2.2.4　二级 / 技师职业技能培训课程规范			
职业功能模块（模块）	培训内容（课程）	技能目标	培训细目	学习单元	课程内容	培训建议	课堂学时
4．内外协调	4-2　外部协调	4-2-1　能适应法律环境、政策环境、文化环境	（1）涉农经济组织危机管理的外部环境因素分析 （2）涉农经济组织法律环境的危机发现、预警和管理 （3）涉农经济组织政策环境的危机发现、预警和管理 （4）涉农经济组织文化环境的危机发现、预警和管理	（1）涉农经济组织危机管理的外部环境因素分析	1）现代企业危机的类型、特点、影响因素、危害及案例分析 2）现代企业危机管理的原则、内容、作用及案例 3）涉农经济组织针对外部环境因素的危机来源及危机管理策略 ①法律环境 ②政策环境 ③文化环境 ④网络环境	（1）方法：讲授法、案例教学法 （2）重点与难点：涉农经济组织长期稳定发展须面对的外部环境因素及可能的风险和危机来源	1
				（2）涉农经济组织法律环境的危机发现、预警和管理	1）涉农经济组织的外部法律环境要素分析 ①通用法律法规及其涉农要素 ②专业法律法规及其涉农要素 ③涉农法律法规的发展过程和发展趋势 ④海外重点市场法律法规的涉农要素 2）涉农经济组织适应法律环境及管控危机的策略和方法 ①组织体系建设与业务流程设置 ②关键人员持续学习培训机制 ③项目、部门负责人及关键人员激励—约束机制设置 ④信息化管理及相关工具应用	（1）方法：讲授法 （2）重点：涉农经济组织适应外部法律环境及发现管控相关风险、危机的制度和方法 （3）难点：涉农经济组织应用信息化管理思维、工具及时发现、高效管控法律环境相关风险、危机的方法	1

续表

2.1.4 二级 / 技师职业技能培训要求				2.2.4 二级 / 技师职业技能培训课程规范			
职业功能模块（模块）	培训内容（课程）	技能目标	培训细目	学习单元	课程内容	培训建议	课堂学时
4．内外协调	4-2 外部协调	4-2-1 能适应法律环境、政策环境、文化环境		（3）涉农经济组织政策环境的危机发现、预警和管理	1）我国涉农政策的类型、特点及发展沿革趋势 ①普适性政策与区域性政策 ②强制性政策与导向性政策 ③长期性政策与阶段性政策 2）涉农经济组织外部政策环境分析 ①重要涉农、支农、兴农长期政策 ②“十四五规划”重要涉农政策 ③海外重点市场的涉农政策 3）涉农经济组织适应政策环境及管控相关风险、危机的策略和方法	（1）方法：讲授法 （2）重点与难点：涉农经济组织应用信息化管理思维、工具及时发现、高效管控政策环境相关风险、危机的方法	1
				（4）涉农经济组织文化环境的危机发现、预警和管理	1）我国社会文化环境的构成、分析及发展趋势 ①社会结构、教育、宗教、价值观、价值取向等一般性社会文化环境因素 ②植根于千年农耕文明的农业和涉农文化 ③多梯级、多元化又相对统一的消费文化 ④高速发展、广泛渗透的互联网文化 ⑤快速变化、趋向开放和独立人际价值取向和人际关系文化 2）涉农经济组织适应政策环境及管控相关风险和危机的策略和方法	（1）方法：讲授法 （2）重点与难点：涉农经济组织应用信息化管理思维、工具及时发现、高效管控文化环境相关风险、危机的方法	1

续表

2.1.4　二级 / 技师职业技能培训要求				2.2.4　二级 / 技师职业技能培训课程规范			
职业功能模块（模块）	培训内容（课程）	技能目标	培训细目	学习单元	课程内容	培训建议	课堂学时
4．内外协调	4-2　外部协调	4-2-2　能处理外部公关危机	（1）涉农经济组织外部公关危机的发现、预警及应对 （2）涉农经济组织全员危机公关意识和能力的建立与培养	（5）涉农经济组织外部公关危机的发现、预警及应对	1）现代企业外部公关危机的来源、类型、特点、危害及案例分析 2）现代企业危机公关的原则、流程、内容、作用及案例分析 3）涉农经济组织外部公关危机的类型、特点和应对 ①法律、政策、文化、市场、社区、媒介、网络等外部环境因素引发的危机 ②一般性危机和重大危机 ③有形危机和无形危机 ④内部危机和外部危机的联动与转化	（1）方法：讲授法、案例教学法 （2）重点与难点：涉农经济组织结合自身特点应用现代企业危机公关策略应对各类外部公关危机的方法	2
				（6）涉农经济组织全员危机公关意识和能力的建立与培养	1）全员危机公关的概念、必要性、内容、作用及案例分析 2）涉农经济组织全员危机公关能力的建设和培养 ①组织文化、品牌产品定位及相关资源的准备和保障 ②全员应对各类公共关系方面的预案及培训 ③自媒体相关管理原则及危机处理机制 ④内外部舆情监测、预警及处理机制	（1）方法：讲授法、案例教学法 （2）重点与难点：涉农经济组织结合自身特点建立从组织到员工有效预防、发现、预警、应对外部公关危机的制度和方法	2

续表

2.1.4 二级 / 技师职业技能培训要求				2.2.4 二级 / 技师职业技能培训课程规范			
职业功能模块（模块）	培训内容（课程）	技能目标	培训细目	学习单元	课程内容	培训建议	课堂学时
4．内外协调	4–2 外部协调	4–2–3 能进行商务谈判	（1）获取经济利益或等效资源类谈判 （2）获取价值认同类谈判 （3）完善流程或规避相关风险类谈判	（7）涉农经济组织商务谈判的类型和特点分析	1）涉农经济组织商务谈判的主要目的、类型及案例 ①获取经济利益或等效资源 ②获取价值认同 ③完善流程或规避相关风险 2）涉农经济组织商务谈判的对象、特点及注意事项 ①政府机构类 ②非政府组织和机构类 ③银行及非银行金融机构类 ④企业类 ⑤个人及民间团体类	（1）方法：讲授法 （2）重点与难点：涉农经济组织日常经营中可能面对的商务谈判类型、目的及谈判对象特点分析	1
				（8）主要类型商务谈判的组织实施	（1）获取经济利益或等效资源类谈判的组织实施方法和注意事项 （2）获取价值认同类谈判的组织方法和注意事项 （3）完善流程或规避相关风险类谈判的组织实施方法和注意事项	（1）方法：讲授法、实训法 （2）重点与难点：涉农经济组织各主要类型商务谈判的实施方法和注意事项	2

续表

2.1.4　二级 / 技师职业技能培训要求				2.2.4　二级 / 技师职业技能培训课程规范			
职业功能模块（模块）	培训内容（课程）	技能目标	培训细目	学习单元	课程内容	培训建议	课堂学时
4．内外协调	4–2　外部协调	4–2–3　能进行商务谈判		（9）涉农经济组织商务谈判的策略、方法和技巧	1）现代企业商务谈判的原则、策略和方法	（1）方法：讲授法、案例教学法、实训法 （2）重点与难点：涉农经济组织根据商务谈判对象、场景、内容等条件应用适当有效的谈判技巧	2
					2）现代企业管理者应对商务谈判的场景、技巧及相关能力培养		
					3）涉农经济组织商务谈判的策略、方法、技巧及案例分析 ①了解谈判对象 ②规划谈判目标和掌控谈判节奏 ③应用涉农专业知识及行业、财经、法律等谈判知识和人力资源 ④现代商务谈判的必要礼仪、流程、文书及谈判活动规划安排		
5．培训指导	5–1　培训	5–1–1　能编制中、高级工的培训方案	（1）中级工培训方案的编制 （2）高级工培训方案的编制	（1）中、高级工的培训目标和内容	1）不同细分行业和经营主体的中、高级工工作定位与职能要求	（1）方法：讲授法 （2）重点与难点：农业产业化发展对中、高级工的发展要求	1
					2）中、高级工的发展要素与培训、培养方向 ①行业发展要素 ②市场发展要素 ③产品、技术及模式创新要素		

续表

2.1.4 二级 / 技师职业技能培训要求				2.2.4 二级 / 技师职业技能培训课程规范			
职业功能模块（模块）	培训内容（课程）	技能目标	培训细目	学习单元	课程内容	培训建议	课堂学时
5．培训指导	5-1 培训	5-1-1 能编制中、高级工的培训方案		（2）中、高级工培训方案的编制	1）现代企业岗位培训方案的一般性内容与格式	（1）方法：讲授法、实训法 （2）重点：中、高级工培训方案的格式、内容及其编制注意事项 （3）难点：创新工具和模式在中、高级工培训中的应用	1
					2）培训方案的编制要素 ①培训目标和内容 ②组织形式和流程设置 ③学时计划与分配 ④考核方法与指标		
					3）中级工培训方案的编制		
					4）高级工培训方案的编制		
		5-1-2 能培训中、高级工	（1）中级工培训 （2）高级工培训	（3）职业技能培训的能力和技巧	1）职业技能培训的能力 ①一般表达能力 ②用户画像与需求分析能力 ③以点带面、从特殊到一般的逻辑思维与概括能力 ④组织能力与应变能力	（1）方法：讲授法、实训法 （2）重点与难点：中、高级工培训的知识、能力和技巧	2
					2）职业能力培训的一般性技巧与注意事项 ①一对一沟通技巧 ②一对多沟通技巧 ③课堂氛围调动技巧 ④从一般到特殊再到一般的引导、总结归纳技巧		

续表

2.1.4　二级 / 技师职业技能培训要求				2.2.4　二级 / 技师职业技能培训课程规范			
职业功能模块（模块）	培训内容（课程）	技能目标	培训细目	学习单元	课程内容	培训建议	课堂学时
5．培训指导	5-1　培训	5-1-2　能培训中、高级工		（4）中、高级工培训的新趋势和新方法	1）新型培训工具的使用场景和使用方法	（1）方法：讲授法、实训法 （2）重点与难点：结合时间、空间等外部条件在中、高级工培训实务中应用新模式与新工具	1
					2）新型培训模式的组织和实施方法		
	5-2　指导	5-2-1　能指导中、高级工编制组织发展的中期目标	（1）指导中级工编制中期发展目标 （2）指导高级工编制中期发展目标	（1）中、高级工编制组织发展目标的要点和注意事项	1）现代企业编制中期、长期等业务发展目标的要点分析 ①企业资源计划 ②经营管理模式 ③行业与产业链发展趋势	（1）方法：讲授法 （2）重点：中、高级工编制组织发展目标过程中的常见问题和解决方法 （3）难点：结合细分行业、经营主体、目标市场与商业模式的差异化，采用适当的格式和内容呈现方式编制组织发展目标	1
					2）中、高级工编制中期业务发展目标的技巧 ①行业差异性的呈现 ②经营主体差异性的呈现 ③目标市场与商业模式差异性的呈现		
				（2）中、高级工业务发展目标编制工作的指导	1）现代企业经营项目与计划的模式和方法	（1）方法：讲授法、实训法 （2）重点与难点：指导中、高级工编制组织发展中期目标的方法和注意事项	1
					2）指导中、高级工编制中期业务发展目标的方法和注意事项 ①指导构建相关知识、经验体系 ②指导建立目标导向型思维模式 ③指导建立信息化、数据化管理发展思维 ④对低学历群体的指导		

续表

2.1.4　二级 / 技师职业技能培训要求				2.2.4　二级 / 技师职业技能培训课程规范			
职业功能模块（模块）	培训内容（课程）	技能目标	培训细目	学习单元	课程内容	培训建议	课堂学时
5．培训指导	5-2　指导	5-2-2　能指导中、高级工梳理工作内容及要求，并进行分析和评估	（1）指导中、高级工进行工作分析 （2）指导中、高级工进行管理流程梳理	（3）中、高级工工作分析的指导	1）针对细分行业、经营主体、商业模式等内生要素的分析原则和方法指导 2）针对目标市场、产业价值链等外生要素的分析原则和方法指导 3）针对现代农业各种发展趋势应对策略的分析原则和方法指导	（1）方法：讲授法 （2）重点与难点：指导中、高级工根据一般性原则与企业实际情况进行有效工作分析的方法	1
				（4）中、高级工管理流程梳理的指导	1）指导梳理计划目标与实际成果之间差异性的问题 2）指导梳理量化、信息化管理实施有效性的问题 3）指导梳理短期、中期目标和任务分配不均衡的问题 4）指导梳理经营策略和财务策略不匹配的问题	（1）方法：讲授法 （2）重点与难点：指导中、高级工根据一般性原则与企业实际情况进行有效管理流程梳理的方法	1
课堂学时合计							150

附录5　一级/高级技师职业技能培训要求与课程规范对照表

2.1.5　一级/高级技师职业技能培训要求				2.2.5　一级/高级技师职业技能培训课程规范			
职业功能模块（模块）	培训内容（课程）	技能目标	培训细目	学习单元	课程内容	培训建议	课堂学时
1．计划制定	1-1　战略制定	1-1-1　能进行涉农经济组织战略环境分析	（1）涉农经济组织的战略环境分析 （2）涉农经济组织的企业战略体系	（1）涉农经济组织发展的行业、市场和政策环境分析	1）我国农业发展的宏观环境与趋势分析 ①农业农村现代化趋势 ②城镇化和新常态下的农业产业结构调整趋势 ③国内外环境变化带来的机遇和挑战 2）我国现代农业市场格局的发展状况和趋势 ①农业产业化 ②农业信息化 ③农业品牌化 ④规模农业和精益农业 3）我国农业政策环境的现状分析和发展趋势 ①生产力维度 ②生产资料维度 ③生产关系维度	（1）方法：讲授法 （2）重点：各类宏观要素的变化对涉农经济组织长期发展的影响 （3）难点：现代农业市场格局的演化对各类型涉农经济组织长期发展的影响	2

续表

2.1.5　一级 / 高级技师职业技能培训要求				2.2.5　一级 / 高级技师职业技能培训课程规范			
职业功能模块（模块）	培训内容（课程）	技能目标	培训细目	学习单元	课程内容	培训建议	课堂学时
1．计划制定	1-1　战略制定	1-1-1　能进行涉农经济组织战略环境分析		（2）涉农经济组织制定企业战略规划的流程	1）现代企业战略的一般性概念、类型和特征	（1）方法：讲授法 （2）重点：涉农经济组织的企业战略类型、特征和构成要素 （3）难点：涉农经济组织的企业战略规划影响因素	2
					2）涉农经济组织的企业战略类型、特征和构成要素 ①发展型战略 ②稳定型战略 ③收缩型战略		
					3）涉农经济组织制定企业战略规划的流程和影响因素 ①战略分析 ②战略选择 ③战略实施和控制		
				（3）涉农经济组织的战略环境分析和战略规划制定体系	1）现代企业战略环境分析 ① PEST、EFE、CPM 等外部环境分析 ② IFE、经验曲线等内部环境分析 ③价值链分析	（1）方法：讲授法 （2）重点：涉农经济组织战略环境分析的方法和内容 （3）难点：以信息化、数据化分析为基础的企业战略规划制定模式	2
					2）现代企业战略规划制定体系 ①基础分析 ②企业战略 ③业务战略 ④职能战略		
					3）涉农经济组织战略环境分析与战略规划制定体系 ①关键性外部因素 ②关键性内生因素 ③农业产业链升级与重塑因素		

续表

2.1.5　一级 / 高级技师职业技能培训要求				2.2.5　一级 / 高级技师职业技能培训课程规范			
职业功能模块（模块）	培训内容（课程）	技能目标	培训细目	学习单元	课程内容	培训建议	课堂学时
1．计划制定	1-1　战略制定	1-1-2　能制定涉农经济组织战略规划	（1）涉农经济组织的战略决策模型及应用 （2）涉农经济组织战略规划实施方案的制定	（4）涉农经济组织的战略决策模型及应用	1）现代企业战略决策的概念、要素和步骤 2）现代企业经典战略决策模型的特点和用途 3）涉农经济组织战略决策和战略规划 ①战略规划的内容、目的和关键节点 ②战略决策在战略规划关键节点的作用及案例分析 ③基于战略决策模型的战略规划层次和过程	（1）方法：讲授法、案例教学法 （2）重点：现代企业战略决策思维及模型在涉农经济组织发展中的作用和意义 （3）难点：采用适当战略决策方法确定企业整体的战略规划	2
				（5）涉农经济组织战略规划实施方案的制定	1）我国现代农业发展对战略规划的影响及应对策略 2）涉农经济组织战略规划实施方案的制定方法 ①结构和要点 ②信息化、数据化呈现方法 3）战略规划实施方案的经典案例分析	（1）方法：讲授法、案例教学法、实训法 （2）重点与难点：结合我国现代农业发展趋势，制定可操作、可衡量、可持续的战略规划实施方案	2
	1-2　重点战略规划	1-2-1　能制定涉农经济组织投资、融资战略	（1）涉农经济组织投资战略的制定和实施 （2）涉农经济组织融资战略的制定和实施	（1）涉农经济组织的成本中心和利润中心及其规划管理	1）企业成本中心与利润中心的定义、定位和规划管理方法 2）不同细分行业和经营主体成本中心和利润中心的规划管理 3）基于新兴目标市场与创新商业模式的成本中心和利润中心规划管理	（1）方法：讲授法、实训法 （2）重点与难点：各类型涉农经济组织成本中心和利润中心的定位和规划管理方法	2

续表

2.1.5 一级 / 高级技师职业技能培训要求				2.2.5 一级 / 高级技师职业技能培训课程规范			
职业功能模块（模块）	培训内容（课程）	技能目标	培训细目	学习单元	课程内容	培训建议	课堂学时
1．计划制定	1-2 重点战略规划	1-2-1 能制定涉农经济组织投资、融资战略		(2) 涉农经济组织的财务战略要素及实施方法	1）现代企业财务战略的内容、分类和影响因素 ①财务战略与企业战略的联系和差异 ②财务战略的内容、分类、特点和应用条件 ③企业成本中心、利润中心与财务战略实施的关系	(1) 方法：讲授法、实训法 (2) 重点与难点：各类型涉农经济组织财务战略的构成要素和实施方法	2
					2）不同细分行业和经营主体的财务战略实施策略和方法		
					3）基于新兴目标市场与创新商业模式的财务战略实施策略和方法		
				(3) 涉农经济组织经营项目的投资分析和风险控制	1）现代企业经营性项目的投资分析模型和方法	(1) 方法：讲授法、实训法 (2) 重点与难点：基于目标市场变化、商业模式创新以及产业链价值转移等情况，采用适当的投资分析方法和风险控制策略	2
					2）现代企业经营性项目投资风险评估和风险控制方法		
					3）不同细分行业和经营主体经营性项目的投资分析及风险控制策略		
					4）基于新兴目标市场与创新商业模式的项目投资分析和风险控制策略		
				(4) 涉农资本市场及涉农项目的资本运作方式	1）现代资本市场的构成、类型、特点及发展历程	(1) 方法：讲授法 (2) 重点与难点：资本市场的发展对涉农经济组织资本运作方式的影响	2
					2）现代企业资本运作的典型模式和特征		
					3）国内外涉农资本市场的发展及涉农项目资本运作的方式和特征		

续表

2.1.5　一级 / 高级技师职业技能培训要求				2.2.5　一级 / 高级技师职业技能培训课程规范			
职业功能模块（模块）	培训内容（课程）	技能目标	培训细目	学习单元	课程内容	培训建议	课堂学时
1．计划制定	1-2　重点战略规划	1-2-1　能制定涉农经济组织投资、融资战略		（5）涉农经济组织投、融资战略的制定和实施	1）现代企业财务战略中的投、融资战略制定方法	（1）方法：讲授法、实训法 （2）重点与难点：基于目标市场变化、商业模式创新以及产业链价值转移等情况制定适当的投、融资战略	2
					2）现代企业投资分析、投资风险控制和资本运作模式对投、融资战略的影响		
					3）不同细分行业和经营主体投、融资战略的制定和实施方法		
					4）基于新兴目标市场与创新商业模式的投、融资战略		
		1-2-2　能制定涉农经济组织市场发展战略	（1）涉农经济组织的目标市场和产品发展战略制定 （2）涉农经济组织的商业模式设计 （3）涉农经济组织的运营战略制定和实施 （4）涉农经济组织的市场营销组合设计与实施 （5）涉农经济组织渠道发展战略的制定和实施 （6）涉农经济组织用户增长策略的制定和实施	（6）涉农经济组织的目标市场和产品发展战略制定	1）现代企业产品发展战略的内容、分类和作用	（1）方法：讲授法 （2）重点与难点：涉农经济组织产品发展战略的制定及影响因素	2
					2）涉农经济组织产品发展战略的制定及影响因素 ①现代农业市场格局变化对产品发展战略的影响 ②现代农业产业价值链变化对产品发展战略的影响 ③涉农经济组织的创新发展模式对产品发展战略的影响		
				（7）涉农经济组织的商业模式设计	1）现代企业商业模式设计的概念、特征、类型及创新路径	（1）方法：讲授法、案例教学法、实训法 （2）重点与难点：基于市场发展与创新趋势设计适当的商业模式及市场发展策略	2
					2）涉农经济组织商业模式设计步骤、策略及案例分析 ①目标市场和客源拓展策略 ②产品、产品组合和产品线发展策略 ③盈利模式构建策略 ④渠道与市场占有率扩展策略 ⑤护城河与竞争壁垒构建策略		

续表

2.1.5　一级 / 高级技师职业技能培训要求				2.2.5　一级 / 高级技师职业技能培训课程规范			
职业功能模块（模块）	培训内容（课程）	技能目标	培训细目	学习单元	课程内容	培训建议	课堂学时
1．计划制定	1-2　重点战略规划	1-2-2　能制定涉农经济组织市场发展战略		（8）涉农经济组织的运营战略制定和实施	1）现代企业运营战略的内容、分类及案例分析	（1）方法：讲授法、案例教学法、实训法 （2）重点与难点：现代农业产业运营战略的制定和实施方法	2
					2）不同细分行业和经营主体运营战略的制定和实施方法		
					3）基于新兴目标市场与创新商业模式的运营战略制定		
				（9）涉农经济组织的市场营销组合设计与实施	1）现代企业市场营销组合的内容、特点、组合策略及意义	（1）方法：讲授法、实训法 （2）重点与难点：现代农业市场格局下涉农经济组织市场营销组合策略的设计和实施方法	2
					2）不同细分行业和经营主体市场营销组合策略设计、实施方法		
					3）基于新兴目标市场与创新商业模式的市场营销组合策略设计		
					4）基于差异化财务战略或运营战略的市场营销组合策略设计		
				（10）涉农经济组织的营销平台规划、建设和运营策略	1）农业项目信息化发展对营销平台的建设运营需求	（1）方法：讲授法、实训法 （2）重点：涉农经济组织营销平台与营销模式的构建策略、方法和工具 （3）难点：基于创新思维构建涉农经济组织可持续发展的营销平台与营销模式	2
					2）涉农经济组织规划、建设和运营平台的模式、方法和工具		
					3）涉农经济组织营销平台和营销模式创新策略 ①体验营销创新策略 ②关系营销创新策略 ③数据营销创新策略 ④整合营销创新策略		

续表

2.1.5　一级 / 高级技师职业技能培训要求				2.2.5　一级 / 高级技师职业技能培训课程规范			
职业功能模块（模块）	培训内容（课程）	技能目标	培训细目	学习单元	课程内容	培训建议	课堂学时
1．计划制定	1-2　重点战略规划	1-2-2　能制定涉农经济组织市场发展战略		（11）涉农经济组织渠道发展战略的制定和实施	1）现代企业渠道发展战略的内容、发展趋势及案例分析 2）不同细分行业和经营主体渠道发展战略的制定和实施方法 3）基于新兴目标市场与创新商业模式的渠道发展战略制定	（1）方法：讲授法、案例教学法、实训法 （2）重点与难点：现代农业市场格局与营销模式创新趋势下的渠道发展战略制定和实施方法	2
				（12）涉农经济组织用户增长战略的制定和实施	1）现代企业用户增长战略的内容、发展趋势及案例分析 2）不同细分行业和经营主体用户增长战略的制定和实施方法 3）基于新兴目标市场与创新商业模式的用户增长战略制定	（1）方法：讲授法、案例教学法、实训法 （2）重点：涉农经济组织市场发展战略的制定和实施方法 （3）难点：综合多维度制定和实施市场发展战略	2
		1-2-3　能制定涉农经济组织人力资源发展战略	（1）涉农经济组织人力资源发展战略的制定和实施 （2）涉农经济组织的人才梯队建设策略和人力资本运营	（13）涉农经济组织人力资源发展战略的制定和实施	1）现代企业人力资源发展战略的内容、分类及案例分析 2）不同细分行业和经营主体人力资源发展战略制定和实施方法 3）基于新兴目标市场与创新商业模式的人力资源发展战略制定	（1）方法：讲授法、案例教学法、实训法 （2）重点与难点：根据涉农经济组织的实际情况和需求制定、实施适当的人力资源发展战略	1
				（14）涉农经济组织的人才梯队建设策略和人力资本运营	1）现代企业人才梯队建设和人力资本运营的内容、流程、模型及案例分析 2）不同细分行业和经营主体人才梯队建设策略和人力资本运营模式 3）基于新兴目标市场与创新商业模式的人力梯队建设策略	（1）方法：讲授法、案例教学法、实训法 （2）重点与难点：根据涉农经济组织的实际情况和需求制定、实施适当的人才梯队建设策略和人力资本运营模式	1

续表

2.1.5 一级 / 高级技师职业技能培训要求				2.2.5 一级 / 高级技师职业技能培训课程规范			
职业功能模块（模块）	培训内容（课程）	技能目标	培训细目	学习单元	课程内容	培训建议	课堂学时
1．计划制定	1-2 重点战略规划	1-2-4 能制定涉农经济组织知识管理战略	（1）涉农经济组织知识管理战略的制定 （2）涉农经济组织知识管理共享平台的规划、建设和运营	（15）涉农经济组织知识管理的内容、方法和手段	1）现代企业知识管理的定义、特征、组织方法及案例分析 2）不同细分行业和经营主体知识管理的内容、方法和手段 3）基于新兴目标市场与创新商业模式的知识管理体系建设	（1）方法：讲授法、案例教学法、实训法 （2）重点与难点：涉农经济组织建立知识管理体系的作用和重要性	1
				（16）涉农经济组织知识管理战略的制定	1）现代企业知识管理战略的构建和案例分析 2）涉农经济组织知识管理战略的制定和实施方法 ①创新型知识管理战略 ②效用型知识管理战略 ③参与型知识管理战略	（1）方法：讲授法、案例教学法、实训法 （2）重点与难点：根据涉农经济组织的实际情况和需求制定、实施适当的知识管理战略	2
				（17）涉农经济组织知识管理共享平台的规划、建设和运营	1）现代企业知识管理共享平台的架构、作用、工作机制及相关工具 2）涉农经济组织知识管理共享平台的建设和运营 ①内容 ②框架 ③工具 ④运维配套 ⑤成功案例分析与借鉴	（1）方法：讲授法、案例教学法、实训法 （2）重点与难点：根据涉农经济组织的实际情况和需求搭建、运营适当的知识管理共享平台	2

续表

2.1.5　一级 / 高级技师职业技能培训要求				2.2.5　一级 / 高级技师职业技能培训课程规范			
职业功能模块（模块）	培训内容（课程）	技能目标	培训细目	学习单元	课程内容	培训建议	课堂学时
2．组织管理	2-1　组织结构设计	2-1-1　能根据组织战略目标分析组织结构的需求	（1）涉农经济组织的组织战略目标设计、调整和优化 （2）涉农经济组织基于组织战略的组织结构选择、分析、实施及优化	（1）涉农经济组织的组织战略目标设计、调整和优化	1）涉农经济组织的组织战略目标内容、特性及案例分析 ①公司经营目标 ②职能部门运营目标 ③个人工作目标 2）涉农经济组织的组织战略目标分解和优化方法 ①空间分解优化 ②时间分解优化 ③因果链分解优化	（1）方法：讲授法、案例教学法 （2）重点与难点：涉农经济组织的组织战略目标内容、特性、设计和优化方法	2
				（2）基于组织战略目标的组织结构选择、实施及优化	1）现代企业组织战略目标对组织结构的影响及应对策略 ①对经营范围的影响 ②对资源配置能力的影响 ③对中长期经营目标的影响 ④对中长期经营计划的影响 ⑤对核心竞争力塑造的影响 ⑥对内外部协调和协同能力的影响 2）涉农经济组织基于组织战略目标确定组织结构的方法 ①生产型、销售型和产业链整合型的组织战略目标 ②产品驱动、技术驱动、服务驱动型的组织战略目标 ③劳动密集型、资本密集型的组织战略目标 ④进取型、防守型的组织战略目标	（1）方法：讲授法、案例教学法 （2）重点与难点：涉农经济组织根据组织战略目标分析、选择、实施及优化组织结构的策略和方法	1

续表

2.1.5 一级 / 高级技师职业技能培训要求				2.2.5 一级 / 高级技师职业技能培训课程规范			
职业功能模块（模块）	培训内容（课程）	技能目标	培训细目	学习单元	课程内容	培训建议	课堂学时
2．组织管理	2-1 组织结构设计	2-1-2 能设计组织结构方案	涉农经济组织的组织结构方案设计与优化	（3）涉农经济组织的组织结构方案特点	1）现代企业组织结构方案的类型、形式和内容要素 ①基于核心业务和核心产品的组织结构方案 ②基于资源和市场共享的混业经营型组织结构方案 ③面向新型目标市场或基于创新商业模式的组织结构方案 2）涉农经济组织的组织结构方案设计原则、编制流程和方法 ①战略规划分析 ②经营状况诊断分析 ③内外部政策、法规、市场环境分析 ④对标企业及组织结构模式分析 ⑤所有权人、股东和高管层的建议参考分析 ⑥部门职能、业务流程和管理层级的设置	（1）方法：讲授法、实训法 （2）重点与难点：涉农经济组织的组织结构方案编制流程、内容、方法和呈现形式	1

续表

2.1.5　一级 / 高级技师职业技能培训要求				2.2.5　一级 / 高级技师职业技能培训课程规范			
职业功能模块（模块）	培训内容（课程）	技能目标	培训细目	学习单元	课程内容	培训建议	课堂学时
2．组织管理	2-1　组织结构设计	2-1-2　能设计组织结构方案		（4）涉农经济组织的组织结构方案优化	1）农业现代化发展对组织结构创新的影响及案例分析 ①目标导向性分析 ②专业分工化分析 ③管理幅度效果分析 ④决策层级效率分析 ⑤横向沟通效率分析 ⑥权变原则效果分析 2）涉农经济组织的组织结构优化方向、策略和方法 ①个体、部门和企业战略目标实现的最佳效率方向 ②产品、服务和目标市场、目标客群的最短距离方向 ③价值链的最小冗余方向 ④信息化、智能化运营管理中的最小数据噪声方向	（1）方法：讲授法、案例教学法、实训法 （2）重点与难点：涉农经济组织应对农业现代化、产业化发展趋势对组织结构方案的优化方向、策略和方法	2
	2-2　制度评估	2-2-1　能按战略目标和组织结构制定相应的管理制度	（1）组织变革对涉农经济组织管理制度的影响及应对 （2）涉农经济组织的产业化、信息化管理制度创新	（1）涉农经济组织管理制度的类型、内容和特征	1）现代企业组织管理制度的类型、内容、特征和功能 2）现代企业组织管理制度的演化过程和发展趋势 3）涉农经济组织管理制度的类型、内容、特征及案例分析 ①产权类管理制度 ②组织形式、目标和功能类管理制度 ③经营管理指标和流程类管理制度	（1）方法：讲授法、案例教学法 （2）重点与难点：涉农经济组织管理制度的类型、内容和特征	1

续表

2.1.5 一级 / 高级技师职业技能培训要求				2.2.5 一级 / 高级技师职业技能培训课程规范			
职业功能模块（模块）	培训内容（课程）	技能目标	培训细目	学习单元	课程内容	培训建议	课堂学时
2. 组织管理	2–2 制度评估	2–2–1 能按战略目标和组织结构制定相应的管理制度		（2）组织变革对涉农经济组织管理制度的影响及应对	1）现代企业组织变革的内容、类型、目标、程序及案例	（1）方法：讲授法、案例教学法 （2）重点与难点：涉农经济组织顺应农业现代化发展的组织变革方向、模式及其对组织管理制度的影响	2
					2）现代企业组织变革的模式、常见问题及效果评估方法		
					3）涉农经济组织的组织变革策略、方法及其对组织管理制度的影响和应对 ①应对产业化发展趋势的战略性变革 ②应对行业系统性变化的结构性变革 ③应对信息化运营管理趋势的流程性变革 ④应对知识管理模式发展的人员组织变革		
				（3）涉农经济组织的产业化、信息化管理制度创新	1）现代企业信息化对组织结构和管理制度变革的推动作用、表现形式及相关信息化系统工具应用 ①生产制造过程自动化及 CAD、CAM、CIMS 等系统工具的应用 ②企业管理流程信息化及 ERP、CRM、SCM 等管理思维和系统工具的应用 ③经营决策模式智能化及 DSS、AI、BI 等系统工具的应用	（1）方法：讲授法、实训法 （2）重点：涉农经济组织应对农业现代化发展的管理制度创新方向及管理制度制定方法 （3）难点：涉农经济组织信息化管理制度创新中的常用管理模式、管理系统及相关工具的应用	2
					2）涉农经济组织在产业化、信息化发展中的管理制度创新 ①非核心业务职能机构的精简和扁平化管理 ②技术管理专业化、经营管理职业化等管理层级模式优化 ③内外部关键经营节点连接和效率提升的动态网络化组织		

续表

2.1.5　一级 / 高级技师职业技能培训要求				2.2.5　一级 / 高级技师职业技能培训课程规范			
职业功能模块（模块）	培训内容（课程）	技能目标	培训细目	学习单元	课程内容	培训建议	课堂学时
2．组织管理	2-2　制度评估	2-2-2　能按照战略目标和组织结构建立相应的运行机制	（1）涉农经济组织内部机构运行机制的构建与实施 （2）涉农经济组织的产业化、信息化内部运行机制创新	（4）涉农经济组织部门和员工的职权、职责设置	1）现代企业职权、职责平衡与权责一体化原则的概念、内容、实施方法及案例分析 2）涉农经济组织部门和员工的职权类型、特点、分配方法和影响因素 3）涉农经济组织部门和员工岗位职责的制定原则、构建方法及相关注意事项	（1）方法：讲授法、案例教学法 （2）重点与难点：涉农经济组织职权、职责的设置方法及权责一体化原则的实现模式	1
				（5）涉农经济组织内部机构运行机制的构建与实施	1）现代企业运行机制的含义、要素、作用和构建、实施方法 2）涉农经济组织内部运行机制的构建、实施策略及方法 ①基于农业生产要素专业化配置管理的决策机制 ②基于农业生产力释放、调动和管理的激励机制 ③基于权责统一风险控制的约束机制 ④基于持久高效盈利模式创建、实施的内外部发展机制	（1）方法：讲授法、案例教学法 （2）重点与难点：涉农经济组织基于企业决策、激励、约束、发展四大机制的企业运行机制构建、实施策略和方法	2
				（6）涉农经济组织的产业化、信息化内部运行机制创新	1）现代企业“自管理”“自运行”机制的概念、内涵、特点、作用及案例分析 2）涉农经济组织建立信息化“自运行”模式的步骤、方法及相关工具 3）涉农经济组织内部运行机制应用精益生产管理模式的流程、方法、作用及相关工具	（1）方法：讲授法、案例教学法、实训法 （2）重点与难点：涉农经济组织实施精益生产和“自运行”管理模式提升企业运行效率及产出的策略和方法	2

续表

2.1.5 一级 / 高级技师职业技能培训要求				2.2.5 一级 / 高级技师职业技能培训课程规范			
职业功能模块（模块）	培训内容（课程）	技能目标	培训细目	学习单元	课程内容	培训建议	课堂学时
2. 组织管理	2-3 运营组织	2-3-1 能管理涉农经济组织资产，合理进行投资、融资	（1）涉农经济组织的资产结构和资本结构分析 （2）涉农经济组织资产管理 （3）涉农经济组织成本、利润构成及主营业务运营指标分析 （4）涉农经济组织的股权结构设计与股权分配 （5）涉农经济组织信用担保和信用融资 （6）涉农经济组织基于资产管理策略的投资	（1）涉农经济组织的资产结构和资本结构分析	1）现代企业资产结构和资本结构的概念、内容、特征及相互关系 2）涉农经济组织资产结构和资本结构的内容、特征、判断标准及影响因素 ①广义的概念、内容和狭义的概念、内容 ②相关的财务指标和计算方法 ③关键分析指标及行业对标的判断标准 ④内外部影响因素及优化策略和方法	（1）方法：讲授法 （2）重点与难点：涉农经济组织资产结构和资本结构的内容和分析判断、优化方法	2
				（2）涉农经济组织资产管理的目标、策略、方法及问题	1）现代企业资产管理的内容、分类、策略、方法及工具 2）涉农经济组织资产管理的策略、方法、常见问题及案例 ①固定资产、流动资产的保值增值和管理 ②无形资产的维护增值和管理 ③生产性生物资产的维护、损害管理和财务处理	（1）方法：讲授法、案例教学法、实训法 （2）重点与难点：涉农经济组织资产管理及相关保值增值的策略、方法和注意事项	2
				（3）涉农经济组织成本、利润构成及主营业务运营指标分析	1）涉农经济组织主要财务报表的类型、内容、特点及作用 2）涉农经济组织财务类关键运营指标的内容、特征、作用和考核标准 3）涉农经济组织非财务类关键运营指标的内容、特征、作用和考核标准	（1）方法：讲授法、案例教学法、实训法 （2）重点与难点：涉农经济组织主要的财务和非财务关键运营指标分析	1

续表

2.1.5　一级 / 高级技师职业技能培训要求				2.2.5　一级 / 高级技师职业技能培训课程规范			
职业功能模块（模块）	培训内容（课程）	技能目标	培训细目	学习单元	课程内容	培训建议	课堂学时
2．组织管理	2-3　运营组织	2-3-1　能管理涉农经济组织资产，合理进行投资、融资		（4）涉农经济组织的股权结构设计与股权股利分配	1）现代农业企业股份制改造的内容、目的、原则、类型、流程及案例分析 2）涉农经济组织股权结构设计的目标、原则、内容、方法、常见问题及案例分析 3）涉农经济组织股东权益管理和股利分配的目标、原则、内容、方法、常见问题及案例分析	（1）方法：讲授法、案例教学法 （2）重点与难点：涉农经济组织进行股份制改造及设计股权结构和股权股份分配的策略、方法及注意事项	2
				（5）涉农经济组织基于资产管理策略的融资	1）现代企业融资策略的内容、规划、流程、融资能力建设要素、常见问题及案例分析 2）涉农经济组织融资策略的构建、实施、常见问题及案例 ①债权融资 ②股权融资 ③贸易融资 ④项目融资 ⑤政策融资 ⑥内部融资	（1）方法：讲授法、案例教学法 （2）重点与难点：涉农经济组织的融资策略、方法、常见问题及应对	2
				（6）涉农经济组织基于资产管理策略的投资	1）现代企业投资策略的内容、规划、流程、作用、常见问题及案例分析 2）涉农经济组织投资策略的构建、实施、常见问题及案例 ①基于企业市场发展策略的扩张型、稳定型、收缩型策略 ②基于企业产业发展策略的专业化和多元化投资策略 ③基于企业业务发展策略的资金密集型、技术密集型和劳动密集型投资策略	（1）方法：讲授法、案例教学法 （2）重点与难点：涉农经济组织的投资策略、方法、常见问题及应对	2

续表

2.1.5　一级/高级技师职业技能培训要求				2.2.5　一级/高级技师职业技能培训课程规范			
职业功能模块（模块）	培训内容（课程）	技能目标	培训细目	学习单元	课程内容	培训建议	课堂学时
2．组织管理	2-3　运营组织	2-3-2　能进行涉农经济组织信用风险管理	（1）涉农经济组织信用风险的管控 （2）农业目标市场发展和商业模式创新对信用风险管理的挑战及应对	（7）涉农经济组织信用风险的来源、特征及管控	1）现代企业信用风险的概念、特征、来源、表现形式、影响、管控策略及案例分析 2）涉农经济组织信用风险的来源、特征和管控方法 ①违约风险 ②市场风险 ③现金流风险 ④购买力风险	（1）方法：讲授法、案例教学法 （2）重点与难点：涉农经济组织信用风险的来源、特征、表现形式和管控方法	2
				（8）农业目标市场发展和商业模式创新对信用风险管理的挑战及应对	1）新型外部环境信用风险的类型、特征、应对策略及案例 ①新型交易流通模式及相关信用风险 ②新型融资模式及相关信用风险 2）新型经营性信用风险的类型、特征、应对策略及案例 ①新型资金运转模式及相关信用风险 ②新型组织管理形态及相关信用风险 ③新型结算方式及相关信用风险	（1）方法：讲授法、案例教学法 （2）重点与难点：涉农经济组织来自内、外部的新型信用风险类型、特征及其应对策略	2
		2-3-3　能进行信用融资和开展信用交易	（1）涉农经济组织信用担保和信用融资 （2）涉农经济组织信用交易	（9）涉农经济组织信用担保和信用融资的策略和方法	1）现代企业信用担保、信用融资的概念、特点、作用及相关政策、法规 2）涉农经济组织实施信用担保和信用融资的方法、技巧、常见问题及案例分析	（1）方法：讲授法、案例教学法 （2）重点与难点：涉农经济组织实施信用担保和信用融资的方法及常见问题的应对策略	2

续表

<table>
<tr><th colspan="4">2.1.5　一级 / 高级技师职业技能培训要求</th><th colspan="4">2.2.5　一级 / 高级技师职业技能培训课程规范</th></tr>
<tr><th>职业功能模块（模块）</th><th>培训内容（课程）</th><th>技能目标</th><th>培训细目</th><th>学习单元</th><th>课程内容</th><th>培训建议</th><th>课堂学时</th></tr>
<tr><td rowspan="4">2. 组织管理</td><td rowspan="4">2-3　运营组织</td><td rowspan="4">2-3-3　能进行信用融资和开展信用交易</td><td rowspan="4"></td><td rowspan="4">（10）涉农经济组织信用交易的特点、优劣势及运作方法</td><td>1）现代企业信用交易的概念、特点、优劣势、操作模式及案例分析</td><td rowspan="4">（1）方法：讲授法、案例教学法
（2）重点与难点：涉农经济组织开展信用交易的条件、依托体系和模式及常见问题的解决方法</td><td rowspan="4">2</td></tr>
<tr><td>2）农业信用交易发展的历程、主要问题及相关政策、法规</td></tr>
<tr><td>3）农业信用交易环境、体系、模式和应用领域</td></tr>
<tr><td>4）涉农经济组织开展信用交易的方法和注意事项</td></tr>
<tr><td rowspan="2">3. 目标控制</td><td rowspan="2">3-1　执行控制</td><td rowspan="2">3-1-1　能设定战略实施结果的评价标准</td><td rowspan="2">（1）涉农经济组织战略实施过程管理
（2）涉农经济组织战略实施结果评估</td><td rowspan="2">（1）涉农经济组织战略实施过程管理的常用模型、方法和技巧</td><td>1）现代企业战略实施模型的类型、特点、管理要素及案例
①指挥型战略实施模型
②变革型战略实施模型
③合作型战略实施模型
④文化型战略实施模型
⑤增长型战略实施模型</td><td rowspan="2">（1）方法：讲授法、案例教学法、实训法
（2）重点：涉农经济组织在农业现代化管理发展中可采用的战略实施管理模型及相关管理绩效评估考核方法
（3）难点：涉农经济组织在信息化管理过程中可采用的各类战略绩效管理评估方法及其应用条件和注意事项</td><td rowspan="2">2</td></tr>
<tr><td>2）涉农经济组织战略实施的评估标准和评估方法
①基于组织运行效率的关键业绩指标法（KPI 法）
②基于业务流程协同的平衡记分卡法（BCS 法）
③基于财务运营效率的经济附加值法（EVA 法）
④基于流程节点跟踪的目标与关键成果法（OKR 法）
⑤其他战略实施绩效评估标准和方法</td></tr>
</table>

续表

2.1.5 一级 / 高级技师职业技能培训要求				2.2.5 一级 / 高级技师职业技能培训课程规范			
职业功能模块（模块）	培训内容（课程）	技能目标	培训细目	学习单元	课程内容	培训建议	课堂学时
3．目标控制	3-1 执行控制	3-1-1 能设定战略实施结果的评价标准		（2）涉农经济组织战略实施结果评估	1）涉农经济组织战略实施关键节点的关键业绩指标设定标准和方法 ①业务指标、财务指标、部门建设指标综合分析和权重设计 ②平衡记分卡法的应用条件、指标设定和实施 ③关键成功因素法的应用条件、指标设定和实施	（1）方法：讲授法、案例教学法 （2）重点与难点：涉农经济组织设定战略评估绩效标准的策略和模式以及常见问题的解决方法	1
					2）涉农经济组织设定战略实施评价标准的常见问题、应对策略及案例分析 ①产业机构不成熟 ②业务流程不完善 ③管理信息难以量化、标准化 ④管理实施人员认知水平低		
		3-1-2 能进行战略绩效监控和纠偏评估	（1）涉农经济组织战略绩效管理 （2）涉农经济组织战略监控、反馈和纠偏的评估	（3）涉农经济组织战略绩效管理	1）涉农经济组织战略绩效管理的结构体系和内容 ①从战略制度到战略实施的绩效管理 ②战略绩效实施与激励机制的联动模式 ③战略绩效反馈与战略制度设计优化的联动模式	（1）方法：讲授法、案例教学法 （2）重点与难点：涉农经济组织实施战略绩效管理的常见问题和解决方法	1
					2）涉农经济组织战略绩效管理的常见问题、解决方法及案例分析 ①全员管理观念的缺失 ②战略设定本身不具操作性 ③战略执行部门间的目标和利益冲突		

续表

2.1.5　一级 / 高级技师职业技能培训要求				2.2.5　一级 / 高级技师职业技能培训课程规范			
职业功能模块（模块）	培训内容（课程）	技能目标	培训细目	学习单元	课程内容	培训建议	课堂学时
3．目标控制	3-1　执行控制	3-1-2　能进行战略绩效监控和纠偏评估		（4）涉农经济组织战略监控、反馈和纠偏的评估	1）现代企业战略控制、战略反馈和战略调整的基本形式、内容、特点及案例分析 2）涉农经济组织实施战略监控和纠偏评估的策略、方法及案例 ①基于预警和感知体系的监控、评估 ②基于组织结构柔性化的监控、评估 ③基于目标管理导向的监控、评估 ④基于战略管理系统和体系的监控、评估	（1）方法：讲授法、案例教学法 （2）重点与难点：涉农经济组织实施战略监控和纠偏的策略和方法	1
		3-1-3　能采取纠偏措施和实施权变计划	（1）涉农经济组织基于信息化管理实施战略绩效纠偏 （2）涉农经济组织战略管理权变计划的制定和实施 （3）涉农经济组织应对内外部变化的战略调整	（5）涉农经济组织信息化战略绩效纠偏	1）现代企业战略绩效管理的常见问题、纠偏策略及案例 ①关键业绩指标多而全 ②关键业绩指标缺少岗位职级分解细化 ③单向考核缺乏互动 ④重财务指标、轻业务指标 2）涉农经济组织实施信息化战略绩效管理和纠偏的模式、方法及优劣势 ①目标管理系统 MBO 组建在基础 OA 和 ERP 系统平台上的应用 ② 360 测评系统在基础 OA 和 ERP 系统平台上的应用 ③战略绩效管理系统 ESP 的应用	（1）方法：讲授法、案例教学法、实训法 （2）重点：涉农经济组织实施战略绩效管理和纠偏的常见问题和解决方法 （3）难点：涉农经济组织应用信息化工具进行战略绩效管理和纠偏的模式、方法和注意事项	2

续表

2.1.5　一级 / 高级技师职业技能培训要求				2.2.5　一级 / 高级技师职业技能培训课程规范			
职业功能模块（模块）	培训内容（课程）	技能目标	培训细目	学习单元	课程内容	培训建议	课堂学时
3. 目标控制	3-1　执行控制	3-1-3　能采取纠偏措施和实施权变计划		（6）涉农经济组织战略管理权变计划	1）现代企业管理权变计划的概念、制定、实施步骤及案例 2）涉农经济组织实施战略管理权变计划的策略和内容 ①应对组织管理流程失利的冗余度设计 ②应对业务运行流程失利的旁路设计 ③应对外部环境变化应对失利的弹性管理组织设计	（1）方法：讲授法、案例教学法 （2）重点与难点：涉农经济组织针对战略管理失利状况制定和实施权变计划的策略和方法	1
				（7）涉农经济组织应对内外部变化的战略调整	1）现代企业战略调整的一般性内容、方法、作用及案例 2）涉农经济组织进行战略调整的方向、策略和常见问题 ①根据核心竞争力要素调整经营领域和方向 ②根据决策风格调整决策模式和流程 ③根据管理风格调整企业文化及其他非业务经营要素 3）涉农经济组织实施现代化、产业化战略调整的方向和策略 ①虚拟组织和外部资源整合在整体经营战略上的运用 ②知识管理体系在人才战略和企业文化战略上的运用 ③信息化弹性治理结构在高管团队优化战略上的运用	（1）方法：讲授法、案例教学法 （2）重点与难点：涉农经济组织运用信息化手段实施有效战略调整的策略和方法	1

续表

2.1.5 一级 / 高级技师职业技能培训要求				2.2.5 一级 / 高级技师职业技能培训课程规范			
职业功能模块（模块）	培训内容（课程）	技能目标	培训细目	学习单元	课程内容	培训建议	课堂学时
3．目标控制	3-2 质量控制	3-2-1 能审定 ISO 相关标准认证申请并依据 ISO 相关标准对产品进行质量管理	（1）农业国际标准化的内容、作用和体系特点分析 （2）涉农 ISO 标准体系的认证申请与实施	（1）农业国际标准化的内容、作用和体系特点分析	1）农业国际化标准的类型、内容、发展历程和发展趋势 2）涉农经济组织参与农业国际标准化的类型和方法 ①质量安全型标准 ②生产过程管理型标准 ③细分市场准入型标准 ④其他国际涉农标准	（1）方法：讲授法 （2）重点：涉农经济组织实施国际农业标准的类型、内容和特点分析	2
				（2）涉农 ISO 标准体系的申请和实施	1）生产资料类标准的申请和实施方法 2）生产管理类标准的申请和实施方法 3）其他涉农标准的申请和实施方法	（1）方法：讲授法、实训法 （2）重点与难点：涉农经济组织申请及实施各类 ISO 涉农标准的方法	2
		3-2-2 能审定 GAP 认证申请并按 GAP 认证的要求规范农业操作	（1）GAP 认证的申请要点分析 （2）GAP 认证的实施	（3）GAP 认证的内容、目的、意义和申请方法	1）GAP 认证的概念、标准、内容和认证意义 2）GAP 认证的实施意义及其与农产品出口贸易的关系 3）GAP 认证的申请方法和常见问题	（1）方法：讲授法 （2）重点与难点：涉农经济组织实施 GAP 认证的目的、意义和方法	1

续表

2.1.5　一级 / 高级技师职业技能培训要求				2.2.5　一级 / 高级技师职业技能培训课程规范			
职业功能模块（模块）	培训内容（课程）	技能目标	培训细目	学习单元	课程内容	培训建议	课堂学时
3．目标控制	3-2　质量控制	3-2-2　能审定 GAP 认证申请并按 GAP 认证的要求规范农业操作		（4）GAP 认证的操作规范及实施要点	1）GAP 认证体系的标准细节、作用及案例分析 ①风险评估 ②规程和记录 ③人员培训 ④张贴规程 ⑤警示标志牌 ⑥安全保障措施 ⑦食品防护计划 ⑧植保产品 / 药物治疗产品 ⑨内容检查情况	（1）方法：讲授法、案例教学法 （2）重点与难点：涉农经济组织根据 GAP 认证要求规范农业生产操作的作用及相关实施要点	2
					2）GAP 认证的审核及涉农经济组织实施要点 ① GAP 认证系列国家标准的实施要点 ② GAP 认证不同级别的要求及相关实施要点		
	3-3　市场控制	3-3-1　能审定市场营销计划并监控实施	（1）涉农经济组织市场营销计划的审定 （2）涉农经济组织在营销创新过程中的执行与效果监控	（1）涉农经济组织市场营销计划的审定	1）涉农经济组织市场营销计划的制定原则、目标和作用 ①真实性原则 ②调研有效性原则 ③系统性和战略性原则 ④时机性原则 ⑤权变性原则 ⑥可行性原则 ⑦创新性原则 ⑧经济性原则	（1）方法：讲授法、案例教学法、实训法 （2）重点：涉农经济组织市场营销计划的制定原则、目标和内容有效性分析方法 （3）难点：涉农经济组织市场营销计划的营销目标和财务目标有效性分析及实施、监控与计划调整优化方法	2

续表

2.1.5　一级 / 高级技师职业技能培训要求				2.2.5　一级 / 高级技师职业技能培训课程规范			
职业功能模块（模块）	培训内容（课程）	技能目标	培训细目	学习单元	课程内容	培训建议	课堂学时
3. 目标控制	3–3　市场控制	3–3–1　能审定市场营销计划并监控实施		（1）涉农经济组织市场营销计划的审定	2）涉农经济组织市场营销计划的内容要点和审核管控目标 ①目标市场现状和发展趋势分析 ②机会与威胁分析 ③营销目标分析 ④营销战略和执行策略分析 ⑤行动方案及相关成果与时效比分析 ⑥预算方案及相关投入产出比、效费比分析 ⑦反馈与控制措施有效性分析		
				（2）营销创新趋势对计划实施、监控与优化的影响及应对	1）现代农业市场营销创新趋势及案例分析 ①需求的发现、创造和改良 ②新技术、新内容形式在营销要素重新组合中的应用 ③新技术、新内容形式在营销环节改良过程中的应用 ④跨界资源组合与异业模式的应用	（1）方法：讲授法、案例教学法 （2）重点：涉农经济组织进行营销创新的方向、手段及量化监控、分析和优化方法 （3）难点：涉农经济组织应用信息化手段监控营销创新要素的策略和方法	2
					2）涉农经济组织在营销创新过程中的执行与效果监控 ①目标拆解和量化 ②渠道成本与用户价值量化 ③多维度与定制化的数据监控 ④营销模式和渠道效费比的分析与优化		

续表

2.1.5 一级 / 高级技师职业技能培训要求				2.2.5 一级 / 高级技师职业技能培训课程规范			
职业功能模块（模块）	培训内容（课程）	技能目标	培训细目	学习单元	课程内容	培训建议	课堂学时
3．目标控制	3-3 市场控制	3-3-2 能审定营销战略组合的基本结构并监控实施	（1）审定涉农经济组织营销战略组合 （2）新型目标市场与商业模式对营销战略组合实施的影响及应对 （3）农业信息化对营销战略组合实施的影响及应对	（3）涉农经济组织营销战略组合的审定	1）市场营销组合的概念、理论演化、构建策略、实施条件及案例分析	（1）方法：讲授法、案例教学法 （2）重点与难点：涉农经济组织设计、实施和优化市场营销组合的策略、方法和注意事项	2
					2）涉农经济组织构建市场营销组合的原则和要点分析 ① 4P、4C 营销策略组合的动态优化与产品和品牌定位的相关性 ②营销组合的层次设计与目标市场的相关性 ③营销组合的协同作用与企业战略目标的相关性 ④营销组合的应变能力与企业组织机构的相关性		
					3）审核涉农经济组织营销战略组合的基本结构		
				（4）新型目标市场与商业模式对营销战略组合实施的影响及应对	1）农业新兴目标市场与创新商业模式的市场营销特点分析 ①原有市场纵向垂直细分 ②原有市场上下游横向延伸 ③原有市场实体转虚拟 ④原有市场价格升 / 降级 ⑤原有市场需求关联	（1）方法：讲授法、案例教学法 （2）重点与难点：涉农经济组织针对新型目标市场及相关商业模式的营销战略组合设计、监控和优化方法	2
					2）涉农经济组织针对新兴目标市场的营销战略组合实施、优化及案例分析		

续表

2.1.5　一级 / 高级技师职业技能培训要求				2.2.5　一级 / 高级技师职业技能培训课程规范			
职业功能模块（模块）	培训内容（课程）	技能目标	培训细目	学习单元	课程内容	培训建议	课堂学时
3．目标控制	3-3　市场控制	3-3-2　能审定营销战略组合的基本结构并监控实施		（5）农业信息化对营销战略组合实施的影响及应对	1）营销战略组合实施过程与效果监控的信息化管理策略 ①营销战略组合差异性、无差异性和集中性实施策略的信息分类和标准化 ②营销战略组合实施效果与企业 ERP、CRM 等信息系统的结合和管理模式 ③营销战略组合实施数据与企业数据仓库的结合和管理模式 2）涉农经济组织实施信息化营销过程与效果管理的策略、方法及案例分析 ①内外部信息管理系统的选择和应用 ②专业操作和管理人员、部门的组织、制度与流程设计保障 ③ CIO 管理模式和知识管理模式的应用 ④云端软、硬件设施和大数据管理应用方法的设计和应用	（1）方法：讲授法、案例教学法 （2）重点与难点：涉农经济组织通过组织、制度、流程和人员职能设计，实现高效的营销战略组合信息化管理和监控的策略和方法	2
4．领导艺术	4-1　组织结构建设	4-1-1　能设计出合适的组织结构，提升组织绩效	涉农经济组织的组织绩效提升	（1）涉农经济组织的组织绩效提升	1）现代企业组织结构设计对组织绩效提升的影响因素分析 2）现代企业组织绩效提升的评价标准和方法 3）涉农经济组织组织绩效提升的信息化管理策略、方法及案例分析 ①信息化管理模式及工具 ② ERP 思想及系统 ③不同细分行业、经营主体及差异化市场的应对策略	（1）方法：讲授法、案例教学法 （2）重点：涉农经济组织组织绩效提升的策略和方法 （3）难点：针对不同细分行业、规模与差异化市场的组织绩效提升策略和方法	1

续表

<table>
<tr><th colspan="4">2.1.5 一级 / 高级技师职业技能培训要求</th><th colspan="4">2.2.5 一级 / 高级技师职业技能培训课程规范</th></tr>
<tr><th>职业功能模块（模块）</th><th>培训内容（课程）</th><th>技能目标</th><th>培训细目</th><th>学习单元</th><th>课程内容</th><th>培训建议</th><th>课堂学时</th></tr>
<tr><td rowspan="6">4. 领导艺术</td><td rowspan="6">4-1 组织结构建设</td><td rowspan="6">4-1-2 能完善外部供应链管理，优化作业流程</td><td rowspan="6">（1）涉农经济组织的外部供应链管理
（2）涉农经济组织的供应链领导力建设</td><td rowspan="3">（2）涉农经济组织的外部供应链管理</td><td>1）现代企业内外部供应链的定义、差异、融合与一般性管理策略和方法</td><td rowspan="3">（1）方法：讲授法、案例教学法、实训法
（2）重点：涉农经济组织完善外部供应链协同、管理的策略和方法
（3）难点：涉农经济组织采用创新模式与工具进行高效供应链协同管理的方法</td><td rowspan="3">2</td></tr>
<tr><td>2）涉农经济组织的产业链协同、供应链管理及案例分析
①外部供应链构成要素和关键节点
②信息化管理要素
③产业化发展要素</td></tr>
<tr><td>3）涉农经济组织外部供应链协同和管理的创新模式及工具
① ERP 系统与供应链管理 SCM 系统
② CRM 系统与供应商关系管理 SRM 系统
③其他信息化工具和社交工具</td></tr>
<tr><td rowspan="3">（3）涉农经济组织的供应链领导力建设</td><td>1）现代企业领导力的定义、形态、提升方法与成功案例</td><td rowspan="3">（1）方法：讲授法、案例教学法
（2）重点与难点：涉农经济组织基于“物流”“人流”“金流”“信息流”建设供应链领导力的策略和方法</td><td rowspan="3">2</td></tr>
<tr><td>2）现代管理学中供应链领导力建设的关键领域与影响要素
①供应链“物流”领域
②供应链“人流”领域
③供应链“金流”领域
④供应链“信息流”领域</td></tr>
<tr><td>3）涉农经济组织的供应链领导力建设策略和方法
①基于不同细分行业和经营主体的供应链“物流”领导力
②基于信息化管理与组织机构设计的供应链“人流”领导力
③基于采购或供应端作业流程设计的供应链“金流”领导力
④基于管理心理学的供应链“信息流”领导力</td></tr>
</table>

续表

2.1.5　一级 / 高级技师职业技能培训要求				2.2.5　一级 / 高级技师职业技能培训课程规范			
职业功能模块（模块）	培训内容（课程）	技能目标	培训细目	学习单元	课程内容	培训建议	课堂学时
4．领导艺术	4-1　组织结构建设	4-1-3　能科学有效地运用领导艺术，调动各部门积极性	（1）涉农经济组织内部管理的领导艺术运用 （2）涉农经济组织内部管理的激励机制设计与人性化实施	（4）涉农经济组织内部管理的领导艺术运用	1）领导艺术的定义、特点、类型、提升策略及案例分析	（1）方法：讲授法、案例教学法、实训法 （2）重点与难点：涉农经济组织在复杂情况下科学有效运用领导艺术的方法	1
					2）涉农经济组织内部管理的领导艺术运用条件和方法 ①面向复杂的人、事、物管理环境 ②面对“前现代”管理模式 ③面对低学历群体		
				（5）涉农经济组织内部管理的激励机制设计与人性化实施	1）人性化激励机制的定义、内容、形式及案例分析	（1）方法：讲授法、案例教学法、实训法 （2）重点：涉农经济组织设计与实施人性化激励机制的基础、要点 （3）难点：涉农经济组织在复杂情况下实施有效激励的策略和方法	2
					2）人性化激励机制的作用与设计实施要点 ①与企业组织结构设计和领导力建设的关系 ②马斯洛需求层次理论的应用 ③在市场和商业模式创新趋势下的演变与发展		
					3）涉农经济组织设计和实施人性化激励机制的方法		

续表

2.1.5　一级 / 高级技师职业技能培训要求				2.2.5　一级 / 高级技师职业技能培训课程规范			
职业功能模块（模块）	培训内容（课程）	技能目标	培训细目	学习单元	课程内容	培训建议	课堂学时
4．领导艺术	4-2　组织文化建设	4-2-1　能提炼与建设涉农经济组织的组织文化	（1）涉农经济组织的组织行为特点分析 （2）涉农经济组织的组织文化建设	（1）涉农经济组织的组织行为与组织文化特点分析	1）现代企业组织行为学的定义、理论基础、应用领域和发展历史	（1）方法：讲授法 （2）重点与难点：涉农经济组织组织行为特点分析和组织文化要点提炼	1
					2）现代企业组织文化的定义、内容和功能		
					3）现代企业组织行为分析的维度、要素和常用方法		
					4）涉农经济组织的组织行为特点分析与组织文化要点提炼 ①生产型涉农经济组织 ②销售型涉农经济组织 ③产业链型涉农经济组织 ④面向创新目标市场和商业模式的涉农经济组织		
				（2）涉农经济组织的组织文化建设	1）现代企业组织文化建设的一般性策略和方法	（1）方法：讲授法 （2）重点：涉农经济组织的组织文化建设策略和方法 （3）难点：涉农经济组织的复杂多元对组织文化建设的影响与应对	1
					2）涉农经济组织的组织文化建设策略和方法		
		4-2-2　能选择涉农经济组织需要的文化模式	（1）涉农经济组织的组织文化模式选择与分析评估 （2）涉农经济组织的组织文化优化与升级	（3）涉农经济组织的组织文化模式选择与分析评估	1）现代企业组织文化的常见模式与成功案例分析	（1）方法：讲授法、案例教学法 （2）重点与难点：涉农经济组织在复杂多元环境下多维度选择组织文化模式的策略和方法	1
					2）涉农经济组织的组织文化选择与评估方法 ①基于生产三要素的变化趋势 ②基于信息化管理的发展趋势 ③基于不同细分行业和经营主体发展的内在规律		

续表

2.1.5　一级 / 高级技师职业技能培训要求				2.2.5　一级 / 高级技师职业技能培训课程规范			
职业功能模块（模块）	培训内容（课程）	技能目标	培训细目	学习单元	课程内容	培训建议	课堂学时
4．领导艺术	4–2　组织文化建设	4–2–2　能选择涉农经济组织需要的文化模式		（4）涉农经济组织的组织文化优化升级	1）现代企业组织文化诊断与优化的一般性模型与方法 ①双 S、OCAI 等诊断模型 ②讨论法、观测法、调查法等方法 2）涉农经济组织发展转型对组织文化优化升级的影响与应对 ①信息化、智能化、无人化 ②产业化发展和产业链扁平化 ③供应链全球化、管理离散化及目标市场碎片化	（1）方法：讲授法、实训法 （2）重点与难点：涉农经济组织在应对行业市场发展进行转型升级中的组织文化优化升级方法	1
5．培训指导	5–1　培训	5–1–1　能编制培训计划	农业经理人培训计划的编制	（1）农业经理人培训计划的编制	1）现代企业编制职业技能培训计划的一般性内容和方法 2）农业经理人培训计划的内容、编制思路及注意事项 3）农业经理人培训计划的效果监控、优化	（1）方法：讲授法、实训法 （2）重点与难点：农业经理人分级培训计划的效果监控与优化策略	1
		5–1–2　能培训技师及以下技能人员	（1）中级工培训 （2）高级工培训 （3）技师培训	（2）各等级人员的培训内容、策略和方法	1）中、高级工的培训策略和方法 ①针对不同细分行业和经营主体 ②针对不同职能部门或岗位职级 ③针对低学历群体 2）技师的培训策略和方法 ①从微观管理到宏观管理的格局变化 ②从项目执行者到项目操盘者的身份变化 ③从企业运营管理到产业链运营管理的工作重心变化	（1）方法：讲授法、实训法 （2）重点与难点：结合各等级人员不同的从业环境与条件，采用适当的培训策略和方法	1

续表

2.1.5　一级 / 高级技师职业技能培训要求				2.2.5　一级 / 高级技师职业技能培训课程规范			
职业功能模块（模块）	培训内容（课程）	技能目标	培训细目	学习单元	课程内容	培训建议	课堂学时
5．培训指导	5-2　指导	5-2-1　能指导技师及以下技能人员分析他们所在涉农经济组织的发展现状	（1）指导中、高级工分析企业发展现状 （2）指导技师分析企业发展现状	（1）指导中、高级工分析企业发展现状	1）涉农经济组织发展现状分析的内容、要点及注意事项 2）中、高级工分析企业发展现状的形式、流程与效果评估	（1）方法：讲授法、实训法 （2）重点与难点：根据涉农经济组织实际状况结合目标导向思维指导中、高级工进行发展现状分析和评估	1
				（2）指导技师分析企业发展现状	1）技师分析企业发展现状的内容、策略及实施要点 2）技师分析企业发展现状的创新思维模式 ①整体化、协同化发展思维 ②信息化、模块化管理思维 ③产业化、生态化布局思维	（1）方法：讲授法、实训法 （2）重点与难点：根据涉农经济组织实际状况结合目标导向思维指导技师进行发展现状分析和评估	1
		5-2-2　能指导技师及以下技能人员根据涉农经济组织的发展现状分析报告制定优化方案	（1）指导中、高级工根据组织的发展现状分析报告制定优化方案 （2）指导技师根据组织的发展现状分析报告制定优化方案	（3）指导中、高级工根据组织发展现状分析报告制定优化方案	1）涉农经济组织发展现状分析报告的内容、要点及注意事项 2）中、高级工优化企业发展现状分析报告的策略和方法	（1）方法：讲授法、实训法 （2）重点与难点：根据涉农经济组织实际状况结合目标导向思维指导中、高级工进行企业发展现状分析报告的优化	1
				（4）指导技师根据组织发展现状分析报告制定优化方案	1）技师优化企业发展现状分析报告的要点和注意事项 2）技师优化企业发展现状分析报告的创新思维模式 ①信息化管理的优化思维 ②运营流程改造的优化思维 ③产业链建立协同价值的优化思维	（1）方法：讲授法、实训法 （2）重点与难点：根据涉农经济组织实际状况结合目标导向思维指导技师进行企业发展现状分析报告的优化	1
课堂学时合计							120